U0926706

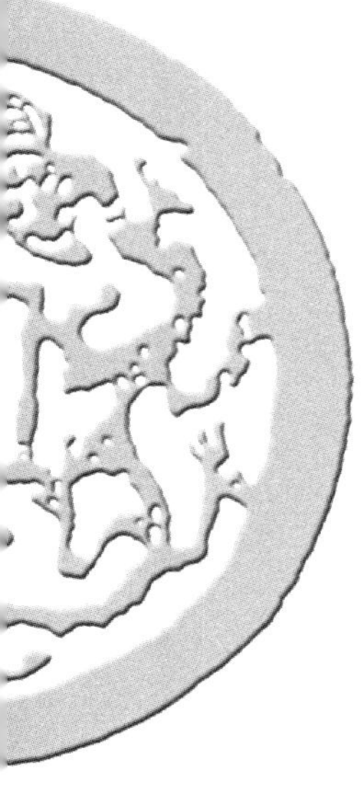

# 新中国货币政策与金融监管制度变迁

XINZHONGGUO HUOBI ZHENGCE
YU JINRONG JIANGUAN ZHIDU BIANQIAN

解川波　张虎婴　主编

西南财经大学出版社
中国·成都

**图书在版编目(CIP)数据**

新中国货币政策与金融监管制度变迁/解川波,张虎婴主编.—成都:西南财经大学出版社,2019.9
ISBN 978-7-5504-4136-1

Ⅰ.①新… Ⅱ.①解…②张… Ⅲ.①货币政策—研究—中国②金融监管—研究—中国 Ⅳ.①F822.0

中国版本图书馆 CIP 数据核字(2019)第 202651 号

**新中国货币政策与金融监管制度变迁**
XINZHONGGUO HUOBI ZHENGCE YU JINRONG JIANGUAN ZHIDU BIANQIAN
解川波 张虎婴 主编

责任编辑:王利
封面设计:墨创文化
责任印制:朱曼丽

| | |
|---|---|
| 出版发行 | 西南财经大学出版社(四川省成都市光华村街 55 号) |
| 网　　址 | http://www.bookcj.com |
| 电子邮件 | bookcj@foxmail.com |
| 邮政编码 | 610074 |
| 电　　话 | 028-87353785 |
| 照　　排 | 四川胜翔数码印务设计有限公司 |
| 印　　刷 | 四川五洲彩印有限责任公司 |
| 成品尺寸 | 170mm×240mm |
| 印　　张 | 15.25 |
| 字　　数 | 248 千字 |
| 版　　次 | 2019 年 9 月第 1 版 |
| 印　　次 | 2019 年 9 月第 1 次印刷 |
| 书　　号 | ISBN 978-7-5504-4136-1 |
| 定　　价 | 78.00 元 |

# 出版说明

文承千秋史，潮引万水东。

1949 年中华人民共和国的成立，是中国有史以来最伟大的事件，也是 20 世纪世界最伟大的事件之一，中华民族的发展开启了新的历史纪元。1978 年，在中国共产党历史上，在中华人民共和国历史上，实现了新中国成立以来具有深远意义的伟大转折，开启了改革开放和社会主义现代化的伟大征程，推动了中国特色社会主义事业的伟大飞跃。中国特色社会主义道路、理论、制度、文化，以雄辩的事实彰显了科学社会主义的鲜活生命力，社会主义的伟大旗帜始终在中国大地上高高飘扬，中华民族正以崭新姿态屹立于世界的东方！

习近平总书记指出："哲学社会科学研究要立足中国特色社会主义伟大实践，提出具有自主性、独创性的理论观点，构建中国特色学科体系、学术体系、话语体系。""70 年砥砺奋进，我们的国家发生了天翻地覆的变化。""无论是在中华民族历史上，还是在世界历史上，这都是一部感天动地的奋斗史诗。"深刻反映 70 年来党和人民的奋斗实践，深刻解读新中国 70 年历史性变革中所蕴含的内在逻辑，讲清楚历史性成就背后的中国特色社会主义道路、理论、制度、文化优势，是新时代中国哲学社会科学工作者的历史责任。

从新中国成立到改革开放之前，中国共产党领导人民进行社会主义革命和建设，探索适合中国实际情况的社会主义建设道路，虽然经历过曲折，但总体上看，全面确立了社会主义基本制度，实现了中国历史上最深刻最伟大的社会变革，取得了独创性理论成果，成就巨大，为当代中国的一切发展进步奠定了根本政治前提和制度基础，为开创中国特色社会主义提供了宝贵经验、理论准备、物质基础。改革开放以来，从开启新时期到跨入新世纪，从站上新起点到进入新时代，中国特色社会主义迎来了从创立、发展到完善的伟大飞跃，中国共产党在理论、实践、制度等方面全面推进科学社会主义进入新阶段，科学社会主义在中国焕发出强大的生机和活力。可以说，中国共产党对社会主义理想百折不挠的追求、坚持不懈的实践和举世瞩目的成就，为5 000年的中华文明注入了新的基因，使中国由贫穷落后走上小康之路，同时也极大地影响和改变着世界历史的发展进程。

经济社会比较落后的国家在革命胜利后如何建设社会主义，是社会主义发展史上的重大历史性课题；而新中国成立70年来，中国共产党建设社会主义的实践探索，是对这一历史性课题的成功“解题”。从“出题”到“解题”，中国每时每刻都在发生变化，我们必须要在理论上跟上时代，不断认识实践规律，不断推进理论创新、制度创新，在聆听时代声音中展现出更有说服力的真理力量。

“制度是关系党和国家事业发展的根本性、全局性、稳定性、长期性问题”。中国特色社会主义制度，是当代中国发展进步的根本制度保障，集中体现了中国特色社会主义的特点和优势。我们坚持完善和发展中国特色社会主义制度，不断发挥和增强我国制度优势，在经济、政治、文化、社会等各个领域形成一整套相互衔接、相互联系的制度体系。

时代是思想之母，实践是理论之源。在回顾中国共产党引领中国人民绘就这一幅幅波澜壮阔、气势恢宏的历史画卷的同时，如何以马克思主义为指导，有分析、有选择地吸收和借鉴新制度经济学中的合理成分，站在新的历史起点，肩负起新时代的历史使命，系统梳理新中国成立以来我国经济社会制度的发展脉络，全面探究新中国经济社会制度的演进路径，以使我们更加清醒地认识新时代中国特色社会主义的历史方位，更加自觉地增强对中国特色社会主义经济社会制度的价值认同，从而构建基于我国自身伟大实践的具有深刻解释力的中国特色社会主义经济社会制度理论体系，是一个伟大而艰巨的时代课题。对“兴学报国”90余载的西南财经大学来说，自觉担负起关注国计民生、破解经济现象、剖析社会迷局、贡献西财方案，本是“题中应有之义”；对“经世济民，孜孜以求”的西财经济学人来说，能够站在学术高地，以理论和智慧主动服务国家战略，更是光荣使命，责任重大。

“成为中国高等财经教育的主要引领者、国际商科教育舞台上的有力竞争者、实现中华民族伟大复兴中国梦的重要贡献者”，这是西南财经大学在新时代的历史使命。围绕着“深化学术创新体系改革，增强服务国家发展能力”，西南财经大学第十三次党代会报告指出：“深入贯彻落实加快构建中国特色哲学社会科学的意见，瞄准学科前沿和国家重大需求，以广阔视野、创新精神大力推进学术创新，在服务国家发展中彰显西财价值。”这就要求我们，要以原创理论成果和服务国家、行业及区域重大战略需求为主线，加快推进中国特色社会主义政治经济学等理论体系建设，产出一批具有时代影响力的原创性成果，彰显西财学术影响力。

西南财经大学是教育部直属的国家“211 工程”和“985 工程”优势学科创新平台建设的全国重点大学，也是国家首批“双一流”建设高校，理应在构建中国特色哲学社会科学学科体系、学术体系和话语体系，深刻解读新中国 70 年历史性变革中所蕴含的内在逻辑，讲清楚历史性成就背后的中国特色社会主义经济制度与社会变革的关系等方面有所作为。

西南财经大学结合自身学科专业特色、优势和“双一流”建设要求，组织相关学科专业学者梳理新中国成立以来经济社会制度的变革与实践，总结过往取得的成就和经验与教训，积极探索未来的发展方向与路径，策划了这套“新中国经济社会制度变迁丛书”并成功入选“十三五”国家重点图书、音像、电子出版物出版规划（新广出发〔2016〕33 号）。该套丛书包括《新中国经济制度变迁》《新中国货币政策与金融监管制度变迁》《新中国保险制度变迁》《新中国社会保险制度变迁与展望》《新中国审计制度变迁》《新中国统计制度变迁》《新中国工业企业制度变迁》《新中国财政税收制度变迁》《新中国经济法律制度变迁》《新中国对外贸易制度变迁》《新中国卫生健康制度变迁》《新中国社会治理制度变迁》《新中国行政审批制度变迁》《新中国农业经营制度变迁》《新中国人口生育制度变迁》共计 15 册。

西南财经大学党委和行政高度重视这套丛书的编撰和出版，要求每本书的研究、编写团队要坚持以习近平新时代中国特色社会主义思想为指导，把学习、研究、阐释当代中国马克思主义最新成果作为重中之重；要扎根中国大地，突出时代特色，树立国际视野，吸收、借鉴国外有益的理论观点和学术成果，推进知识创新、理论创新、方法创新，提升学术原创能力和水平；要立足我国改革发展实践，挖掘新材料、发现新问题、提出新观点，提炼标识性学术概念，打造具有中国特色和国际视野的学术话语体系，形成无愧于时代的当代中国学术思想和学术成果，立足自身研究领域，为推动中国经济学、管理学学科体系建设做出贡献；要坚持用中国理论阐释中国实践、用中国实践升华中国理论，推动学术理论中国化，提升中国理论的国际话语权，并推动研究成果向决策咨询和教育教学转化。

本套丛书以习近平新时代中国特色社会主义思想为指导，力求客观真实地揭示新中国经济社会制度变革的历程，多维度、广视角地描绘新中国经济社会制度演进的路径，较为全面系统地总结中国共产党带领全国各族人民为实现国家富强、民族振兴和人民幸福的“中国梦”所进行的中国特色社会主义经济社会制度变革的伟大实践和理论探索。

历史车轮滚滚向前，时代潮流浩浩汤汤。历史是营养丰沛的最好的教材，70 年来中国共产党带领中国人民走过的路，是一部感天动地的奋斗史诗，是独一无二的实践经验，也是滋养理论研究的取之不竭的现实沃土。新中国 70 年的光辉历程，“积聚了千里奔涌、万壑归流的洪荒伟力”。我们应深深饱吸这 70 年波澜壮阔的变革中所蕴藏的丰饶的学术营养，立足当下，并在 21 世纪全球经济一体化的世界格局中观照我国改革开放的深化发展，以及经济社会和谐发展的本质要求，通过对经济社会最深层次、最具价值、最本质和最急迫问题的挖掘、揭示与探索，从波澜壮阔的历史回溯中提炼学术成果，提升理论自信；我们在解析历史的同时，也是以高度负责的敬业精神，用奋进之笔在书写着一部“当代史”。

当然，本套丛书只是对新中国经济社会制度变革问题进行系统性探索的开始，我们希望并相信本套丛书能够引起更多的哲学社会科学工作者，尤其是相关经济、管理学界的学者的关注，从而推动新中国经济社会制度变迁的纵深研究，为中国特色社会主义制度变革和创新提供更多更好的理论依据和决策支持。因历史资料搜集等方面存在的差异，书中的观点和方法还有许多不完善、不成熟之处，敬请读者批评指正。

# 序言

## 货币简史

7 000 年到 5 000 年前，农业社会在欧亚大陆出现，不同地区、不同部落和不同生产者之间的社会分工与物品交换活动也同时开始，货币逐渐产生。

在经历了对各种各样的货币材料的选择后，欧亚大陆的人类都选择了金、银、铜三种金属作为货币材料。货币应该具有天然的财务硬约束性。这一时期，人类已经明白了货币的交易符号性质以及金属材料的纯度问题。所以，在交易中，人们要根据货币的纯度来确定货币作为交易工具的价格。但是，国家出现以后，面临财政困难的国王总会想方设法降低货币纯度或重量来变相增加税收。最典型的就是历史上的皇帝们都在穷困潦倒时发行当折钱。当折钱就是在原来的铜币上铸明该铜钱本身只值一个单位，但现在皇帝规定它值两个或更多的单位。在公元 10 世纪的宋代，四川商人发明了替代长途运送金属货币的汇票，并把汇票作为货币来流通。商人的智商比得上皇帝，他们凭空捏造汇票去哄人，结果闹出了汇兑风波。于是，北宋政府没收了商人的发行权，自己发行国家纸币。于是我们看到，依附于金属货币的信用货币被我们的祖先创造出来了，但其发行人的意图、发行数量及其代表的金属货币数量，以及还能流通多久，对接受者来说都存在不确定性。

在此，我们看到，在交易的支付环节，信用产生了。信用催生了信用货币，也在历史上屡屡闯下危及货币制度的大祸。进一步讲，人们追求的便利和省钱，同时也被人们的贪婪与狡诈盯上了。更进一步讲，如果贪婪与狡诈的是个人，那么人们可以将他痛打一顿，然后将他捆绑起来送到官衙惩办。但是，如果贪婪与狡诈的是国王——那个代表国家的个人，人们基本上就无法反抗了。

在欧亚大陆的西端，到17世纪，逐渐形成的全球贸易体系和工业社会的快速成长使社会财富激增，金属货币数量严重不足，同时人们也发现了长途运输金属货币的种种不便。成本与风险上升问题促使商人们使用汇票和支票，私人银行更发行替代汇票和支票的纸币。但是，欧洲商人也不是道德满怀、善意始终的圣徒，狡诈之徒和食言者比比皆是，银行挤兑与破产风波四起。在以贸易与工业立国的岛国——英国，在私人银行发行纸币惹起很多风波和诉讼之后，终于让位于国家支持的英格兰银行。接下来便是欧洲其他国家学习和效仿英国，把纸币发行权收归国家银行。

国家银行发行的纸币在20世纪初也遇到过巨大挑战：金银储备严重不足。黄金的价值来自它的稀缺性、易加工性和稳定性，在远古到工业革命前，还来自地表黄金的手工操作的易获取性。相对于农业时代的贸易和财富储藏来说，黄金的确是不可多得的储藏货币。然而，工业革命的发展，使生产和贸易的价值数十倍于农业时代，国家纸币的发行在经济生活中逐渐植根于生产与交易的发展。但是法律和人们的价值认同依然如故：黄金、白银才是真正的财富。这样的认知与社会经济生活对货币的需求经常发生冲突，于是银行挤兑和通货紧缩，当然，还有通货膨胀，便频频发生。

世界冷兵器时代便发展壮大和流行的武力争霸文化在工业革命以后达到顶峰，欧亚大陆各国间战火连绵不绝。两次世界大战，摧毁力远超冷兵器成百上千倍的热兵器，几乎把欧亚各工业国打回古代。直到美国出兵，以强大的工业实力击败希特勒的第三帝国，使用原子弹征服企图本岛决战的日本，最终结束了人类社会漫长的大规模相互杀戮。在以后的几十年中，国际货币体系分裂成几个相互竞争的货币集团，各国货币竞相贬值，动荡不定。大英帝国因为战争和它在地理上、文化认同上的支离破碎而衰落了，又退回英国本岛，英镑作为国际货币的地位衰落了。二战的“救世主”美国在战后通过布雷顿森林会议，使美元正式替代了英镑，并建立了战后欧美阵营各国一致认可的国际货币与国际金融体制。苏联也派代表参加了这个会议，但是，斯大林不喜欢跟着英、美的指挥棒转，于是他另搞了一套国际货币体系——国际卢布体系。

二战后，全球性社会稳定使世界各国，无论东方还是西方阵营，都出现了经济复苏和增长。在西方国家，金融市场的发展，现代生活的进程的加快，让更多的人不再追逐黄金、白银，而追逐各种各样的投资、投机与花样翻新的消费。1973 年石油危机爆发，美元顺势脱离黄金，纸币在法律上和人们的观念上终于彻底摆脱了黄金的影子。当然，美元与黄金正式脱钩，的确引起了一时的轰动和短期的恐慌。此后，黄金、白银主要被用于工业生产，如传统的炫耀性消费品生产，并被各国中央银行作为高价值、易变现、低仓储费用的金融资产。

在主要资本主义国家，人们经过十来年的努力创造，也摆脱了高油价的打击，再次进入长期的经济增长与繁荣。在这个过程中，物价上涨与经济增长同行，扣除通货膨胀后，人们的实际收入仍是增长的，而且生活质量有所提高，社会福利也在增加。

2008 年，当中华人民共和国逐渐融入世界经济体系，第一次遭遇世界经济大风暴时，尽管炒作黄金和黄金再度货币化的声音很大，但是国人并没有去追逐黄金，而是去追逐房产、股票、子女教育。人们在日常生活中实在找不到多少使用和储藏黄金的理由。这就是说，中华人民共和国的国家货币制度是胜任的。

在 20 世纪 70 年代的经济大危机中，欧美各国人民也是这样平静地对待黄金的。

2016 年我国黄金产量 453.486 吨，连续 10 年位居世界第一，价值 12 808 亿元人民币。2016 年我国国内生产总值 744 127 亿元，黄金产值占其中的 1.72%。可见黄金在国民经济中已经微不足道，只是采掘业中的一个细分行业。

但是，现代货币潜伏着特别重大的危险性。简单地说，就是世界各国以及国际市场上，国家信用和私人信用市场越来越快地推动着货币数量快速上升，并拉高了各种资产的价格，造成贫富悬殊。信用市场纷繁复杂的各子市场和闪电式全球性海量交易，都越来越脱离经济发展的实质部门，而且不断狡猾地掠夺不具备金融知识而又急于求富的人们的积蓄。人类对于这个现象有着共同的高度警惕，世界各国都建立了自己的货币政策与金融监管法律、监管机构、工作与预警系统，并通过国际合作加强警戒。但人类仍然不能确定国家货币系统能否一直比较安全地运行下去。

## 社会主义：从苏联到中华人民共和国

20 世纪初，欧洲社会大动荡与连绵不断的战争使新兴的工人阶级和农民遭受了巨大的灾难。旧时代的皇权、贵族和新时代的资本家合力把欧洲大陆搅得烽火连连，战乱不绝。俄国底层人民进行了反战、反皇权与贵族和资产阶级联合压迫的斗争，在俄共（布）领导下，推翻了沙皇帝国统治，建立了工农兵联合执政的政府，即苏维埃政权。苏维埃公开宣布，剥夺资产阶级、旧时代贵族地主的一切财产和权利，废除私有财产和权利，一切权力归苏维埃。俄共（布）领导俄国人民开始独创一条人类社会从来没有走过的道路：共产主义道路。在经历了 1917—1920 年的内战和世界各资本主义国家联合军事侵略干涉后，苏维埃政权对小规模经营的私人经济实行短期退让，新的社会结构与秩序得到稳定，苏维埃政权也得以有效运转，世界资本主义不再对她咬牙切齿地痛恨。

从 1926 年起，苏联开始进入了社会主义工业化时期。1928—1929 年苏联工业产量年平均增长 6.9%。1929 年，苏联共产党终于开始了人类经济史上前所未有的第一个国民经济发展五年计划。遵循高速建成社会主义的思想，苏联提前完成了第一个国民经济发展五年计划，在整个国民经济中，排除了多种经济成分，社会主义成分已经取得了彻底的胜利。到 1933 年 1 月，55%的农户已参加社会主义集体农庄。工业中，生产资料的生产年均增长率达 28.5%，消费品的生产年均增长率也达 11.7%，比西方国家高得多。例如，即使在“繁荣”的 20 世纪 20 年代，1925—1929 年，美国的消费品生产年均增长率也只有 1.4%，德国为 3.1%，英国反而缩减了 1.9%。苏联的就业人数从 1928 年的 115 万人增加到 1932 年的 2 290 万人，基本实现了全民就业。那是资本主义国家经济的灰暗与苏联社会主义经济的辉煌强烈对比的时期。

在包括人力资源在内的全面系统的计划经济中，货币不再重要。但货币最终得以保留，有两个基本理由：第一个是无法对每个农业生产单位进行财政统一收支。农业生产具有高度分散性、季节性、非机械化性，即使已经建立的集体农庄的农业生产也是如此。农民或者社会主义化的集体农庄，都只是自耕自食的自在之民，对社会交换系统的依赖性非常小，主要是对穿的布、吃的盐与外界有年度性的交换需求，而简单的农具与锅盆碗盏均可以多年不换。对这样海量的生产单位和相对微小的交换量显然不可能转账结算，只能现金交易。第二个理由是对城市人口的食物等日用消费品的供给制度在试验后确认成本太高，还是各家各户凭票去国营商店购买更合适。

“消灭货币”这个伟大梦想，苏联人在经过反复实践后，指向了共产主义实现之日。银行成为计划经济活动的会计中心，在苏联工商企业和财政收支系统中，很快就得以实现。但货币仍然在流通，时时刻刻滋生着资本主义。

苏联宣布废除私有制，建立了公有制企业和农庄，接受党的意志和计划的人民都过着比较好的生活，国家计划渗透到了包括生活、思想、工作、学习和娱乐的各个方面。这种历史上从未有过的制度创造了俄国历史上的伟大奇迹：迅速走向军工导向的工业化、城市化和高就业率。

1933 年，第一个五年计划获得成功，苏联政府满怀自信地向西方国家的社会名流、新闻记者发出邀请，请他们到苏联进行访问并报道。凯恩斯先生携太太应邀访问他太太的祖国，目睹了这些变化，并在 1936 年发表了他的不朽名著《就业、利息与货币通论》。凯恩斯从来没有在公众场合和他的任何书面材料里提到过苏联经济。这样做，在当时的英国，政治上是正确的。

然而，如果我们把《就业、利息与货币通论》中由政府用廉价货币来煽动投资情绪低落的私人投资，换成政府直接控制实物资源和人力资源进行建设，不是同样可以得到经济发展与充分就业吗？斯大林的政策有没有启迪了凯恩斯的理论和罗斯福总统的新政？

中国共产党在全面建立政权前就决定全面采用苏联社会政治与经济制度，建立政权后在苏联专家顾问总团的指导下很快建立了国家计划经济系统。可惜的是28年的计划经济实践后，我国并没有实现工业化、城市化，人民的生活水平仍然较低。

在“文化大革命”后，党中央在经过两三年的实践后，决定抛弃苏式计划经济制度，探索一条很多方面不同于苏联的道路：在不完全排斥私人利益、私人财产和私人企业的情况下，坚持以社会主义公有制为主体，坚持党领导的社会主义市场经济的道路，坚持中国共产党对国家的全面领导的社会主义国家制度，与资本主义国家和平共处，共同发展。

无论何种市场经济，货币和银行都具有特别重要的意义。1979年，邓小平指示全党要把银行办成真正的银行，并确立了对外开放的基本国策，大力发展国际贸易，大力引进外资。

从1978年起，中华人民共和国财政、银行系统都持续而且快节奏地大举投资国内基础建设，工业系统持续地更新升级，城市也从破败中得到重建与扩张，外国资本在抗日战争前夕撤出后再度返回，农民走出乡村进入城市和工厂，青年学者从欧美大学的各种专业带回各种知识与技术。在这40年里，商品出口大幅增长，外汇顺差逐年增加。持续的大量的外汇流入，深刻地改变了我国货币的供给模式，促进了金融体系的发展。经过40年的努力奋斗，中华人民共和国已经成为中等发达国家，成为国际贸易与资本输出大国。

在此背景下，本书对中华人民共和国的货币政策与金融监管的发展历程展开叙述，重现这个重要历史时期经济活动最高层面的主要进程，描述她的货币政策的产生及其发展与变化，以及由简至繁的金融监管制度的变迁过程。

# 目录 MULU

# 第一章 1978年前中华人民共和国的货币银行制度

第一节　社会经济制度的巨变

第二节　货币政策、银行制度及其监管制度

第三节　脱苏向西的外贸与外汇政策

附录：《中共中央　国务院关于切实加强银行工作的集中统一，严格控制货币发行的决定》（1962年3月10日）

## 第一节　社会经济制度的巨变

1949—1950 年，土地改革将农村土地全部依各乡村人口数量与土地及房产、农具、牲畜的比例重新分配，并将高于人均拥有土地数量的农村居民划为地主、富农，确定为阶级敌人，由乡级军管军人或其后的土改工作队（也有经过区、县两级军管会和其后的政府）决定分别进行枪决、判刑和原地自食其力的处理。农村社区和家族共有的学田、庙田等集体救济性土地、房产，城市居民中军警及政府雇员官员、工商资本家及普通自我雇佣者、教师、律师、医生等自由职业者在农村的土地、房产无偿剥夺。自此，城乡隔离的土地制度建立，其影响深远。

全体国民在乡村被划分为地主、富农、富裕中农、中农、下中农和贫农；在城市划分为革命军人、革命干部、干部、工人、城市贫民、教师（医生）等有文化的自由职业者、小业主、资本家。地主、富农、资本家和前政权留下的军政官员都是阶级敌人。革命军人、革命干部、干部成为国家领导阶层，被社会推崇，下中农和贫农则在农村成为领导人群，教师（医生）等有文化的自由职业者则成为社会高度警惕和反复被教育、改造的对象。

1951 年 7 月公安部颁布《城市户口管理暂行条例》。其第一条载明本法宗旨："为维护社会治安，保障人民之安全及居住、迁徙自由，特制定本条例。"但是，后来事实上却限制了居民的自由迁徙权利。

1953 年 10 月 16 日，中共中央发出《关于实行粮食的计划收购与计划供应的决议》。这一决议是根据陈云的意见，由邓小平起草的。"计划收购"，简称为"统购"；"计划供应"，简称为"统销"。1955 年 8 月 25 日，国务院总理周恩来签署国务院令，发布《市镇粮食定量供应暂行办法》。该办法规定，居民口粮、工商行业用粮和牲畜饲料用粮，均按核定的供应数量发给供应凭证。供应凭证分为市镇居民粮食供应证、工商行业用粮供应证、市镇饲料供应证、市镇居民粮食供应转移证、全国通用粮票、地方通用粮票、地方粮票七种。伴随着粮票而生的，还有粮食公司、粮站、粮店等粮食供应机构。其后，统购统销的范围又扩大到棉花、布料、食油、肉食品、蛋、糖、酒、盐、菜、茶叶等生活必需品。在这一制度下，农民的粮食、肉类、油料、土特产品都只准按国家规定的价格卖给政府机构；城镇居民每个人，从婴儿时期到死亡前，都只能按照国家规定的配给数量和价格购买粮、油、肉、糖、酒、蛋、菜、盐、煤及棉花、布料。农村居民则只准按国家规定的留存数量获得粮食和计划供给的工业产品。自此，城乡居民被固化为世代相传的居民与农民。

这一政策取消了历史自然形成的，也是最有效率、交易成本最低的农业产品与工业品、手工业品的城乡自由交易市场，包括境外贸易市场。这一政策所形成的制度，希望固定粮价和保障供应，但严重地阻碍了农业产出的增加，在粮、油、肉食品征购中的征集、运输、仓储、销售中的成本费用也是极高的，城乡各阶层人民的绝大多数长期生活在营养不良状态中，恩格尔系数高达80%以上。

人民长期营养不良并不能都归罪于统购统销，耕地严重不足、人口快速增长、化肥严重不足，粮食、食用油、肉、蛋、鱼、土产类副食品被强制出口创汇也是非常重要的原因。

1956年社会主义“三大改造”完成。全国农村入社户占总农户的96.3%；90%以上的手工业劳动者加入合作社；私营工业人数的99%、私营商业人数的85%，实现了全行业的公私合营。我国基本上实现了对农业、手工业和资本主义工商业的社会主义改造。9月，中国共产党八大召开。大会指出：国内主要矛盾，已经不再是无产阶级和资产阶级的矛盾，而是人民对于经济文化迅速发展的需要同当前经济文化不能满足人民需要的状况之间的矛盾；全国人民的主要任务是集中力量发展社会生产力，实现国家工业化，满足人民的经济文化需要。虽然还有阶级斗争，还要加强人民民主专政，但其根本任务已经是在新的生产关系下保护和发展生产力。因此，要逐步系统地制定完备的法律，健全社会主义法制。

但是1956年年底发生的波兰、匈牙利事件改变了党在几个月前对国内主要矛盾的正确判断，反对资本主义、资产阶级思想，反对地主阶级、资产阶级复辟，反对帝国主义侵略再次成为全党全国人民的首要任务。在此基本国策下，整个国民经济更深地进入准备战争状态，直到20世纪80年代初期才正式结束。

## 第二节 货币政策、银行制度及其监管制度

### 一、社会主义货币、银行及其短期信贷制度的建立

1949 年 2 月 2 日，中国人民银行由石家庄迁入北平。北平、天津、南京等城市解放后，党组织了由大中学生组成的南下战地服务团，跟随解放军，边行军边培训，在全国各地接管前政权各省、市、县级机构的各个部门。银行系统（包括官僚资本的私人银行和公私合营银行）被中国人民银行接管后，成为中国人民银行的组成部分。银行各级分支机构在党中央的财政经济委员会领导下，与财政、税务协同作战，配合工作。国民党政权时期的银行工作人员大都配合交接，并成为新中国的银行工作人员。

1949 年 9 月 29 日，中国人民政治协商会议第一届全体会议通过《中国人民政治协商会议共同纲领》（相当于临时宪法），规定：货币发行权属于国家；禁止外币在国内流通；外币和金、银的买卖应由国家银行经营。其后，随着中国人民解放军向全国进军的步伐，人民币成为全国流通货币，各种各样的纸币、金属货币、外国货币都退出了流通领域。

1950 年 4 月，根据政务院《关于实行国家机关现金管理的决定》，中国人民银行始设货币管理机构，从总行至县行，实施现金管理职能。相关政策规定，一切公营企业、机关、部队及合作社等单位的所有现金，除规定限额外，必须存入当地人民银行。单位库存现金限额，由单位提出申请，经所在县人民银行核定后执行。限额外现金，除支付工资、向农村采购物资、差旅费支出及 30 元以下小额支付外，均以银行转账、汇划方式结算。库存现金限额，每年核定一次。同时实行现金检查制度，全面检查现金库存情况和逐笔审查现金支票使用情况。

1950 年 9 月，政务院财政经济委员会颁布实施《机关、国营企业、合作社签订合同契约暂行办法》，规定：凡机关、国营企业、合作社之间有主要业

务行为不能即时清结者，必须签订合同，并须将原合同抄送当地人民银行一份，以当地的人民银行为结算中心，履行合同之每笔收付，并必须使用人民银行支票。机关、国营企业、合作社向银行申请贷款时，应有经上级机关或主管机关批准之事业计划及财务计划，并须签订契约。合同或契约之签订，不得以经办人为对象，必须以法人为对象。

1950 年 12 月，政务院财政经济委员会颁布实施的《货币管理办法》共六章 55 条。该法令确定了中华人民共和国的货币制度就是中央计划经济的货币制度。确定中国人民银行有权就现金管理、划拨清算、短期信用、监督基本建设投资等工作实施情况对有关单位进行各项检查，包括现金库存、收支计划执行情况、贷款用途以及政府基本建设投资运用状况等。如发现不符合规定的，必须提出建议或报告上级处理，并对贷款有随时停贷或收回之权，对基本建设投资有暂停拨付之权。

1951 年 1 月，中国人民银行发布放款总则，开始实行全国信贷计划，把银行贷款全部限定为 1 年期以下的各种短期周转资金，并统一贷款利率。其要点：放款均应配合政府财政经济政策，根据生产及商品流通计划办理。放款以调剂生产及商品流通过程中各种短期周转资金为限，期限 1 年。放款均按计划办理，计划分为年度及季度两种，各级行均须于年度及季度前编制放款计划草案并逐级上报，最后由总行汇编成全国放款总计划草案，呈请政务院财政经济委员会核准后逐级下达执行。凡计划以外之放款，经办行应对借户借款计划及用途详细调查，并加具意见；按级报核，非经批准，不得办理。利率由总行规定范围，各行参照当地金融情况酌定，超出规定范围者须先呈请总行核示。

当时，私人银行和借贷业者已经确认自己没有未来，基本停止新的放贷。国家资本也处在接管、整顿和维持性运营之中，国家计划的长期投资开始了。

政务院财政经济委员会作为国民经济生产和扩大再生产的最高计划机关，已经把中国人民银行信贷的作用限定为配合政府财政经济政策和国营经济计划的短期信用。

1949 年 12 月，中国银行总管理处由上海迁至北京，承担外汇经营管理工作，成为我国外汇专业银行。1950 年 4 月，中国银行总管理处划归中国人民银行总行领导，成为人民银行的国际业务部门，但对外仍然以中国银行之名运作。

## 二、中央计划经济的实施与银行制度的运作

根据 1949 年 9 月 27 日中国人民政治协商会议第一届全体会议通过的《中华人民共和国中央人民政府组织法》第十八条的规定，于 1949 年 10 月设立中央人民政府政务院财政经济委员会。政务院财政经济委员会主任：陈云；副主任：薄一波、马寅初。

政务院财政经济委员会前身是同年 6 月成立的中央财政经济委员会，由陈云、薄一波负责筹备，在召开新的政治协商会议、成立民主联合政府以前的几个月内，计划并领导国家的财政经济工作。

1951 年陈云牵头成立政务院全国核资委员会，颁发《关于国营企业清理资产核定资金的决定》，依《国营企业资金核定暂行办法》划分出固定资金与流动资金。凡季节性的生产或营业，以及其他特殊原因所需，用作非正常周转的流动资金，应由国家银行短期信贷解决。

1952 年政务院财政经济委员会发布关于工资总额组成的规定，为现金管理提供了基础数据。此后，关于工资总额组成的规定，作为管理全国城市居民的消费基金，由国家统计局不断更新编制，直到 20 世纪末才停止。在计划经济中，消费基金是指工商部门生产总值中用于个人和社会公共消费的基金，主要是工资及其附加和财政开支的党、政、军、民、学各部委的工资及其附加，但不包括农民的现金收入。消费基金的物质内容是各种各样的消费资料即最终产品，但不包括农民自产自食部分。在价值形态上，表现为满足非生产消费需要的那部分社会产品的价值。在货币形态上，消费基金对应的是城镇居民现金支出与日常生活消费品的销售、个人储蓄时的现金回流。

1951 年初政务院财政经济委员会开始试编中华人民共和国第一个国民经济发展五年计划。1952 年 7 月，“一五”计划第一草稿完成。次月，周恩来、

陈云等率代表团赴苏，与苏联商谈和修改“一五”计划。最终确定 156 个国防、机械、电子、化学、能源、冶金等大型建设项目及其支持项目 694 个，搭起了整个备战型工业化的骨架。“一五”计划实际上是一边计划、一边建设、一边修改。1954 年 4 月，开始全面编制工作。到 1955 年 3 月 31 日，中国共产党全国代表会议批准了中央委员会提出的第一个五年计划报告。同年 6 月，中央对“一五”计划草案做了适当修改，建议由国务院通过并提请全国人大一届二次会议审议通过（最终于 1955 年 7 月 30 日通过）。计划经济时期的各个五年计划，都是按照预先编制计划大纲→执行→修改→再执行这样的过程进行的。其中对人力、物力、财力的事前计算、平衡修订都存在政治决策以及各省、市、区及各部委之间的命令与政治上的讨价还价的不确定性。

国民经济计划主要是指国民经济中的各部门的简单再生产和扩大再生产两部分，这两部分在运转上分属不同政府部门管理与运转。

案例：部属北京电子管厂从无到有，由政务院财政经济委员会根据苏联专家对中华人民共和国工业建设布局的建议而设立。在投资建设期，它所需的资金由中国人民银行总行根据政务院财政经济委员会的计划、财政部的拨款计划拨款。同时，电子工业部负责调配施工建设单位，进口设备、搭建施工与建成后的领导班子，向人事部和教育部申请技术干部和大中专毕业生。建成投产后的北京电子管厂的全部固定资产与生产所需流动资金，都记在该工厂、电子工业部和财政部账目中。同时，流动资金部分报送银行，以便工厂按电子工业部给它确定的工资计划提取工资、供应计划中的各种非工资要素支付资金，按销售计划向收货单位收取货款。工厂的税后利润全部上交电子工业部，工厂没有技术改造升级的再投资权，只有按计划的维修保养义务。中国人民银行就是代表国家财政管理这家工厂的资金与现金使用的出纳机构和监管机构。

随着我国已进入有计划的经济建设时期，国家的基本建设投资逐年增加。为了保证基本建设资金的及时供应和监督资金的合理使用，促使各基建部门按照国家规定的计划完成基本建设任务，同时进行经济核算，降低工程成本，为国家节约建设资金，单独设立办理基本建设拨款监督的专业银行已有必要。

1954 年 9 月 9 日，政务院第 224 次政务会议通过设立中国人民建设银行（1996 年更名为“中国建设银行”，简称建设银行）的决定。决定的主要内容如下：在财政部系统内设立中国人民建设银行。凡国家预算内外投资均由建设银行根据国家批准的计划和预算监督拨付，并对工程施工企业根据国家批准的信贷计划办理短期放款。基本建设中发生的结算业务概由建设银行转账清算。建设银行受权对建设单位和工程施工企业的资金运用、财务管理、成本核算以及投资计划完成情况等进行检查监督报告。

中华人民共和国的银行制度绝对不是西方意义上的多银行制或单一银行制，而是社会主义计划经济中的一元化银行制度。一元化银行制度就是由中国人民银行直接办理货币发行与对所有经济实体的信贷及结算业务的这样一种制度。在若干时段，为了加强某一战线的工作，会从中国人民银行中分离出一个部门来成立专门银行，比如说中国农业银行的多次成立与撤销。即使是中国人民银行本身，也曾经因为追求极高等级的中央计划体制的快速反应而被并入财政部。

## 三、人民银行在历史洪流中随波逐流

1956 年，随着“一五计划”投资建设项目的部分完成，经济工作中的乐观主义盛行，开始出现急躁、冒进的情绪，基本建设、工资支出、农业贷款三个现金投放渠道失去控制。其中，基本建设投资比上年增长 62%，工资支出比上年增长 47.8%，再加上农业贷款比原计划多增 80%，信贷差额大幅扩大。

1957 年，国家对国民经济计划进行了调整，压缩投资规模，削减财政支出，控制信贷规模，但在同年年底就遭到毛泽东主席的批评。当时已 64 岁的毛泽东主席希望在他有生之年使中国经济赶上并超越英国。

1958 年春天，“大跃进”开始。一时间，农业、工业、商业、外贸出口、对外援助、文教科技卫生部门都发表了“大跃进计划”，并汇总成“多快好省地建设社会主义”的总路线。

在缺乏资源支持、缺乏技术能力、缺乏协调计划的国民经济全面发展的"大跃进"中，银行信贷基本原则和管理制度都被当成生产发展的"绊脚石"而加以废除，从而导致新中国成立以来最严重的一次国民经济比例失调和货币信贷失控。在财政赤字大增的同时，银行各项贷款出现狂飙式增长。

1958年春天，中国人民银行总行报告：目前工业、商业、财政、信贷等体制均有改变，各地银行在组织上仍仅受上级行垂直领导，这就增加了地方党政对银行工作领导的一些不便，也给总行增加了许多事务，不利于银行工作更好地服务于社会主义建设的发展。因此重申：各级党政都有对人民银行领导的双重领导权力，各地人民银行列为当地政府的组成部门之一，以便从组织上保证双重领导的顺利实行。人民银行不是企业，是国家机关，是代表国家通过信用进行资金的再分配，是国民收入再分配的过程中的国家财政预算的辅助机关，是通过信贷工作对企业完成国家经济计划进行货币监督的机关。

1958年11月，中国人民银行曹菊如行长在全国分行行长会议上讲话：1959年党的财经工作的中心任务是为钢产量达××吨、粮食产量达××亿斤而奋斗。财经工作的中心任务也就是银行的中心任务，我们的储贷、结算、现金工作，都要为中心任务服务，成为实现中心任务的工具。我们的银行工作，必须保证各部门的流动资金需要。积极支持"以钢为纲"的工业生产和商业大购大销，支持人民公社实行以农业为主的工农业并举，必须眼睛向下，依靠群众，协作各方，充分动员资金，并通过大放、大存、大收，管好流动资金，促进国民经济的全面大跃进。[①]

1957年年末，市场现金流通量52.80亿元，1960年125.70亿元，三年增长了1.3倍多。1957年粮食产量19 504.5万吨，1960年14 385.7万吨，三年下降了近30%。1959年年底，人口67 207万人，1961年年底，人口65 859

① 中国社会科学院，中央档案馆．1958—1965中华人民共和国经济档案资料选编：金融卷、财贸卷及对外贸易卷［M］．北京：中国财政经济出版社，2011：5.

万人，净损失 1 348 万人。①

1961 年 1 月 20 日，中共中央出台《关于调整管理体制的若干暂行规定》，为“大跃进”收拾“烂摊子”。② 中央后续出台的所有政策都围绕以下三条：

（1）经济管理大权集中到中央。国家计委在国务院各部门和各大区计划草案的基础上，综合平衡，编制全国计划。

（2）财权集中。各级的预算收支必须平衡，不许有赤字预算。中央部委所提部属企业的利润留成，应向国家计委提出使用计划，不能自由使用。减少企业利润留成比例，并且不准用于投资，只能用于技术措施、新产品试制、劳保、零星固定资产购置、职工奖金和国家规定的福利开支。加强流动资金和信贷资金的管理。任何地区、任何部门都不得把流动资金用于基本建设，不准把信贷资金用于财政开支，不准向商业部门赊购和挪用商品。

（3）货币发行权再归中央，各大区、各省（市、区、县）不得再对人民银行提出信贷命令。人民银行按期编制货币发行计划和现金出纳计划，经中央批准，严格执行。

1962 年 3 月 10 日，中共中央、国务院出台《关于切实加强银行工作的集中统一、严格控制货币发行的决定》：“把货币发行权真正集中于中央，把国家的票子管紧，而且在一个时期内，要比 1950 年统一财经时管得更严、更紧。”该决定就是新中国金融史上著名的“银行六条”。经过三年的努力，进入 1964 年后，国家财经状况出现初步好转。

在进出口与外汇管理方面，面对巨大的饥荒，中华人民共和国在 1960 年最后一个月，停止了粮食出口，转为紧急进口。中国人民银行利用香港中国银行，在现汇严重不足的情况下，使用了延期付款工具，从加拿大、澳大利亚等国紧急进口 400 万吨粮食。外国政府默许了对华出口商的出口信贷。

---

① 国家统计局人口与就业统计司．中国人口统计年鉴 1995［M］．北京：中国统计出版社，1995：355，384.

② 中共中央文献研究室．1958—1965 年 建国以来重要文献选编：第十四册［M］．北京：中央文献出版社，1992：102.

自清代后期起，中国沿海地区就开始大量进口东南亚各国的粮食①。1949年，动荡中的沿海地区仍在进口粮食。1950—1960 年，为了抵偿从苏联和东欧国家获得的援助物资，获取西方国家的自由外汇，中国中断了粮食进口，反而每年出口都在 100 万吨以上。从 1961 年起，中华人民共和国恢复进口粮食，直至今天。

## 四、对中华人民共和国计划经济中的货币政策与银行信贷监管制度的概括与总结

基于 1964—1977 年的社会政治、经济、货币银行制度都是前面所述的重演，但是没有 1958—1961 年那种激烈起伏，也没有贡献更大的福利给国民，我们就不再赘述。在此就本章主题做出结论。

通过前述历史记录和章后附录文件，即《中共中央　国务院关于切实加强银行工作的集中统一，严格控制货币发行的决定》（“银行六条”），我们可以归纳出中华人民共和国计划经济中的货币政策与贯彻执行这个政策的工作系统，即银行信贷监管制度的基本要点：

（1）中华人民共和国的计划经济不是完全的非市场体系。由于农村经济的非雇佣劳动性质，自耕自食的农民为了获取生存必需的非农产品和自产不足的食品，依然要进行市场交易。因此，中华人民共和国的货币政策严格限制现金结算和现金投放，以防范城市现金通过农贸市场购买农产品，从而破坏统购制度。

（2）中华人民共和国的货币政策是：分别成为资金与现金的货币发行量都要与财政收支平衡，形成财政信贷综合计划。财政与银行未经中央指令，不得相互干涉，财政不得压迫银行多发货币，银行要满足财政计划供应货币，但不准过多发行，以免冲击甚至破坏国家经济计划。

（3）银行作为货币发行与运转系统，必须完全彻底独立于各级地方政府，

① 杨端六，侯厚培，等. 六十五年来中国国际贸易统计［J］. 国立中央研究院社会科学研究所专刊，1930（4）.

由作为中央政府的一个组成部分的中国人民银行垂直计划管理和行政控制。

（4）中国人民银行的信贷计划是指令性计划，各级分行必须忠实执行，各级地方政府不得干预同级银行信贷计划的执行。

（5）中国人民银行是全国资金往来结算的组织者和监控者。各收付单位必须依照银行结算办法，不得故意利用结算工具提前或延期收付，即私自开展信用交易，以免衍生出计划外的货币。

（6）中华人民共和国不准银行进行长期放款，以免冲击国家经济发展计划。银行的短期放贷也被严格限制为对工农业生产的临时需求和短期需求。

综上，我们可以得出三个结论：

（1）在计划经济时期，中华人民共和国的货币政策不是中国人民银行的货币政策，而是中国共产党中央委员会和中央人民政府的货币政策。国家计划经济委员会、财政部是货币政策的主要执行机构，人民银行专职负责现金货币投放与回笼。

（2）银行对企事业单位的货币收支与信贷监管是代表党和政府对国家计划经济体系中城市经济部门的资金运作进行监管。

（3）这一时期，中华人民共和国依然通过各种方式对境外银行和自由外汇进行操作，与西方经济维持微弱联系，没有通过外汇制度创造财富的政策。

## 第三节　脱苏向西的外贸与外汇政策

1949 年以后，中华人民共和国的贸易与外汇政策发生了两次巨大变化。第一次是全面建立政权后与西方经济基本割裂，全面倒向苏联及东欧国家，其经贸往来都通过双边货币协议结算。在这个结算体系中，中方一直是严重亏损方。

当时，苏联把持经互会国家的投资与贸易，将卢布做了个高定价，定为 1 卢布=4 美元，但是在伦敦货币市场上 1 卢布=0.25 美元。这样一来，苏联对东欧及中华人民共和国的贷款与工业设备、军火销售，就在无竞争条件下高价出口到这些国家。而偿还贷款本息及支付设备、军火款项时，中华人民共和国只有用基于国际市场价格定价的农副产品和矿产品实物、黄金和美元支付。

1960 年以前，中苏贸易使用两种汇率制度：贸易汇率与非贸易汇率。贸易汇率用于贸易结算，官方称为正式比价。卢布高估最严重，但中方一直隐忍不发。经过中苏两国政府协定，从 1958 年 1 月 1 日起，基于苏联专家在华生活费用与在苏联生活费用比较而求出的非贸易汇款的比价，从正式汇率规定的 1 元人民币=2 个卢布，改变为 1 元人民币=6 个卢布，但贸易汇率仍然维持原比价不变。①

中苏结盟，在国际共产主义运动史上是必然的结果，在自然地理上也是有道理的，因为两国国界相连。但是，在经济地理上就讲不通了，中间隔了近一万千米荒凉的西伯利亚才是中苏各自的经济中心，豆腐运成了肉价。而海运价是火车运价的 1/10，所以，中苏间的普通货物运输主要靠波兰的港口中转。

---

① 中国社会科学院，中央档案馆. 1958—1965 中华人民共和国经济档案资料选编：金融卷、财贸卷及对外贸易卷［M］. 北京：中国财政经济出版社，2011：5.

在工业设备的技术水平和制造精密度上，当时苏联都比西方落后一两代，在价格上却比西方贵三成。所谓西方制裁中国，是这样的：1953 年以前，因为朝鲜战争，军用物资是封锁了的，但民用物品还是可以从香港地区进出口的。1953 年朝鲜战争停战以后，一般工业设备、器材、车辆，只要绕开美国，都可以进口，但因为中国是绑在苏联经济体上的，所以进得很少。1963 年起就进口了很多西方设备与新技术专利，包括利用对方的出口信贷。

中国的外贸，1966 年与资本主义世界贸易的比重为全部对外贸易额的 73%，其中日本占 1/7，香港地区居第二位。其他重要伙伴为西德、法国。单是对香港地区贸易就获得了 5.5 亿美元，占从西方世界获得的全部贸易收入的 1/3。据此推算，对西方世界的贸易总量大致为 17 亿美元，对社会主义国家的贸易为 7 亿美元。①

1973 年起，中华人民共和国更是大规模地进口西方国家大型成套设备和军工设备。

表 1.1 是 1949—1984 年苏联对华贸易统计。

**表 1.1　1949—1984 年苏联对华贸易**　　单位：万卢布

| 年份 | 出口量 | 占苏联出口总比(%) | 进口量 | 占苏联进口总比(%) |
|---|---|---|---|---|
| 1949 | 17 970 | 13.8 | 12 890 | 10 |
| 1950 | 31 940 | 21.9 | 16 950 | 13.1 |
| 1951 | 43 060 | 20.9 | 29 820 | 16.8 |
| 1952 | 49 880 | 20 | 37 240 | 16.4 |
| 1953 | 62 780 | 23.8 | 42 720 | 17.2 |
| 1954 | 68 340 | 23.4 | 52 050 | 17.5 |
| 1955 | 67 350 | 21.8 | 57 920 | 21 |
| 1956 | 65 970 | 20.3 | 68 780 | 21.2 |
| 1957 | 48 970 | 12.4 | 66 430 | 18.6 |

① 沈志华，杨奎松. 美国对华情报解密档案（1948—1976）第九编：中苏关系［M］. 上海：东方出版中心，2009：416.

表1.1(续)

| 年份 | 出口量 | 占苏联出口总比(%) | 进口量 | 占苏联进口总比(%) |
|---|---|---|---|---|
| 1958 | 57 060 | 14.7 | 79 310 | 20.3 |
| 1959 | 85 910 | 17.6 | 99 030 | 21.7 |
| 1960 | 73 540 | 14.8 | 76 330 | 15 |
| 1961 | 33 060 | 6.1 | 49 630 | 7.9 |
| 1962 | 21 010 | 3.8 | 46 470 | 7.9 |
| 1963 | 16 850 | 2.6 | 37 170 | 5.8 |
| 1964 | 12 180 | 1.7 | 28 280 | 4 |
| 1965 | 17 250 | 2.3 | 20 300 | 2.8 |
| 1966 | 15 780 | 2 | 12 880 | 1.8 |
| 1967 | 4 520 | 0.6 | 5 110 | 0.7 |
| 1968 | 5 340 | 0.5 | 3 300 | 0.4 |
| 1969 | 2 500 | 0.3 | 2 610 | 0.3 |
| 1970 | 2 240 | 0.2 | 1 950 | 0.2 |
| 1971 | 7 010 | 0.6 | 6 860 | 0.6 |
| 1972 | 10 020 | 0.8 | 11 040 | 0.3 |
| 1973 | 10 050 | 0.6 | 11 080 | 0.6 |
| 1974 | 10 840 | 0.5 | 10 550 | 0.6 |
| 1975 | 9 310 | 0.4 | 10 780 | 0.4 |
| 1976 | 17 980 | 0.6 | 13 460 | 0.5 |
| 1977 | 11 840 | 0.4 | 13 010 | 0.4 |
| 1978 | 16 380 | 0.6 | 17 490 | 0.4 |
| 1979 | 17 520 | 0.4 | 15 730 | 0.4 |
| 1980 | 16 960 | 0.3 | 14 700 | 0.3 |
| 1981 | 8 260 | 0.1 | 9 420 | 0.2 |
| 1982 | 12 010 | 0.2 | 10 340 | 0.2 |
| 1983 | 15 569 | 0.4 | 23 260 | 0.4 |
| 1984 | 46 790 | 0.6 | 50 990 | 0.7 |

资料来源：陆南泉，等. 苏联国民经济发展七十年［M］. 北京：机械工业出版社，1988.

转向西方的中华人民共和国的外汇制度，依然像 1950 年确立的政策那样，把汇率分裂为严重高估本币的正式汇率和比较高估本币的内部结算价，并对出口商品施以低价采购的计划压榨，对贸易部门则用财政补贴来维持其运行。而进口企业的投资与生产成本则被人为低估。不过，当时大家都认为：没关系，肉烂了还是在自己锅里。精细、多层与多部门分析可能会导致大量的日常性的各种比价的调整。频繁调整会导致计划经济体系中人民币计价的生产、投资体系和消费品计划价格的不稳定。因此，我们可以确认，社会主义计划经济中的汇率要服从本币价格的长期稳定性要求。

由中国人民银行总行直接管理的境外中国银行继续保持警惕性的低姿态、低运营量，但在运行；并且其在满足中央的过度需求时，通过同业拆借、国际融资，尽量保证了国际收支大致平衡。

# 附录：《中共中央　国务院关于切实加强银行工作的集中统一，严格控制货币发行的决定》[①]（1962 年 3 月 10 日）

货币发行过多，部分物价上涨，商品严重不足，这是当前国民经济生活中十分突出的问题。全党面临着争取财政经济状况好转的重大任务。各级党委和人民委员会在大力增加生产、厉行节约、多方面解决人民吃穿问题的同时，应当把足够的注意力，放在控制货币发行和稳定市场物价方面来，解决人民吃穿问题和票子过多问题，都是今后一定时期内党和政府面前头等重要的工作。目前许多地方存在的随意向银行增加贷款，赔钱企业靠银行贷款维持以及挪用银行贷款作财政性开支等情况，都迫使国家不得不增加货币发行。中共中央和国务院认为，必须采取断然措施，实行银行工作的高度集中统一，把货币发行权真正集中于中央，把国家的票子管紧，而且在一个时期内，要比 1950 年统一财经时管得更严更紧，才有利于国民经济的调整和发展。中共中央和国务院现作如下六条决定：

（一）再次重申。收回几年来银行工作下放的一切权力，银行业务实行完全的彻底的垂直领导。中国人民银行的各个分支机构，在党的工作和行政工作方面，仍然受当地党委和人民委员会的领导。但是，在有关业务的计划、制度和现金管理等方面，必须受中国人民银行总行的垂直领导。经国家批准由总行下达的信贷计划、现金计划、贷款办法、结算办法和其他重要规章制度，各地党委、各地人民委员会和中央有关部门必须坚决保证其实现。有不同意见可以提出，但是非经总行同意，不得自行变更。

（二）严格信贷管理，加强信贷的计划性。非经人民银行总行批准，任何地方、部门和企业、事业单位，不得在计划以外增加贷款，各级党政机关不得强令银行增加贷款。银行的年度信贷计划，作为整个国民经济计划的一个

① 中共中央文献研究室. 1958—1965 年 建国以来重要文献选编：第十五册［M］. 北京：中央文献出版社，1992：251-256.

重要组成部分，经各级计划机关和财政机关统一平衡后，由中共中央和国务院批准。在批准计划的范围内，各部门、各地区必须层层控制，层层负责，不准突破。中央各部门所属企业的贷款指标，由各主管部门和人民银行总行下达给企业和企业所在地的银行，由当地银行在指标范围内，逐笔审查，核实贷放。各省、直辖市、自治区的贷款指标，由省、直辖市、自治区人民委员会负责在总行下达的指标范围内，掌握分配，从严控制。各部门、各地区应当在信贷计划的总数以内，酌留必要数量的预备指标，作为机动，应付临时需要。遇有特殊情况，确实需要增加指标时，必须按照程序，先上报总行，经批准后，方能用钱，决不容许“先斩后奏”。

目前全国工商贷款已经占用过多，1962 年除了商业部门采购农产品确实需要增加的部分以外，一律只准减少，不准增加。银行要加强信贷监督。各部门、各企业要结合清产核资，积极处理物资积压，消除虚假，节约资金。

（三）严格划清银行信贷资金和财政资金的界限，不许用银行贷款做财政性支出。银行信贷不同于财政收支，银行发放贷款，必须以能够按期偿还为前提。一切非偿还性的开支，只能使用财政预算资金，按财政制度办事，不得挪用或挤占银行贷款。中共中央和国务院再次重申：银行贷款绝对不准用于基本建设开支；不准用于弥补企业亏损；不准用于发放工资；不准用于缴纳利润；不准用于职工福利开支和“四项费用”（企业技术措施费、新产品试制费、劳动保护费、零星固定资产购置费）开支。过去挪用和挤占了的，银行要开列清单，报告当地党委和人民委员会，按照规定限期清理。今后再发生这些现象，应当立即追回贷款，必要时银行可以对这些企业停止发放贷款。因追回贷款或停止贷款而引起的困难，概由企业本身自行负责。

（四）加强现金管理，严格结算纪律。一切机关、团体、企业、事业、学校、部队都必须严格执行现金管理制度。超过规定限额的库存现金，必须随时存入人民银行。一定数量以上的交易往来，必须通过人民银行转账结算，不得直接支付现金。收支较大的单位，必须事先编报现金收支计划，在批准的范围内使用现金。坚决制止一切违反现金管理制度和结算制度的现象。不准携带现金到处抢购物资；不准开空头支票；不准相互拖欠；不准赊销商品；

不准预收和预付货款。

中共中央和国务院责成中国人民银行进行严格的工资监督。各单位必须做出工资计划，由当地人民委员会在国家规定的工资指标范围内核实批准。银行根据批准的计划监督支付，不得超过。

（五）各级人民银行必须定期向当地党委和人民委员会报告货币投放、回笼和流通的情况；报告工商贷款的增减和到期归还的情况，报告工资基金的支付情况；报告企业亏损的财政弥补情况；报告违反制度把银行贷款挪作财政性开支的情况和其他有关的重要情况。在报告这些情况的时候，必须将拖欠贷款、超支工资和发生亏损的单位名称、有关数字，一一开列清楚。各地党委和各级人民委员会应当定期讨论银行工作，至少每月讨论一次，针对银行提出的情况和问题，采取具体措施，加以处理。

各级人民银行必须加强机构，充实人员（中共中央对此已另有通知），改进工作，加强监督，从信贷资金的供应方面，保证计划的执行，为国家守计划，把口子。银行必须认真坚持信贷制度、现金管理制度、结算制度和货币发行制度，同一切违反制度、违反国家计划的行为做斗争。银行人员不坚持制度，以失职论处。各单位人员不遵守制度，以违反财经纪律论处。

（六）在加强银行工作的同时，必须严格财政管理。财政和银行都要按计划办事。谁的支出谁安排，谁的漏洞谁堵塞，财政要坚持收入按政策、支出按预算、追加按程序。企业亏损必须做出计划，经国家批准，由财政按计划弥补。计划以外发生的亏损，必须由企业和企业主管部门实事求是地说明原因，做出检查，报经批准，财政才予弥补。地方企业的亏损，经省、直辖市、自治区人民委员会批准，由地方财政弥补；中央直属企业的亏损，经中央财政部批准，由中央财政弥补。但是，检查和弥补至迟须于两个月内办理完竣，归还银行垫款。过期企业不报，财政未补，银行停止贷款。企业生产最低需要的定额流动资金，必须由财政在核实的基础上列够拨足，不得少列少拨，挤占银行贷款。财政收入和支出都必须落实，防止任何虚假现象，真正做到预算和信贷的平衡。

中共中央和国务院认为有必要指出，实行银行工作的高度集中统一和垂直领导，这绝不是说各级党委和人民委员会对银行工作的领导没有责任了。恰恰相反，今后的银行工作必须更加依靠当地党政的领导和支持，党政领导机关在这方面的责任是更加重大了，要保证银行执行中央的政策，按制度办事，及时反映情况，保证银行组织上政治上的纯洁性。国家银行是国民经济各部门资金活动的中心和枢纽。抓紧银行这一环节，就可以有力地推动和监督各部门经济的调整和企业经营管理的改善。今后衡量各地区经济工作的重要标志之一，是看那里的财政金融工作做得如何，控制发行做得如何。

应当估计到，执行这个决定，会使一些企业资金周转不灵，发不出工资，有的要停产关厂，甚至可能出些小乱子。这种情况会给我们带来一些困难，但是，把本来存在的矛盾暴露出来，才便于正确处理。现在主动地承担一些困难，比将来被迫承担更大的困难要好得多。一些企业本来就没有条件办下去，或者一时没有条件办下去，靠贷款维持，应该关厂停产。一些企业有条件办，管紧贷款，正好逼它改善管理，限期由亏变盈。还有一些企业确实需要办，一时又无法改变亏损状况，应该由财政按计划弥补。财政赔不起，宁可少办一些，决不能靠银行发票子勉强维持。

各省、直辖市、自治区党委和人民委员会，中央各有关部门，接到本决定以后，应当立即讨论布置，立即组织执行。本决定应当传达到公社一级党委和管理委员会，传达到企业、事业、机关、团体的一切有关人员和银行的基层工作人员，使所有的会计员、出纳员、信贷员、采购员都能了解本决定的内容和精神。告诉他们，对于任何违反国家财经纪律的现象，应当坚决进行斗争，勇于反映情况，必要时直接向中共中央和国务院反映。各省、直辖市、自治区和中央各有关部门关于讨论布置和初步执行的情况，须在4月底以前，向中共中央和国务院做出报告，关于财政、金融的各项制度和会计员、信贷员的职权条例等，国务院将另行行达。在未行达前，按现行制度办理。不要等待。

## 第二章

# 脱离计划经济制度过程中的货币政策与银行监管（1977—1983）

## 第一节 国家与社会的变化

1976 年 9 月 9 日，毛泽东逝世。同年 10 月 6 日，中央政治局执行党和人民的意志，毅然粉碎了江青反革命集团，结束了“文化大革命”这场灾难，开始了“抓纲治国的新长征”时期。

“抓纲治国”，是 1977 年《人民日报》元旦社论提出来的。2 月 7 日两报一刊（《人民日报》《解放军报》《红旗》杂志）社论《学好文件抓好纲》中正式提出“抓纲治国”。抓纲，就是紧紧抓住阶级斗争这个纲，坚持无产阶级专政下继续革命；治国，就是农业学大寨、工业学大庆，搞好经济工作。1977 年 8 月，党的十一大政策报告中确定“抓纲治国”为战略决策。

1976 年 3 月，全国计划工作会议在北京召开。会议讨论了 1977 年的国民经济计划，通过了国家计委向中央政治局提出的《关于 1977 年国民经济计划几个问题的汇报提纲》。会议回顾了“文化大革命”中党同“四人帮”在经济领域进行的重大斗争，针对当时经济领域存在的思想混乱，提出了要不要坚持党的领导、要不要搞好生产、要不要规章制度、要不要社会主义积累、要不要“各尽所能、按劳分配”、要不要引进新技术、要不要坚持计划经济等十个“要不要”的问题，这对于批判“四人帮”的反动谬论起了积极作用。4 月 20 日至 5 月 13 日，全国工业学大庆会议先后在大庆和北京举行。华国锋在讲话中提出，第五个五年计划期间，全国至少要有 1/3 的企业办成大庆式企业，“石油光有一个大庆不行，要有十来个大庆”。7 月 17 日，中共中央政治局原则批准国家计委提出的今后八年引进新技术和成套设备的规划。

1977 年 8 月 12 日至 18 日，中国共产党第十一次全国代表大会在北京举行。次年 3 月，全国人民代表大会通过决议，修改宪法与国歌歌词，确定各省（直辖市、自治区）政府及以下地方政府沿用“文化大革命”中使用的名称：革命委员会。

然而在历史上这也是另一个进程的开端。

1977年3月，在中央工作会议上，陈云、王震等老同志郑重提议要邓小平出来工作，中央政治局同意了。其后邓小平任中央军委副主席、中华人民共和国副总理，从而为党纠正“文化大革命”及其以前的“左”倾错误奠定了基础。

1978年12月18日，党的十一届三中全会召开。会议彻底否定了“以阶级斗争为纲”，做出把党和国家的工作重心转移到经济建设上来，实行改革开放的伟大决策；会议实际上形成了以邓小平为核心的党中央领导集体。

1956年，中国共产党的第八次代表大会认为：国内主要矛盾，已经不再是无产阶级和资产阶级的矛盾，而是人民对于经济文化迅速发展的需要同当前经济文化不能满足人民需要的状况之间的矛盾；全国人民的主要任务是集中力量发展社会生产力，实现国家工业化，满足人民的经济文化需要。这以后的失误，归根到底，就是背离了八大路线，搞了“以阶级斗争为纲”，没有集中力量进行经济建设。党的十一届三中全会做出把全党工作重点和全国人民的注意力转移到社会主义现代化建设上来的战略决策。这是对党的八大正确路线的恢复和发展，是在新的历史条件下对建设有中国特色社会主义道路的重新出发。

1978年年底，党的十一届三中全会召开前后，中国共产党宣布不再搞群众运动，并把历次政治运动中被错误地开除出党、政、军和教育战线的同志们都找回来了。1979年7月1日通过修宪，将国务院以下各级“革命委员会”改回为各级人民政府。这样做，干部群众放心了，举国上下齐心协力工作，经济开始快速恢复。结束了对人民划分政治身份的制度后，社会重新融合，海外侨胞释然了，回国探亲、访友、祭祖的人开始逐步增加，侨汇增加了。国家落实对民族资本家等的政策，发还部分私有财产、补发部分干部群众工资和非赔偿性慰问金，职工工资开始不断上调。居民的存款增加了，大学恢复了考试入学制度和出国留学制度，宣布知识分子属于工人阶级，年轻人开始努力读书了。不过，投资教育对中华人民共和国的货币政策与金融监管制度的建立与完善的回报，还需要等很多年。

## 第二节　1977 年全国银行工作会议与另一条道路

### 一、重返计划经济的 1977 年全国银行工作会议

1977 年 10 月 27 日，国务院发出《关于严禁年终突击花钱的通知》，冻结事业单位的支出，春节后解冻。11 月，国务院批转财政部《关于税收管理体制的请示报告》，提出税收政策的改变、税法的颁布和实施、税种的开征和停征、税目的增减和税率的调整，都属于中央管理权限，一律由国务院统一规定，把下放到各省（直辖市、自治区）的税收权收回中央。12 月 8 日，国家计委、财政部、商业部、供销合作总社发布《社会集团购买力管理办法》，规定对社会集团购买力采取计划管理、限额控制、凭证购买、定点供应、专用发票和对某些商品实行专项审批的办法。

11 月 28 日，国务院发布关于整顿和加强银行工作的几项规定，用新的话语重申 1962 年的银行工作六条：

（1）各级人民银行在党的统一领导下，在揭批“四人帮”的政治大革命中，已经取得了很大的胜利，银行工作的面貌已经和正在发生显著改变。今后要继续把深入揭批“四人帮”的斗争进行到底，要彻底摧毁“四人帮”的资产阶级帮派体系，深入批判“四人帮”推行的反革命修正主义路线，批判“四人帮”干扰破坏社会主义金融的罪行。要贯彻落实“发展经济，保障供给”的总方针和党的各项金融政策，充分发挥银行的职能作用，使银行工作更好地为社会主义建设服务，为巩固无产阶级专政服务。

（2）人民银行是全国信贷、结算和现金活动的中心。要坚持银行业务工作的集中统一，建立指挥如意的、政策和制度能够贯彻到底的银行工作系统。人民银行的工作，实行总行和省、直辖市、自治区革命委员会双重领导，在业务上，以总行领导为主，做到统一政策、统一计划、统一制度、统一资金调度、统一货币发行。在党的工作和政治工作方面，以地方的领导为主。地

方对当地银行主要领导干部的任免和调动，要与上一级银行商量一致。

（3）为了确保货币发行权集中于中央，银行工作必须严格执行下列规定：

一切贷款必须按计划发放，超计划贷款必须经过上级银行批准。任何单位不得强令银行在国家计划之外增加贷款。

一切信贷资金和企业流动资金，只能按国家规定的用途，用于生产周转和商品流通，任何单位、任何人不得抽调银行的资金，不得抽调挪用企业的流动资金。

一切信贷都必须集中由银行办理。除国家另有规定的以外，任何单位都不准互相借贷，不准赊销商品，不准预收预付货款。

一切单位向银行提款支付职工工资，都不得超过国家批准的劳动工资计划。

（4）加强信贷收支的管理工作。国家批准的信贷收支计划和货币投放、回笼计划，各省、直辖市、自治区及各部门必须严格执行。指标确需调整时，应经总行批准，不准"先斩后奏"。各级银行在信贷收支的管理上，必须立足于促进社会主义经济的发展，支持正常的生产周转与商品流通。同时，要加强银行监督，同破坏国民经济计划、违反财经纪律的行为做斗争。

（5）加强现金管理，严格结算纪律。银行必须根据国家规定，定期核定各单位的库存现金限额。各单位超过核定限额的库存现金，必须随时存入银行，不得留存坐支，逃避银行监督。农村集体经济单位，也要逐步实行现金管理，做到大宗收支通过转账结算。所有单位都必须认真执行结算纪律，不准开空头支票，不准拖欠货款，不准出租出借在银行开立的账户，不准用"实物收据"办理结算。银行要通过现金管理和结算管理工作，保护正当的经济往来，并同套取现金、投机倒把、扰乱金融等破坏活动做斗争。

（6）财政资金和信贷资金，基本建设资金和流动资金，必须分口管理。银行发放贷款，必须坚持有计划、有物资保证、按期归还的原则。一切应由财政开支的钱、一切基本建设支出，都不得占用银行贷款，不得挤占或者挪用企业流动资金。银行贷款不准用于弥补企业亏损或者垫交被挪用的税收和利润，不准用于职工福利和其他财政性开支。

1977 年的最后一天，国务院召开了全国银行工作会议，强调要发挥银行的作用，决定恢复银行独立的组织系统，中国人民银行总行作为国务院部委一级单位，与财政部分设。财政部、中国人民银行总行于 1978 年 1 月 1 日起分开办公。重新独立运转的中国人民银行，在国务院的领导下，继续在计划经济体制中加强银行信贷和结算系统的纪律恢复和纪律检查。

1978 年 1 月 1 日起，全国实行人民银行规定的新的统一的结算办法，严厉规定各基层银行、各开户的企事业单位必须认真执行：各单位之间的经济往来，除按照现金管理办法规定，可以使用现金的以外，都必须通过银行办理转账结算。所有账户不准透支。严禁企业间的商业信用。

1978 年 8 月，中国人民银行下发关于《现金管理实施办法（试行草案）》的通知：为了更好地贯彻执行国务院 1977 年颁发的《关于实行现金管理的决定》，严格货币管理，保证货币发行权集中于中央，有计划地调节货币流通，节约现金使用，稳定市场物价，提高管理水平，发挥银行对各项经济活动的促进和监督作用，维护财经纪律，打击城乡资本主义势力，保卫社会主义公有制，促进国民经济有计划按比例高速度地发展，巩固无产阶级专政，实现新时期的总任务。

陈云、邓小平等都坚持社会主义制度，坚持中国共产党的领导和无产阶级专政，主张发展对西方国家的贸易，引进西方国家先进技术与装备及其贷款，加快社会主义经济发展。陈云的主张是：回到（20 世纪）50 年代。他认为，第一个五年计划是成功的，只是“大跃进”搞坏了，以后又接着“四清”“文革”，使得计划经济没有搞好的机会。当然，（20 世纪）50 年代国有经济集中得太多，统得太死，没有划出一定的地盘让多种经营和小生产发展日用工业品和食品。所以，他们主张，在计划经济制度的前提下，允许搞一点市场调节，这就是“计划经济为主，市场调节为辅”。改革开放初期出版的《陈云文选》体现了这一思想。

1979 年，在陈云主持的国务院财政经济委员会领导下，由张劲夫主持的体制改革小组提交了《关于经济管理体制改革总体设想的初步意见》，强调了两点：把企业从行政机构的附属物，改为相对独立的商品生产者，按专业化协作和经济合理的原则，组织专业公司和联合公司；把单一的计划调节，改为计划调节与市场调节相结合，以计划调节为主，注意发挥市场调节的作用。

其实最早提出“公司制”的是刘少奇。他当时的看法是，中央各部和省、市的厅局都在干预经济，这是超经济的办法。应该学习苏联，组织企业性质的公司，可能比行政机构管得好一些。他考虑把各部的管理局改成公司，不是行政机关，而是经济组织，这样就可以更接近生产，更接近企业。1964 年 8 月，刘少奇代表中央批转了国家经委《关于试办工业交通托拉斯的意见》报告，不久，全国烟草、盐业、汽车、橡胶、医药等 12 个行业组织了托拉斯，经济效益有所提高。但此后不久，“文化大革命”爆发了，刘少奇的尝试也就结束了。

1979 年，邓小平继承了刘少奇的设想，把军工和地方工业两套系统的机械工业统一起来，平战结合，军民结合。管理上搞专业化的联合公司，产品搞“三化”，即标准化、系列化、通用化。总体上还是设想在计划经济体制下进行改革。在本年的全国经济计划会议上，李先念副总理对实施全国性大公司制度进行了初步安排。

对“市场调节”讲得最早、提得最多的是陈云同志。早在 1956 年，陈云在党的八大会议上，就提出“三个主体、三个补充”的构想，其中就包含着市场调节的含义。陈云始终认为，国家计划是社会主义经济的主体，市场调节只是从属的、次要的和补充的部分。应当说明的一点是，20 世纪 70 年代末，邓小平对“市场经济”和“市场调节”这两个概念经常是混用的。1979 年 11 月，邓小平在会见美国人吉布尼时，谈到“社会主义也可以搞市场经济”，实际就是“市场调节”的意思。因此，邓小平与陈云的思想是相通的。

1980 年前后几年，中央的改革设想，是在坚持计划经济体制的前提下，将公司制管理和市场调节作为一种辅助手段，并没有打算要彻底否定计划经济。所成立的公司，还是行政性公司，不是企业化的公司。不论是企业还是公司，直到今天的大型的、跨国的中央企业都是行政附属机构，否则国有性质无从落实到管理控制系统之中。

科斯在《企业的性质》中对资本主义私人企业有恰当的描述：企业是一

系列个人合约的集成，以达成交易费用最低、利润最大化。

社会主义公有制企业则依其公有性质由各级政府部门提出，报请上级党和政府批准，再由批准执行任务的政府部门委派党政和技术官员代理全体国民进行创立和管理。社会主义公有制企业的使命是满足人民不断扩大的社会需求，并不追求利润最大化。但是，社会主义企业的成本高昂，在实践中总是难以满足人民群众在固定价格条件下不扩大也不压缩需求的最低愿望。这种特征放在管理学上，主要是冗员增长和生产纪律渐衰；放在财务分析上，则是资金利润率不断下降；最终形成企业不断依靠追加的资源与资金投入来维持生产。这样的情形在苏联和东欧社会主义国家也普遍存在，并被匈牙利学者科耐尔在《短缺经济学》一书中归纳为“软预算”。

## 二、另一条道路：财政拨款改银行贷款

到 1979 年，各省（市、区）党委对 1977 年以来调整期间的经济政策提出了很多疑问，集中起来就是：中央给的钱不够，中央给的政策也不够，它们难以解决各地区的城市待业青年就业等一系列重大国计民生问题。

在这一年，中央下令停止知识青年上山下乡，并召回所有还在农村的下乡知青。那年城市待业人口达到 2 000 多万，几乎每个城市家庭都有一个待业者。同时期，日用生活消费品市场化刚刚开始进行，城市个体经营者和农村居民进城贩卖农副产品，沿海地区走私、仿造的日常生活用品已深入内地，正在汇集成低级的自由市场经济。比如 10 元一只的电子手表迅速打败 100 元一只的机械表。生产机械表的企业都是最受政府宠爱的各省（市）国营企业。私人与沿海地区的准私人企业的服装生产销售链条也正在绞杀国营服装企业和传统裁缝店铺。国营工商企业生产和库存的过时的、低质高价的产品不断积压，而生产计划也难以顺应市场潮流。其基本原因是当时的工厂就只有那样的生产技术、设备和专业技术人员。这些设备与技术基本上是二三十年前苏联的甚至是清朝、日本和国民党政权留下来的“古董”及其低质量的复制品。

因此，在1979年10月4日，邓小平对各省（市、区）党委书记讲道：

政治工作要落实到经济上面，政治问题要从经济的角度来解决。比如落实政策问题、就业问题、上山下乡知识青年回城问题，这些都是社会问题、政治问题，主要还是要从经济角度来解决。经济不发展，这些问题永远不能解决。所谓政策，也主要是经济方面的政策。现在北京、天津、上海搞集体所有制，解决就业问题，还不是经济的办法？这是用经济政策来解决政治问题。解决这类问题，要想得宽一点，政策上应该灵活一点。总之，要用经济办法解决政治问题、社会问题。

现在对财政、银行，有很多反映。有的好项目只花几十万元，就能立即见效，但是财政制度或者是银行制度不允许，一下子就卡死了。这样的事情恐怕是大量的，不是小量的。卡得死死的，动都动不了，怎么行呢？当然也有上千万元的项目，那就必须慎重一点了，但是上千万元的项目也有很快见效的，财政、银行应该支持，这样就活起来了。这不是个简单的财政集中或分散的问题。必须把银行真正办成银行。现在每个省（市、区）都积压了许多不对路的产品，为什么？一个原因就是过去我们的制度是采取拨款的形式，而不是银行贷款的形式。这个制度必须改革。任何单位要取得物资，要从银行贷款，都要付利息。

这是一个颠覆苏联计划经济模式的决定：国家计划出一片天地，让银行信贷计划直接与企业市场化生产决策结合，形成经济发展新动力，也形成了后来发展出来的社会主义市场经济体制。

邓小平、陈云他们为什么能够做出这样的决定？

毛泽东主席教导我们：人的正确思想是从哪里来的？是从天下掉下来的吗？是人的头脑里固有的吗？不是。是从实践中来的。所以，我们要回顾毛泽东、邓小平、陈云他们那一辈第一代无产阶级革命家在革命根据地和解放区创建、发展并成功地把中国共产党的无产阶级革命事业带向夺取全国政权的历史过程中的货币银行制度及其政策。

在1935年11月3日南京国民政府财政部颁布《法币政策实施法》及《兑换法币办法》以前的银圆流通时代，即使是普通商家，发行代币也是可以被周围的人们接受的，但挤兑也是经常发生的。中国各地地方政府特别是军政府，都喜欢建立自己管辖的地方官银行、银号，合法或不合法地发行代币。代币发行量大于兑付保证金的那部分就是发行利益所在。所以，四川军阀杨森最得意的就是“老子有猪儿，有银行，还怕谁?”山东军阀韩复榘就更直白：“老子有枪有银行。”

20世纪初，盛行于西方的人民生产、消费、信用合作的社会主义思潮传入中国。从20世纪20年代开始，华洋义赈会比较成功地将西方合作制度引入中国农村，倡导并推动成立了成千上万的农村合作社。

1927年毛泽东、朱德建立第一个红色革命根据地后，就开始依照当时中国各地地方政府特别是军政府流行的做法和社会主义信用思潮，创办信用合作社、平民银行，发行流通货币银圆的代币。1928年10月，东固根据地党组织筹集基金3 000银圆，开办“东固平民银行”，1929年又扩大基金8 000银圆，发行纸币20 000元，东固平民银行印制了中国工农政权的第一张纸币，纸币分一元、五角、一百文、二百文四种，流通于东固根据地以及邻县地区。

1930年10月，毛泽东、朱德、陈毅亲临东固视察。1931年东固平民银行发展为“江西工农银行”，后又与闽西工农银行合并为“中华苏维埃共和国国家银行”。1929年10月26日，永定县苏维埃政府在湖雷成立。1930年春，为调剂金融，永定县苏维埃政府在湖雷创办永定第一区信用合作社，赖祖烈为主任。这个信用合作社资金预定5 000元，以募股方式筹集，每股1元，由群众个人和商店认购，共募集了3 000多元，其中个人占40%，商店占60%。信用合作社发行纸币，保存现金，收购金银，发展社会经济，实行低利借贷。湖雷苏区发行的纸币，正面印有一个空心的大五角星和倒放的斧头、镰刀。纸币以信用社股金作为保证，每1元等于1个银圆，可以十足兑现。该纸币可以在永定县各地区流通。1930年11月7日，在闽西龙岩诞生了我国最早的苏维埃银行——闽西工农银行。

1931年11月7日，中华苏维埃共和国临时中央政府在江西中央苏区成立，主席毛泽东，定都于瑞金（今江西省瑞金市）。中华苏维埃共和国临时中央政府于1932年5月把江西工农银行和闽西工农银行合并为中华苏维埃共和国国家银行，毛泽民任行长，会计科科长曹菊如。此后，曹菊如一直在红色政权的财经、财政、银行领导班子工作，1954—1964 年，任中国人民银行行长兼党组书记。1931 年 8 月，邓小平到达中央革命根据地，担任中国共产党瑞金县委书记。1932 年 5 月，邓小平调到会昌，担任中心县委书记，并兼任江西军区第三分区政委。1932 年年底，政治局主要成员博古、张闻天、陈云抵达瑞金。最晚从这时起，陈云、邓小平就对中国共产党的国家货币银行制度有了直接的了解。1933 年 1 月 7 日，中共中央政治局被迫由上海迁至瑞金。

中华苏维埃共和国《国家银行暂行章程》规定国家银行隶属于财政部，国家银行的管理由财政部任命的管理委员会负责。在瑞金设立总行，各地设立分行，启动资金国币 100 万元由国库预算拨付，须增加资本时可呈请财政部核准，由国库拨付。

国家银行的业务以“帮助发展生产，对于国有工商业或合作社事业得为有抵押和无抵押之放款”为优先，同时亦有商业票据贴现、代管贵重物品以及收受各种存款等一般银行业务。国家银行受临时中央政府委托办理国库和公债业务，因而拥有发行钞票的特权。

为维护国家货币的信用，临时中央政府一方面采取严厉措施强制苏区社会尊重国家货币的权威，另一方面严格现金出口制度，稳定金融制度初定时可能的资本外流。临时中央政府规定：对持票要求兑换者须尽量兑付现洋，不得拒绝。同时要向持票人宣传以提高他们对国家银行钞票之认识和信仰；一切税收要完全缴纳国家银行钞票及苏维埃二角银币。

该法律禁止私人从事高利贷事业，但个人之间的借贷则不受此法管束。

1933 年 4 月 28 日，中华苏维埃共和国财政部颁布实施《现金出口登记条例》，要求建立现金出口登记制度，禁止“豪绅地主、资本家想假冒办货名义偷运大洋出外”，以“保存苏区现洋，维持市场交易”。登记制度规定“凡携带大洋或毫子往白区办货二十元以上者须向市区政府登记，一千元以上者须向县政府登记取得现金出口证才准出口，无出口证及非为办货用的一律不准出口。向银行或兑换所兑换大洋的也要有现金出口证为凭”。规定“凡商人或合作社运现洋出口向政府登记，须由该店员支部或当地店员工会介绍证明，乡村无店员工会者由乡政府给证明书”。“商人运输现金往白区办货，须限期如数办货回来，并于货物回来后开具清单向原登记政府销案。如到期无货回来或所办货价比运出现金较少者，即严厉处分该商人。”

以发展壮大自己经济实力为目标的货币银行制度精神及其政策要点，后来又经历北方各个革命根据地和解放区，一直传承发展到 1949 年全面建立红色政权，并发展壮大到今天。

对任何历史经验的总结，都不应该离开历史发生的主要人物所经历的社会经验与社会条件，都不应该离开既有的社会政治经济制度的基本框架。中国共产党人依据他们面对的国情确定的现代化道路是这样的：党在各个历史时期的政策、方针都可以修正，但必须是在党的领导下，确保党的领导，确保行走在社会主义道路上。

## 第三节　货币政策：从计划分配信贷资金到市场决定信贷资金流向

1978 年，中国人民银行从财政部独立出来，作为担负工商业、农业与外贸的单一银行与货币发行银行，负责处理全国所有金融事务的庞大责任。这显然是非常困难的。因此，中央政府打破单一的中央银行体制，构建双层银行体制，推行了中央银行和专业银行的分立。

1979 年 2 月 23 日，国务院发出《关于恢复中国农业银行的通知》，据此通知，中国农业银行总行于 1979 年 3 月 30 日正式办公。为加强对农业投资、农业信贷资金的管理、粮食统购资金管理，以及对农村信用社的支援与管理，中国农业银行第三次重建。

1979 年 3 月 13 日，国务院同意并批转中国人民银行《关于改革中国银行体制的请示报告》，中国银行从中国人民银行国外业务局分设出来，主要经营外汇业务。

1979 年 3 月 13 日，中华人民共和国中央政府设立国家外汇管理局，国家外汇管理局的日常工作主要是对外汇收支的监督管理，并落实到具体企业的用汇与创汇、境内外汇的使用等事务的指引与管理上。当然，国家外汇管理局是国家外汇储备的操作管理者，也是对国际金融市场动态进行调查的机构和国家货币政策、汇率政策的主要研究单位。

1979 年 8 月，国务院批准中国人民建设银行从财政部独立出来，仍然以国家计划的长期投资为主业，随后也作为一般金融服务机构向企业与民众提供普通金融服务。

1979 年年底，中国人民保险公司恢复了国内保险业务。当时，全国懂保险业务的工作人员不过十几人，就是刚从中国人民银行分离出来的中国银行国外保险部的那十几个工作人员。新成立的中国人民保险公司赶紧公开从社会各界找回 1955 年因停办国内保险业务而散失的老员工。

1979 年年底，部级的中国国际信托投资公司成立，成为吸收外资的专业机构。1979 年 10 月，国务院责成中国人民银行考察现代信托制度，随后批准成立中国国际信托投资公司，中国信托业重新开启征程。此后，全国各省份相继发展信托业务。至1982年年底，全国各类信托机构超过620家。

1979年2月，开始对国家综合信贷计划管理体制进行改革。

在1979年以前，综合信贷计划管理体制，即全国的信贷资金，不论是资金来源还是资金运用，都由中国人民银行总行统一掌握，实行“统存统贷”的管理办法。银行信贷计划纳入国家经济计划，与全国的实物生产、投资、进出口等计划进行匹配，以保证以国家财政计划为核心的国民经济计划的执行。这样的货币政策完全排斥了货币与信用对经济发展的自由组合功能。

1979年下半年，中国人民银行总行提出了“统一计划，分级管理，存贷挂钩，差额包干”的办法，基本内容是总行对基层银行由存贷款总额指标管理改为存贷款差额指标管理，不再约束基层银行的信贷总额，只控制存贷款差额，各级银行在完成存贷差计划或不突破存贷差计划的前提下，多存可以多贷，银行的自主权得到了扩大。这也意味着传统的苏联模式货币银行制度最害怕信用体系有了自由滋生的制度空间。商业与银行信用机制开始发生作用，并迫使人民银行作为货币发行者，不断为自身的工商信贷部门和其他专业银行雄心勃勃的信贷计划提供资金，也就是不断扩大货币发行数量。

这样的设计没有错误。正是这样的货币政策打开了创造财富的另一个经济系统的道路：货币通过市场组合生产要素，无论是国营企业、集体企业还是戴红帽子的私人企业、个体工商户、农村社队企业和农民、外商，都可以在经济合同规范下追逐市场利润。多种经济成分参与的经济发展中发生的纠纷，在当时均由国家经济委员会、工商行政管理局、中国人民银行等国家机关调解处理。所以，1981年颁布的《中华人民共和国经济合同法》，从立法上确立了我国经济合同法的制度，自由市场经济中交易必须合意的观念第一次进入社会主义法律制度。自由与法律总是相伴相生的。

从1931年到1953年，中国经历了14年的日本入侵、4年多的国共内战与3年多的抗美援朝战争。在经历1953—1956年的“一五计划”期间短暂的和平建设后，中华人民共和国的经济再度进入准战时经济和国家内部激烈厮杀与动荡不安状态，直到1977年。中国这块国土和她的人民经历了太漫长、太惨烈的战乱岁月。面对现实，谁敢说不该快速重建家园！

此时，中华人民共和国百废待兴。苏式的计划投资、传统的农业时代的市场经济恢复和对外贸易扩大都在同时并举，都能给疮痍满目的大地带来复兴，给极度贫困的人民带来新的希望。银行贷款对象也由过去主要是国营、集体企业，扩大到多种经济形式和经济成分；由过去主要面对生产、流通企业，扩大到各行各业，如科技、文教、卫生、饮食、服务行业。在众多的恢复与发展事项中，我们挑选一个既能联系传统工业恢复发展和农村经济复苏，又能联系重新进入国际市场的行业——纺织业，来进行当时货币政策从计划分配信贷资金到市场决定信贷资金流向的叙述。

纺织工业在第二次世界大战前，就已经形成几大生产中心：英国、美国、中国、日本、印度。1949 年以后，中国的纺织工业本应快速恢复和发展，但历史并不是这样的。在 1950—1960 年的中国，纺织工业对内没有给中国人民生产出基本够穿用的产品，对外也从主要出口商品目录中消失了。但香港地区的纺织业却在这段时期有了较大的发展。香港地区的纺织业的资本、技师、设备主要来自 1949 年前从广东和上海撤出的纺织厂。由于附近地区大量青壮年移民的迁入，香港地区的失业严重，就业严重不足，劳工成本较日本、美国、英国远为低下，正好是劳动密集型的纺织工业发展的时间窗口。

1949 年，新政权接收旧政府的国营中国纺织建设公司拥有的棉纺设备近 180 万锭和近 4 万台织机，分别占当时全国总数的 36% 和 60%。但由于 1947—1949 年，大量私人纺织印染企业从上海和广东迁去了香港地区，以及既有设备的老化，1953—1957 年期间，纺织工业仅建成 200 多万棉纺锭新厂，仍然不到 1947 年的产能。

这些情况党中央是了解的。1963 年，党中央指示中国人民银行、外贸部调查和实施“以进养出”的进口加工再出口贸易。

1963 年，中国人民银行总行国外局向党中央报告如下：

我们研究的意见是，香港银行存款，今后应该主要是为我国出口贸易、社会主义建设服务。重点是以下几方面：

……

五、进口原材料，加工成品出口。有些产品国外市场销量很大，国内又有生产能力，由于原材料不好解决，不能满足国外市场需要。如抽纱、雕刻、麻袋、混纺织品等。如果利用银行贷款进口一部分原材料，加工出口，就可以为国家换回更多的外汇。银行贷款从这些产品出口收入的外汇中付还。

六、进口设备装备国内生产出口产品的工厂。目前，国内有些生产出口产品的工厂，生产能力不平衡，设备不配套，不能完全适应出口要求，迫切需要进口一部分设备填平补齐，如纺织品的后处理设备等。但是，国家的外汇还照顾不到这方面来，暂时难以解决。如果利用银行贷款，进口一部分设备，就可以立即装备这些工厂，增加产品出口。所用贷款，国内分期偿还。①

党中央决定对香港地区加以利用，所以后来有下一个文件的产生。

1964 年 7 月 7 日，纺织工业部关于 1964 年进口纺织设备的报告：

根据以上原则，1964 年需进口的纺织设备如下：

（1）棉纺设备。进口国外先进的，以适应化纤混纺的棉纺样机进行仿制，提高国内技术水平和解决援外出口的需要。

（2）棉织设备。进口国内没有的宽幅织机，适应国际市场上对宽幅棉布和宽幅色织布的需要。

（3）棉印染设备。进口生产棉化纤混纺、宽幅印花、印花拉绒、精元洋伞布等产品国内一时尚无法制造的印染设备，适应当前纺织品出口的需要。

（4）毛纺染整设备。进口提高毛纺织品质量，增加花色品种，并解决毛化纤混纺产品后处理的毛纺染整设备及增加羊毛衫产品的设备，以适应扩大对外出口毛纺织品的要求。

1964 年进口纺织设备共需外汇 549 万美元，国内配套设备需人民币 902 万元；基建和安装费人民币 1 070 万元，合计为人民币 4 717 万元。

上述进口设备全部安装投入生产后，除可逐步改进棉纱质量外，预计每年将可增加出口纺织品：宽幅布 12 万匹，宽幅色织布 10 万匹，化纤混纺棉布 16 万匹，拉绒布 26 万匹，宽幅印花布 10 万匹，精元洋伞布 5 万匹，羊毛衫 50 万件。呢绒出口每年可达 500 万米，估计每年约可增加外汇 1 400 万美元。②

① 中国社会科学院，中央档案馆. 1958—1965 中华人民共和国经济档案资料选编：金融卷［M］. 北京：中国财政经济出版社，2011：264-265.

② 中国社会科学院，中央档案馆. 1958—1965 中华人民共和国经济档案资料选编：对外贸易卷［M］. 北京：中国财政经济出版社，2011：264-265.

这样的请示报告与批准执行，在历史上一直延续到1980年，最终由国务院一纸公文把纺织业的出口产品从计划经济的繁文缛节中解放了出来。想来国务院自己也感觉轻松了一些。后来，轻工部、纺织工业部都退出国务院部委编制，转换为非行政机构。

从1963年起，纺织品的出口占国家出口商品总额的比例断断续续上升，20世纪70年代可能最高达到15%。

1980年1月14日国务院批转国家经委、中国人民银行等部门关于请批准轻工、纺织工业中短期专项贷款试行办法的报告的通知：

国务院同意国家经委、中国人民银行等部门《关于请批准轻工、纺织工业中短期专项贷款试行办法的报告》和《中国人民银行发放轻工、纺织工业中短期专项贷款试行办法》，现转发给你们，望认真执行。

轻工、纺织工业中短期专项贷款，主要用于老厂的挖潜、革新、改造和与之有关的小量改建、扩建工程，不能用于新建、续建企业的基本建设投资。对贷款的使用，一定要按照择优扶持的原则，优先贷给那些花钱少、见效快、创汇多的项目。各地轻工、二轻（手工）、纺织工业部门，要认真搞好用款规划，有计划、有目的地解决几个生产上的重大问题，把贷款管好、用好。贷款需要的物资，由国家物资总局按基建定额补助一半，其余由地方解决。有些工期短的项目，还可利用少量的短期自由外汇，进口一些材料和先进的单机、部分生产线，以保证措施项目按期竣工投产。各地人民银行和中国银行，要切实加强对贷款的发放和监督工作，积极支持轻纺工业的发展。

国家经委、轻工业部、纺织工业部和中国人民银行总行，要加强对贷款使用情况的检查，采取有力措施，尽快发挥经济效益。①

根据国务院领导同志的指示，四部门对发放轻工、纺织工业贷款问题进行了多次研究。为了更好地贯彻执行“调整、改革、整顿、提高”的方针，把轻工、纺织工业尽快搞上去，必须采取特殊措施，拿出一笔资金和物资，把轻纺工业现有老厂的挖潜、革新、改造搞好，使轻纺工业生产在三年调整

---

① 《国家经委、轻工业部、纺织工业部、中国人民银行　关于请批准轻工、纺织工业中短期专项贷款试行办法的报告》，1980。

期间有个较大的提高。因此四部门商定，从1980年起，在国家安排的基本建设投资和技术措施费以外，由中国人民银行、中国银行发放20亿元轻工、纺织工业中短期专项贷款和3亿美元的买方外汇贷款，每年保持这个余额周转使用。

这笔专项贷款，主要用于轻工、二轻（手工）、纺织工业企业（包括进行独立经济核算的专业公司）进行老厂（包括原料基地）的挖潜、革新、改造，增加市场急需的产品和扩大出口的产品。贷款期限一般为一年到二年，最长为三年。为了使贷款单位有可靠的偿还能力，尽快归还贷款，在贷款项目完工投产后，全民所有制企业，用本项目增加的全部利润和固定资产折旧基金、固定资产税归还贷款本息，用上述资金按期偿还贷款不足的，可再减免工商税归还；集体所有制企业，首先用贷款项目投产后所增加的税后积累和固定资产折旧基金归还贷款，按期还款不足的，可再减免所得税及工商税归还。在计划经济中，由于企业建设与运行资金都来自财政拨款，所以成本项目中没有偿还贷款本息科目。新的靠银行贷款进行生产的企业就临时改为先偿还贷款本息，再纳税和上缴利润。

纺织业的生产设备不太复杂，产业链又很短，是劳动密集型产业，但工人劳动强度又不是很大，技术要求比较简单，最适合文化程度较低的妇女就业。所以，在凭票供应的年代，也就是极度短缺时期，不仅在上海、天津、广东及各大中城市发展极快，而且在江苏、浙江农村也获得了极大发展。1979年、1980年、1981年这三年，纺织工业生产大幅提高，生产平均年递增速度达到18%以上。轻纺产品1979年出口占出口总值的46.9%。1981年纺织品出口换取外汇35亿美元，占出口总额220亿美元的16%。1982年全国棉布产量达到153亿米。1983年12月，国家决定停止已实行29年的棉布限量供应办法，实现了敞开供应。

中国的纺织工业在整个20世纪80年代到90年代末，有了突飞猛进的发展，并成为世界纺织业霸王。在这当中，中国人民银行恢复历史上银行对纺织业的直接信贷支持是非常重要的第一推动力量。当然，其中的决定因素还有很多，比如说1963年以后不断引进的化纤原料成套设备的投产，农村经济体制改革中的乡镇企业的崛起，美国给予中华人民共和国出口的纺织印染产品以最惠国待遇，等等。

## 第四节　社队企业的崛起与中国式工业化道路的探索

1949 年新中国成立以后，如何实现工业化一直是摆在中国共产党面前的一个最大议题。工业化首先遇到的难题是投资的钱从哪里来。中国共产党的第一次宏观货币政策是：借与挤。借，就是向苏联借贷建立基础工业。挤，就是直接从全体人民的衣、食、住、行、医疗、教育等消费中挤出资源，来增加投资品的供给，而无须经过人民的储蓄转化为投资。

“一五计划”成功地在中国建立了军工导向的最基本的基础工业体系。初战告捷极大地鼓舞了人民和党的领袖们。“大跃进”的正面主战场在钢铁工业，但农业也是后方支援前方的大战场。1958 年，乡政府与各农业生产合作社急急忙忙地合并为人民公社。农民成为做工挣工分、挣基本口粮（75～100 千克/人）以上的粮食的“农业工人”，在各级党政干部的领导下，在公社干部指挥下，为全面实现社会主义现代化而奋斗。其失败的结果与本书主题没有关系，不予叙述。

在人民公社制度中，保留了乡村工匠们的一席之地，而且还加以组织与提高，组织成为人民公社中的社队企业，但未见有成功的记录。

“大饥荒”之后，乡村生活恢复了贫困中的安静，各乡各生产队也都可以有自己的农副产品加工和农具生产作坊，有的地方还办了微型水电站。各省、市、县、公社都有农村多种经营办公机构或工作人员，管理农村泥、木、石、铁等工匠在农闲时的外出劳动。

在长江三角洲地区，在“文化大革命”动乱最为厉害的时期，大概 1968 年前后，更获得了一个奇特的机会：上海城里的一些支援世界革命的出口工业产品，当然是非常简单的工业品，比如说液压管件接头、军用铁镐、军用铁铲、服装等，因为必须按期交货，不能被动乱拖延而送到乡镇加工生产。当时乡下比较安宁，也是许多上海工人和干部的家乡，乡下也有些退休工人、下放回去的工人和能工巧匠。这样一来，江苏地区农村的工业化进程就开始了。

再有一个进程就是城市道路和房屋的维护所需沙、石、水泥、石灰、砖块、搭脚手架的竹子、木头模板等只需简单加工的地方建材，也只能从城市外、河道边的农村获取。总之，工业生产点在大城市周围、在沿海、在沿河流的农村地区有计划地或自在地出现。

1978 年 4 月 4 日《人民日报》第 1 版的社论《社队企业要有一个大发展》指出：

社队企业是我国人民公社制度的产物，它是随着人民公社产生和发展起来的。伟大领袖毛主席远在人民公社化初期，就高瞻远瞩地指出："目前公社直接所有的东西还不多，如社办企业，社办事业，由社支配的公积金、公益金等。虽然如此，我们伟大的、光明灿烂的希望也就在这里。"

与上述社论同时发表于同一版面的调查报告《农业高速度发展的途径——江苏省无锡县社队企业调查》记录了社队企业发展的个案：

我们调查了玉祁公社民主大队，这是一个很有代表性的单位。这个大队平均每人只有五分六厘地，生产条件相当差，过去人们叫它"三靠队"：生产靠贷款，生活靠救济，吃粮靠供应，国家每年统销粮食 30 万斤。队干部是一些好同志，他们勤勤恳恳，艰苦奋斗，生产虽然逐年有所好转，但由于单打一地抓农业，粮食一直在一个低水平上徘徊，队里还是穷得很。几年前，在上级党委的帮助下，他们觉悟过来了，开始办粮食加工厂、磷肥厂、大养猪场、大桑园……大队经济结构开始发生了变化，原先只有单一的农业收入，现在工业收入已占总收入的 50%，副业收入占 20%，农业收入占 30%。工业利润的大部分又投入农业扩大再生产，各项过去想办而无力办的农业基本建设，都办起来了。当我们前来访问这个昔日的"三靠队"，看到一片兴旺景象。"三靠队"已经变成了"三贡献"：向国家贡献粮食、副产品、工业品。去年遇到严重自然灾害，粮食亩产仍然达到 1 800 多斤的高水平，全大队交售给国家粮食 38 万斤，每个社员平均卖给国家一头肥猪，社员收入也大幅度提高。

党的八届六中全会《关于人民公社若干问题的决议》中指出："人民公社实行的工农业同时并举和互相结合的方针，为缩小城乡差别、工农差别开辟了道路。"社队企业就是实行这种工农互相结合的好形式。社队企业实行亦工亦农的劳动制度，广大社员既能种田，又能做工，逐步缩小工农差别。社队企业在为农业服务的前提下，根据具体条件，开展城乡协作，为大工业服务，既积累了资金，有利于农业，又支援了工业建设。城市工业有计划地向农村扩散产品，把一部分任务交给社队企业去承担，就可以节省国家投资，不增加职工指标，少建厂房、设备和少支付工资，使生产做到多快好省。工厂还可以腾出手来，向“高、精、尖”进军。社队企业还能承担城市需要的一些缺门、短线产品，人民生活需要的各种小商品，成为全民所有制经济的有力助手和重要补充。社队企业发展起来了，农村里小工厂星罗棋布，城市则避免了无限制扩大和臃肿，做到工业合理布局。目前，在我国一些社队企业比较发达的地区，已经出现了有社会主义觉悟、能工能农的一代新人。马克思和恩格斯在《共产党宣言》中曾经预言：“把农业和工业结合起来，促使城乡之间的差别逐步消灭。”

党面对工业化、农业现代化的急迫性和人口过快增长是有很大压力的，也有 1958 年“大跃进”时盲目地从农村大量招募工人，到 1961 年又不得不遣散 2 400 万工人和市民回到农村的惨痛教训。所以，党和政府对城市的扩张和农民外出务工特别戒备。于是，党中央一方面加快了现代工业的建设，一方面践行马克思主义和毛泽东思想的指引，在人民公社制度中，把农业和工业结合起来，走一条新的城乡并举的工业化道路。

1979 年 7 月 3 日，国务院发布《关于发展社队企业若干问题的规定（试行草案）》，指出发展社队企业的重大意义：社队企业发展了，首先可以更好地为发展农业生产服务，可以壮大公社和大队两级集体经济，为农业机械化筹集必要的资金；同时也能够为机械化所腾出来的劳动力广开生产门路，充分利用当地资源，发展多种经营，增加集体收入，提高社员生活水平；还能够为人民公社将来由小集体发展到大集体、再由大集体过渡到全民所有制逐步创造条件。公社工业的大发展，既可以为社会提供大量的原材料和工业品，加速我国工业的发展进程，又可以避免工业过分集中在大中城市的弊病，是逐步缩小工农差别和城乡差别的重要途径。

国务院制定和颁发的文件，全国各级行政系统必须立即执行。为此，国务院为社队企业的发展划出了三个不同的资金来源：生产队公积的一部分股本金、财政支援金和信用社、农业银行的信贷资金。这三种资金渠道，也是

1970 年以来党中央和国务院一直肯定的基本渠道：自筹、财政支援、信用社和人民银行贷款。

四川省渡口市（今攀枝花市）的乡镇企业（社队企业）是 1970 年北方农业会议和 1971 年农机会议之后，部分社队从兴办农机修理、小农具加工企业开始的。银行和信用社根据当时发放社办企业贷款问题的有关规定，支持投资少、见效快、与农业关系密切的企业，主要解决流动资金的问题，不发放给商业和服务性行业。这一年农业银行大田营业所和信用社首先贷款 2 万元给大田公社的石墨矿和石墨粉厂，对推动社办企业发展起了一定作用。1977 年，农业银行四川省分行提出放宽发放贷款限制，大力支持社队企业。到 1978 年年底，银行和信用社累计发放贷款 66 万元，累计收回 29 万元，占发放数的 43.94%。

这里要说明历史上的真实情况：在 1978 年中国人民银行独立之前，行政上属于财政部，但还是独立运转的。同样，1979 年农业银行从中国人民银行独立之前，农业银行、信用社也是单独对外挂牌的，由人民银行农业信贷部门负责操作管理。

1979 年 7 月 3 日由国务院发布的《关于发展社队企业若干问题的规定（试行草案）》与以往关于社队企业的政策有巨大不同，就是解除了社队企业为农业生产和农民自己服务的限制，同意它们走向新的天地：为工业配套、为市民生活，包括生产出口产品，开展补偿贸易。为贯彻实施党和政府的政策，1980 年，中国农业银行总行苏州会议强调：社队企业贷款要逐步走上支持企业面向市场，发展商品生产，注重经济效益的轨道。

所以，在货币政策史上，1979 年后对农村工业的货币支持开始从单纯为农业生产服务转向了国内外市场，转向了增加就业，具有了国家货币政策的新特征：用货币投资去组合山川大地和多余劳动力等生产要素，使其产品为工业配套，销售到城乡各地，甚至出口。

社会学家费孝通 1983 年在文章《农村工业化的道路》里高度评价苏南农村："这是一条具有中国特色的工业化道路。它和西方资本主义初期工业化的路子不同。它对农业不发生破坏作用，它对农民不产生贫困化的后果。”①

1982 年 12 月 4 日，第五届全国人大第五次会议通过新《中华人民共和国宪法》。其中，第九十五条规定：恢复乡级政权机构，把人民公社的行政权力收回。事实上，在此之前的 1979 年、1980 年，多数的生产小队已经把生产责任落实到户，各家各户做而不宣，基层干部知而不报，县里的干部也假装不知道。只有北京的理论工作者还在争论不休。1983 年人民公社制度被废除。此后的社队企业被称为乡镇企业，各级地方政府也将社队企业管理机构改成乡镇企业管理局，银行信贷也改为乡镇企业信贷，原有股份逐渐转化为私人股份，成为私人企业。到 20 世纪 90 年代后期，随着工业升级、外资进入、私人企业的广泛发展和去南方打工潮流兴起，沿海发达地区乡村逐渐城市化，内陆大城市郊区以外地区的农村同样被逐渐边缘化，乡镇企业基本融入现代工业体系，费孝通所赞赏的工业化道路依然通向了城市化。但也有例外，比如华西大队的华西集团（股票代码：000936）、河南南街村办企业。表 2.1 为 1983—1984 年乡镇企业发展情况。

**表 2.1　1983—1984 年乡镇企业发展情况**

| 项目 | 1983 年 | 1984 年 | 环比增加（%） |
| --- | --- | --- | --- |
| 单位数（万个） | 135 | 165 | 123 |
| 总收入（亿元） | 928 | 1 268 | 137 |
| 就业人数（万人） | 3 234 | 3 848 | 119 |
| 总收入（亿元） | 929 | 1 268 | 137 |
| 税金（亿元） | 59 | 79 | 134 |
| 工资总额（亿元） | 176 | 239 | 136 |
| 银行贷款（亿元） | 98 | 198 | 203 |
| 百元资金利税率 | 20 | 24 | 83 |

资料来源：国家统计局. 中国统计年鉴（1985）[M]. 北京：中国统计出版社，1985：297-298. 引用时对小数点以下的数据进行了四舍五入处理。

① 费孝通. 费孝通文集：第 9 卷 [M]. 北京：群言出版社，1999.

## 第五节　人民银行跟进改革信贷制度

1979 年 3 月 21 日—23 日，中共中央政治局集中讨论国民经济调整问题。陈云、邓小平在会上做了重要讲话。陈云提出，要充分利用外资和外国技术。邓小平指出，现在的中心任务是调整，要有决心，东照顾、西照顾不行。过去提“以粮为纲”“以钢为纲”，是到了该总结的时候了。一个国家的工业水平，不光决定于钢，要把钢的 指标减下来，搞一些别的。谈农业，只讲粮食不行，要农、林、牧、副、渔并举。会议同意国家计委修改和调整 1979 年国民经济计划的意见，并决定用 3 年时间调整国民经济。

1979 年 4 月 5 日，中共中央召开工作会议。李先念做《关于国民经济调整问题》的讲话。会议针对国民经济比例严重失调的情况，决定从 1979 年起，用 3 年时间对国民经济实行“调整、改革、整顿、提高”的方针。

针对国民经济比例严重失调的调整，重点是停止 1965 年以来的“三线建设”。那是把中华人民共和国经济全面拖进准备迎击美帝国主义、国民党反动派反攻大陆和苏联社会帝国主义全面进攻的备战计划。“三线建设”在十来年间，吞噬了大约 1 000 亿元人民币的投资。停止“三线建设”每年可以减少上百亿的无效投资，可以把大约 300 万工人、干部、工程技术人员和重要的工厂、实验室、学校、医院从西南、西北的大山里搬迁出来，回到大城市，充实工业、科研与高等教育，转向民用产品生产。

根据其后进行的银行信贷制度的改革和货币信贷政策，银行系统开始把资金投向人民日常生活的吃与穿，并扶植农村乡镇企业、城市集体工商企业和城乡个体工商户。

集体企业是准国有企业，乡镇企业也不是私营企业。但是，在 1980 年开始出现广泛而沉重的财务压力，迫使这两种企业以及国营小微工商企业开始转型。这些变化，从中央到地方，人们都懂，只不过心照不宣而已。

在货币政策方面的改革重点是：

（1）将企业的流动资金全部由财政支出改为银行信贷管理。1979 年 7 月 13 日，国务院发布《关于国营工业企业实行流动资金全额信贷的暂行规定》，要求国营工业交通企业的流动资金，由财政和银行分别供应，分口管理。定额流动资金由财政部门核拨，作为企业的自有资金，无偿占用；超定额流动资金由银行信贷供应。这种办法，管理多头，调剂困难，而且占用资金多少与企业和职工的经济利益没有关系，不利于调动企业和职工管好流动资金的积极性。为了充分发挥银行信贷这个经济杠杆的积极作用，促进企业改善经营管理，减少物资积压，加速资金周转，国营工业交通企业（包括物资部门所属企业）的全部流动资金，逐步改由中国人民银行以贷款方式提供。中国人民银行随即与各部委开展资金管理的具体交接工作，并在 1979 年年底基本完成。

（2）继续扩大利用外资。在这期间，继续扩大利用外资的第一个重大成果是成功解决了国外投资者最为关注的两个问题：一是法律环境，二是中美关系。

1979 年 7 月 1 日第五届全国人民代表大会第二次会议通过《中华人民共和国中外合资经营企业法》。在中华人民共和国初建商法系统的时候，其第十六条规定合营各方发生纠纷，最终可由合营各方协议在国外仲裁机构仲裁。这是让外商最为放心的条款。同时，国家外汇管理局也对外汇进出及在国内特别是在沿海 14 个经济特区存放使用做了对外商投资束缚最少的规定。外资开始缓慢但不断增加地进入。

1979 年 1 月 1 日中、美正式建交，5 月，中、美两国签订了关于解冻资产的协议。9 月，国务院授权中国银行办理收回中国被美国政府冻结资产的命令。中方依照美方要求解冻并无诉讼支付 8 050 万美元，中方亦索回被冻资金 1.12 亿美元。这项解冻的意义不仅仅存在于中美关系，其影响是广泛而深远的。

（3）基本建设投资试行贷款。1979 年 8 月 28 日，国务院同意国家计委、国家建委、财政部《关于基本建设投资试行贷款办法的报告》及《基本建设贷款试行条例》。报告说：遵照中央领导同志关于基本建设投资要逐步由财政拨款改为银行贷款，今年就开始试办的指示精神，我们对基本建设投资试行银行贷款的问题做了多次研究，草拟了《关于基本建设投资试行贷款的意见》和《基本建设贷款试行条例》，在全国基本建设工作会议上进行了讨论，在全国财政会议上征求了意见。多数同志表示赞成，要求创造条件，尽快试行。少数同志认为贷款办法好是好，但在现行经济体制改革以前实行有困难。还有个别同志认为搞贷款不见得比拨款好。此后，我们又在四月中央工作会议期间，征求了部分省、直辖市、自治区主管经济工作的同志的意见，他们都赞成试行贷款办法。

基本建设贷款由中国人民建设银行负责办理。中国人民建设银行当时是财政部的一个局级单位。拨改贷后，升格为国务院直属单位，由国家建委、财政部代管，以财政部为主。1982 年国务院发 99 号文件规定，在办理金融业务方面受中国人民银行领导；在办理财政业务方面受财政部领导。毕竟建设银行也是金融业一分子。

为什么我们都赞成试行贷款办法？因为我们都认为：银行和贷款单位都是经济组织，它们之间的业务往来按合同办事，互相承担经济责任和法律责任。由于贷款单位要保证按期还本付息，这就促使它们慎重地考虑是否需要进行建设，建设过程中怎样精打细算，少花钱多办事，加快建设进度，更好地发挥投资效果，以达到发展生产、增加盈利的目的。同时，银行发放贷款，要按规定进行严格审查，实行择优发放的原则，符合条件的，才给予贷款。不符合条件的，有权拒绝贷款。这对于那些只从需要出发，不看建设条件，不讲经济效果，盲目争项目、争投资、争材料设备，随意拉长基建战线的做法是一个有力的限制。

后来的历史证明，个别认为搞贷款不见得比拨款好的观点也不是完全没有道理的，政府的银行贷款制度对政府的基本建设项目的决定并没有强大的财务约束力。

（4）1981 年国务院关于切实加强信贷管理严格控制货币发行的决定。从 1978 年起，中国的货币发行量就开始猛增。放在当时的情况下，这样的增长幅度并非灾难而只是比较痛苦的事。先是城镇职工工资上调。在 1978 年做了一个少数职工不调高工资的错误决定后，1979 年起实行普调，就是都往上调高。同时，农副产品收购价格也开始上调，进而推动市场价格上涨和产量扩张。

当时，农村集市贸易普遍恢复，中小城市甚至北京三环路以外的城区，都在农村集市贸易范围内。其市场价格比国家计划收购价格高，是因为国家按计划收购的粮食有国家计划价格的化肥等农资实物补贴，而把计划收购外的粮食卖给国家粮站，粮站只会给计划价格的钱与粮票。当时，粮票可以比较公开地卖成钱，各种农资补贴指标也可以换算成货币。同样，城里的小商小贩也知道，他们跟“公家”单位的人不一样，没有生、老、病、死的生活保障和各种各样的福利，自己挣的钱比“公家”单位里的人拿的工资的钱“小”些。所以，他们从乡村高价买回城里卖的农副食品就该卖贵些，反正城里的计划配给没有或者不够，或者不新鲜、不好吃。货币价值被计划经济分裂后再通过自由市场统一。于是自由交易促进了计划外产量提高和收入增加，大多数人的生活开始有了改善。1953 年以后从控制吃的开始，人民普遍贫困；1/4 世纪后的发展也从吃的开始。中华人民共和国的改革是从要求吃饱穿暖开始的。

“自己挣的钱比公家单位里的人拿的工资的钱‘小’些”，实际上就是计划经济造成的对货币“元元平等”本性的撕裂，反映为价格分裂与货币分裂。从社会学上讲，也是国民身份分裂具体到当期劳动收入报酬隐含了长期收入水平的不同。将来的改革实际上不仅仅是发展问题，而且包含社会平等的诉求。但短期内，人们还没有想那么远，维护秩序还是比较重要。所以，1979 年 9 月 15 日，粮食部、工商行政管理总局发布关于纠正违反粮票使用规定的通知：“近来一些地方反映，有的生产队、生产大队在农村开设的饭馆，出卖熟食，收取粮票，并持粮票到当地粮食部门要求供应粮食；有的生产队、生产大队和社员个人，在集市上出售粮食，也收取粮票；国家职工和城镇居民把粮票作为货币换购物品的现象也多有发生。这不仅违反国家粮食政策和粮票管理制度，不利于国家控制粮食销量和城乡人民节约粮食，同时也给投机倒把分子以可乘之机。”好在这样的文告并没有被人们认真执行。

同时，全国各地、各部委的投资建设热情高涨，人民群众热烈拥护，各项投资也在 1978 年开始进行。有些投资见效快，有些投资见效慢，共用设施投资没有直接回报，有些投资错误了……三五年后，都汇集成货币流通量洪流，主要在消费品价格上形成猛烈的物价上涨。在短期内，人们都对工资水平感到不满。有些单位没有资源给职工发放福利，或者有，但是又不敢给职工发放计划外福利，特别是党政文教系统的职工所受痛苦最深。那时候的党政机构和大、中、小学都严格遵守党的财经纪律。

**表 2.2　1977—1984 年现金、M2**　　　　单位：亿元

| 年份 | 现金 | 环比增长（%） | M2 | 环比增长（%） |
|---|---|---|---|---|
| 1977 | 195.4 | | | |
| 1978 | 212 | 8.5 | 1 134 | |
| 1979 | 267.7 | 26.3 | 1 339 | 18.1 |
| 1980 | 346.2 | 29.3 | 1 661 | 24 |
| 1981 | 396.34 | 14.5 | 2 035 | 22.5 |
| 1982 | 439.12 | 10.8 | 2 370 | 16.5 |
| 1983 | 529.78 | 20.7 | 2 789 | 11.8 |
| 1984 | 792.11 | 49.5 | 3 584 | 28.5 |

资料来源：数据来自国家统计局网站。

本节所讲述的历史，放进货币政策实践就是：既然通货膨胀不可避免，那么多少为最佳，危害最少？这是最困难的政策选择。在一般通货膨胀历史与理论中，持续性的两位数的通货膨胀对实体经济的增长是非常有害的。然而，在中华人民共和国的这段历史中并非如此，实体经济和人民的实物获得量都在快速增长。但是，国务院并没有掉以轻心，仍然发表文告要严格遵守信贷计划，制止通货膨胀。1981 年 1 月 29 日，国务院发布《关于切实加强信贷管理　严格控制货币发行的决定》。

根据党中央的指示，中国人民银行总行立即对全国货币流通现状、货币发行数量陡增的成因及后果进行广泛的调查研究和专业讨论，得出的结论基本可以用货币使用范围扩大来解释。主管研究工作的刘鸿儒副行长在 1981 年 9 月撰文讲道：“今年年初，党中央进一步明确狠抓经济调整，稳定经济，并

采取了一系列措施，把信贷收支平衡，不搞财政性发行作为稳定经济的重要标志之一，国务院为此专门下达了加强信贷管理、控制货币发行的文件。随后，中共中央和国务院领导同志进一步提出，三中全会以来城乡经济发展变化较大，人民收入增加，特别是广大农村变化更大，许多新变化、新因素需要相应地增加货币流通量；要求人民银行就这些新变化、新因素对货币需要量带来的影响进行调查，并研究怎样根据新的情况确定货币流通是否正常的标志。为了弄清这个问题，总行布置各地银行进行调查测算，在这个基础上召开了这次汇报会议。”① 表 2. 3 是此次调研得到的数据。

**表 2. 3　1977—1984 年基本数据**　　单位：亿元

| 年份 | 财政收入/支出 | 工资总额 | 储蓄余额 | GDP | 环比 CPI | 进口/出口 |
|---|---|---|---|---|---|---|
| 1977 | 874. / 843 | 515 | 182 | 3 202 | 2. 7% | 140/133 |
| 1978 | 1 132/1 122 | 569 | 211 | 3 645 | | 187/168 |
| 1979 | 1 146/1 282 | 647 | 281 | 4 038 | 2. 3% | 243/212 |
| 1980 | | 773 | 400 | 4 546 | 2. 2% | 291/272 |
| 1981 | 1 176/1 138 | 820 | 524 | 4 892 | 2. 5% | 368/368 |
| 1982 | 1 212/1 230 | 882 | 675 | 5 323 | 2. 0% | 358/414 |
| 1983 | 1 367/1 410 | 935 | 893 | 5 963 | 1. 5% | 422/438 |
| 1984 | 1 643/1 702 | 1 112 | 1 215 | 7 208 | 2. 8% | 620/581 |

资料来源：国家统计局网站。引用时，四舍五入到个位数。

对于表 2. 3 中的环比 CPI，笔者不完全同意，但对折算后的 GDP、原始的进出口额、银行账户里的国民储蓄余额还是认可的。之所以如此，就是因为前面已经叙述过的在漫长苦难中重建经济。这样的现象，在二战后的欧洲国家和日本，以及韩国重建家园时期都出现过若干年。有兴趣者可以读读《来自竞争的繁荣》（[西德] 路德维希·艾哈德著，祝世康、穆家骥合译，商务印书馆 1983 年出版）。西南财经大学的贾渠平在《日本经济起飞时期的货币政策》中也有叙述（见《金融研究》1988 年第 8 期）。大家也可以访问韩国

① 刘鸿儒. 当前货币流通调查研究的几个问题 [J]. 金融研究，1981 (9).

中央银行网站中关于其货币政策史部分。要说明的是，当时，西德、日、韩三国都接受了美国大量援助，而中华人民共和国没有得到任何援助。

当然，中央政府也一直不断警告、反复制止、持续清理过度投资。1981年1月29日，国务院发布《关于切实加强信贷管理 严格控制货币发行的决定》。1982年4月10日，国务院发布《关于整顿国内信托投资业务和加强更新改造资金管理的通知》。1983年7月7日，中国人民建设银行发布《关于严格控制贷款的紧急通知》。

1983年6月，李先念主席指出：现在银行贷款搞基本建设比较乱。固定资产投资性贷款余额1979年为25亿元，1982年年底增加到300亿元。要认真整顿。用银行贷款搞基本建设，实际上就是财政赤字。我们的物价不够稳，币值在受影响。每年增发多少货币，要有个合理的限度，要严格管起来。

李先念主席在1954年9月任国务院副总理兼财政部部长，协助周恩来领导经济建设，在"文革"期间更苦苦主持国家经济计划管理工作。1983年，李先念主席已经74岁，仍继续使用财政金融综合计划理论来分析走向市场初期的货币政策问题，告诫同志们要处理好通货膨胀问题，对党和国家负责任之心令人敬佩。

也是在这一年，国家计委根据1960年国务院曾做出的《关于加强综合财政信贷计划工作的决定》和金融教育与学术界的意见，推出编制"国家财政信贷综合计划"任务，希望把银行信贷和计划外信用活动产生的借贷规范于财政收支计划范畴，并使之成为驱动中央计划"战车"的"战马"。但这两次编制财政信贷综合计划的工作最终都成为没有任何意义的工作。

农业时代，国家强制农民更加辛勤地在田地里用双手劳作；但工业社会里，国家强制只会打垮一家又一家工厂，也不能使大多数中小型国营企业兴旺发达。1980年底占用的流动资金相当于当年国民收入的88.2%，从生产领域到流通领域，都存在着相当严重的问题。[①] 在现代工业社会，银行撮合资本

① 人民银行上海市分行金融研究所，计划信贷处. 上海流动资金占用的现状和提高使用效果的途径[J]. 金融研究，1981 (10).

与生产要素的信贷，是财政可以收集更多资源来增加社会福利的时代，也是大金融小财政的时代。

在20世纪80年代初期，中国金融教育与学术界一直在社会经济生活变化的后面继续讲授苏式社会主义财政信贷学及其在中国经济中的应用。同时，从西方国家引进的经济学和货币银行学的教科书以及介绍外国国家货币银行和金融市场各方面情况的著作、文章也开始出版、发行、发表。“文革”后最早翻译并公开出版发行的教科书是《货币银行学》（［美］钱得勒等著，中国人民大学财政金融教研室译，中国财政经济出版社1980年12月出版发行）。于是，在货币政策方面，实际社会生活的进程与理论研究严重脱节，理论研究中苏联教科书派占据上方，刚刚从西方引进的市场货币理论则有更宏观的思想与历史基础、可观察与可统计的工具、更精细精确的概念与研究工具，受到部分青年学者的追捧。中国人民银行也开始及时公布年度货币信贷数据，而苏式货币银行制度则把这些数据作为国家机密不予公开。不过旧派与新锐对货币政策的讨论归讨论，发生决策作用的依然是党中央改革开放求发展的基本政策，中国人民银行紧紧地与党中央保持一致，一直奉行发展优先的积极货币政策。表2.4是1979—1980年全国金融余额统计。

**表2.4 1979—1980年全国金融余额统计** 单位：亿元

| 项 目 | 1979年年底余额 | 1980年年底余额 |
|---|---|---|
| 各项存款 | 1 340.04 | 1 658.64 |
| 企业存款 | 468.91 | 573.09 |
| 财政存款 | 148.68 | 162.02 |
| 基本建设存款 | 131.3 | 171.75 |
| 机关团体存款 | 184.88 | 229.45 |
| 城镇储蓄存款 | 202.56 | 282.49 |
| 农村存款 | 203.71 | 239.84 |
| 国际金融机构往来 | | 34.27 |
| 流通中货币 | 267.71 | 346.2 |
| 银行自有资金 | 427.88 | 477.33 |

表2.4(续)

| 项 目 | 1979年年底余额 | 1980年年底余额 |
|---|---|---|
| 当年结溢 | 49.45 | 27.19 |
| 其他 | 77.52 | 80.63 |
| 资金来源合计 | 2 162.60 | 2 624.26 |
| 各项贷款 | 2 039.63 | 2 414.30 |
| 工业生产企业贷款 | 363.09 | 431.58 |
| 工业供销企业及物资部门贷款 | 242.12 | 236.03 |
| 商业贷款 | 1 232.25 | 1 437.02 |
| 中短期设备贷款 | 7.92 | 55.5 |
| 城镇集体及个体工商贷款 | 57.51 | 78.29 |
| 预购订金贷款 | 6.98 | 7.88 |
| 国营农业贷款 | 6.86 | 9.4 |
| 农村社队贷款 | 122.9 | 158.6 |
| 黄金占款 | 12.16 | 12.16 |
| 外汇占款 | 20.58 | 8.47 |
| 在国际货币基金组织资产 | | 30.04 |
| 财政借款 | 90.23 | 170.23 |
| 资金运用合计 | 2 162.60 | 2 624.26 |
| 各项存款合计 | 215.88 | 272.34 |
| 社队集体存款 | 98.33 | 105.48 |
| 社队企业存款 | 21.93 | 29.47 |
| 社员个人存款 | 78.43 | 117.03 |
| 各项贷款合计 | 47.54 | 81.64 |
| 社队农业贷款 | 22.54 | 34.54 |
| 社队企业贷款 | 14.15 | 31.11 |
| 社员个人贷款 | 10.85 | 15.99 |
| 外汇储备（亿美元） | 21.54 | 22.62 |
| 黄金储备（万盎司） | 1.28 | 1.28 |
| 美元兑人民币平均汇率 | 1.554 9 | 1.498 4 |

资料来源：中国人民银行．中国金融年鉴［M］．北京：中国金融出版社，1986.

# 第六节　人民银行成为中央银行

## 一、初期的混乱与人民银行向国务院的报告

1980 年，中国农业银行、中国人民建设银行、中国银行独立，信托投资公司和保险公司特别是各省各专业银行都自设或附设的信托投资公司更是遍地开花。个别省政府居然认为辖内企业购买财产保险是“肥水外流”，纷纷自办财产保险。外商银行和代表机构也开始进入中国市场。此前，中华人民共和国各部委、各省都习惯对银行施加一定的影响，以促成本地、本部门获取更多投资发展的机会。特别是 1980 年地方信托的兴起，地方社会债务与股权集资的兴起，都给已经在国家层面预定要办成中央银行的人民银行的日常监管造成了压力。信托公司在 1980—1983 年这一阶段具有强力的地方银行色彩，进行了大量的借贷业务，而信托公司的资金来源很大一块则来自其他金融机构甚至财政存款。这的确是钻了“多存多贷”货币政策的漏洞，信用膨胀再次在地方权力的运作下发生。从 1979 年开始，银行初步建立了经济核算制，1983 年又实行了利润留成制度，按照存款增加、资金周转、资金损失、成本、费用及利润等指标考核工作成效，并与提留各种基金挂钩，扩大了基层银行的财权和银行员工的奖金与集体福利。在很多情况下，在权衡方方面面的利弊后，银行当然会乐意顺从地方政府的干涉。

面对这些新情况，人民银行对金融业的监督管理责任也同时产生。1979 年 6 月国务院批复同意中国人民银行《关于重建各级银行监察机构的报告》，所以银行内部监察是有系统的。人民银行及各专业银行的统计系统是完备的，人民银行总行金融研究所已恢复对信用与货币流通的调查研究。

但是，那个时候，法制建设刚刚起步，还没有民法、商法，更没有银行法、信托法等今天制定货币政策与对银行业进行监督管理的法律依据。所以，人民银行总行及各地分行没有任何法律授权，也没有任何交易工具用于调控

各金融机关，只能主要靠会议与文件协商，靠报告上级领导。那时候，“金融监管”这个词汇还在刚刚翻译出版的著作和文章里，还没有成为金融工作的日常用语。但是，检查问题、分析原因、寻找解决问题的政策规定和制定新的政策、使用财经纪律处理、移送司法部门使用刑法处理等工作还是天天都在进行着的。

1982年5月26日，中国人民银行向国务院报告了以上情况，提交了《关于人民银行的中央银行职能及其与专业银行的关系问题的请示》。其原文如下：

目前，中国人民银行既统一管理全国金融事业，又直接办理工商信贷业务，具有中央银行和工商银行的两种职能。为了进一步加强金融事业的管理和更好地发挥专业银行的作用，在这次国家机构改革中，我们提出一个有关银行机构改革的意见。这个意见曾经国务院领导同志召集有关部门和专业银行的负责同志讨论修改。现将我们对人民银行的中央银行职能及其与专业银行关系的意见，报告如下：

一、中国人民银行的中央银行职能和主要任务

中国人民银行是我国的中央银行，是在国务院领导下统一管理全国金融事业的国家机关。它的主要任务和职责范围是：

（一）负责拟定金融工作的方针、政策、法规，制定需要全国统一的金融规章制度，制定银行的人民币存款、贷款利率，按规定报经国务院批准后组织执行；

（二）按照国务院批准的计划，印制和发行人民币，调节市场货币流通；

（三）综合平衡信贷计划并组织执行，统一调度信贷资金；

（四）审核金融机构的设置和撤并，确定各金融机构的业务分工，协调和稽核各金融机构的业务工作，管理金融市场，审查批准外国金融机构在我国内设立或撤销机构，并依照法律对其进行管理和监督；

（五）统一管理外汇、金银，管理国家外汇储备和黄金储备，制定人民币对外国货币的汇率，代表我国政府从事有关的国际金融活动。

二、人民银行与各专业银行之间的关系

中国农业银行、中国银行和中国人民建设银行，都是总局级经济单位。各专业银行总行在上述五个方面受人民银行总行的领导。建设银行在管理基建拨款包括拨款改贷款和基本建设、地质勘探、施工企业的预决算等财政业务方面，受财政部领导。省及省以下各级人民银行与各级专业银行之间的关系，待今后地方机构改革时再行确定。各专业银行在国家规定的业务活动范围内，进行独立经营和独立核算，充分发挥各自的作用。各专业银行之间的业务分工和人民银行对专业银行的管理办法，另行规定。

三、中国人民银行继续担负办理工商信贷业务和城镇储蓄业务的任务。

以上报告，如属可行，请批转国务院各部门。

1982 年 7 月 14 日，国务院批转了中国人民银行关于人民银行的中央银行职能及其与专业银行的关系问题的请示（国发〔1982〕99 号），国务院表示同意中国人民银行《关于人民银行的中央银行职能及其与专业银行的关系问题的请示》，转发给了各部、委、局、各省（直辖市、自治区）、各银行总行，请它们贯彻执行。在中华人民共和国的公文系统中，批转的文件不具备强烈的必须执行的性质，不认真负责执行不一定遭到国务院惩罚。即使如此，对银行系统的改革也就提上了国家基本制度改革的议事日程。

## 二、国务院最终决定建立中央银行制度

1983 年 9 月 17 日国务院发布《关于中国人民银行专门行使中央银行职能的决定》。这个决定有四个要点：

第一，这份文件首先讲述了成立中央银行的原因与目的。

近几年来，随着经济体制的逐步改革和对外开放、对内搞活经济政策的贯彻实施，经济发展了，社会资金多了，银行的作用日益重要。为了充分发挥银行的经济杠杆作用，集中社会资金，支持经济建设，改变目前资金管理多头、使用分散的状况，必须强化中央银行的职能。为此，国务院决定，中国人民银行专门行使中央银行职能，不再兼办工商信贷和储蓄业务，以加强

信贷资金的集中管理和综合平衡，更好地为宏观经济决策服务。

第二，确定了人民银行作为国家中央银行的地位、任务与决策程序。

中国人民银行是国务院领导和管理全国金融事业的国家机关。人民银行要集中力量研究和做好全国金融的宏观决策，加强信贷资金管理，保持货币稳定。其主要职责是：研究和拟订金融工作的方针、政策、法令、基本制度，经批准后组织执行；掌管货币发行，调节市场货币流通；统一管理人民币存贷利率和汇价；编制国家信贷计划，集中管理信贷资金；管理国家外汇、金银和国家外汇储备、黄金储备；代理国家财政金库；审批金融机构的设置或撤并；协调和稽核各金融机构的业务工作；管理金融市场；代表我国政府从事有关的国际金融活动。

中国人民银行成立有权威的理事会，作为决策机构。理事会由下列人员组成：人民银行行长、副行长和少数顾问、专家，财政部一位副部长，国家计委和国家经委各一位副主任，专业银行行长，保险公司总经理。理事长由人民银行行长担任，副理事长从理事中选任；理事会设秘书长，由理事兼任。理事会在意见不能取得一致时，理事长有权裁决，重大问题请示国务院决定。

第三，赋予了人民银行对金融业的监管权和处分权。

人民银行对专业银行和其他金融机构（包括保险公司），主要采取经济办法进行管理。各专业银行和其他金融机构，对人民银行或人民银行理事会做出的决定必须执行，否则人民银行有权给予行政或经济的制裁。国际信托投资公司的业务活动，也要接受人民银行的管理和监督。建设银行在财政业务方面仍受财政部领导，有关信贷方针、政策、计划，要服从人民银行或人民银行理事会的决定。要尽快制定银行法，建立健全各项规章制度，以便依法管理。

中国工商银行、中国农业银行、中国银行、中国人民建设银行、中国人民保险公司，作为国务院直属局级的经济实体，在国家规定的业务范围内，依照国家法律、法令、政策、计划，独立行使职权，充分发挥各自的作用。在基建、物资、劳动工资、财务、人事、外事、科技、交电等方面，在有关部门单独立户。专业银行和保险公司分支机构受专业银行总行、保险公司总公司垂直领导，但在业务上要接受人民银行分支机构的协调、指导、监督和检查。今后建设银行集中精力办理基本建设和结合基本建设进行的大型技术改造的拨款和贷款，原人民银行办理的基本建设贷款交由建设银行办理，建设银行办理的一般技术改造贷款交由工商银行办理。其他专业银行的业务分工，待人民银行理事会成立后再研究调整。

第四，确认了人民银行作为中央银行的三大核心权力：货币发行权、信贷规模控制权以及外汇市场管理权。

为了加强信贷资金的集中管理，人民银行必须掌握40%～50%的信贷资金，用于调节平衡国家信贷收支。财政金库存款和机关、团体等财政性存款，划为人民银行的信贷资金。专业银行吸收的存款，也要按一定比例存入人民银行，归人民银行支配使用。各专业银行存入的比例，由人民银行定期核定。在执行中，根据放松或收缩银根的需要，人民银行有权随时调整比例。专业银行的自有资金由人民银行重新核定。

专业银行信贷收支，必须全部纳入国家信贷计划，按照人民银行总行核定的信贷计划执行。专业银行计划内所需的资金，首先用自有资金和吸收的存款（减去按规定存入人民银行的部分），不足部分，由人民银行分支机构按核定的计划贷给。在执行中超过计划的临时需要，可向所在地人民银行分支机构申请贷款，也可向其他专业银行拆借。

国内各金融机构办理的外汇贷款和外汇投资，人民银行也要加以控制。专业银行和国际信托投资公司，必须编制年度外汇信贷计划和外汇投资计划，报经人民银行统一平衡和批准后执行。

此外，国务院还决定：国家外汇管理局及其分局，在人民银行的领导下，统一管理国家外汇。中国银行统一经营国家外汇的职责不变。并决定成立中国工商银行，承担原来由人民银行办理的工商信贷和储蓄业务。中国工商银行的主体就是从人民银行分家出去的工商信贷部、储蓄部。

至此，历时44年，中华人民共和国终于建立了以中国人民银行为中央银行，以中国工商银行、中国人民建设银行、中国农业银行、中国银行四大专业银行为骨干的银行体系，并为今后走向新的社会主义市场经济提供货币推动与金融监管奠定了基本条件。

# 第七节　国际关系：亲西方经济原则确立，出口导向型经济开始出现

## 一、恢复与美、日经济关系

沿着毛泽东、周恩来开辟的与美国和日本和好的方向，1977 年以后，中国继续与美国、日本发展友好关系。

日元贷款肇始于 1979 年。此后 20 余年，日本以低息、长期为优惠条件，累计向中国发放贷款约 32 000 亿日元（约合 300 亿美元）。1979 年 12 月 5 日，日本首相大平正芳带着作为礼物的日元贷款协议访华。中、日双方正式确定，第一批日元贷款从 1979 年至 1984 年实施，贷款金额 3 309 亿日元（约 15 亿美元），年利率 3%，头 10 年只付息不还款，后 20 年还本付息。第一批日元贷款建设项目之一就是秦皇岛煤码头。2007 年 12 月 1 日，北京人民大会堂，中华人民共和国外交部部长杨洁篪与日本外相高村正彦签署了本年度日本对华贷款政府换文，这是日本最后一次对华提供低息长期贷款。

1979 年 1 月，中美建交。7 月签订的《中华人民共和国和美利坚合众国贸易关系协定》规定两国相互给予最惠国待遇。

最惠国待遇概念是由市场经济国家创造的。在市场经济国家，对外贸易总额、商品构成、进出口区域流向主要由私营企业根据商业标准或市场供求原则所从事的经营活动来决定，政府只是通过关税和配额施加一定的影响。如果两个市场经济国家同意相互给予对方商品以最惠国待遇，这就直接意味着一方对于来自另一方的进口商品所征关税不得高于对其他国家的商品所征的最低关税，使其市场竞争地位同其他国家的贸易企业处于平等地位。这样可以促进商品交换良性发展，保证有限的资源得到最有效的利用和分配。

在计划经济国家，经济生活由中央计划调节，政府制订计划，直接决定外贸总额、商品构成和地区配置。国营贸易企业根据计划开展进出口业务，关税的高低并不能影响其决策，计划内的进出口指标或区域配置即使受到歧

视性的关税待遇也得完成。因此，作为最惠国待遇基础的关税失去了应有的作用，政府通过计划可以优惠或歧视某些贸易对手，而且因计划属于机密，其歧视性安排是隐蔽的，有关的外国公司无从知晓。

《中华人民共和国和美利坚合众国贸易关系协定》第一条第三款规定了最惠国待遇发挥效能的保证条件，即“商业性交易在两国商号、公司和贸易组织间的合同的基础上进行，这些合同在国际贸易惯例以及价格质量、交货期和支付条件等商业方面的考虑的基础上签订”。中美贸易协定采用商业考虑方式避开了对中国经济体制的独特性质的追究。但是，美国政府始终坚持认为中华人民共和国应该取消其对美贸易的政府补贴。到 1983 年，中国从对美贸易中积累外汇净收入约 100 亿美元。

中美贸易自 1979 年以来发展很快，在 20 世纪 80 年代平均每年以 45%的速度增长。整个 20 世纪 80 年代，纺织品是中国输美的最大宗商品，占对美出口总额的 40%左右，从中积累外汇净收入约 100 亿美元。

## 二、创建经济特区以吸引外资，鼓励沿海地区各种经济成分的经济体出口换汇，鼓励西方国家人民来中国旅游

从 1977 年下半年制定国民经济发展纲要开始，中央就着手考虑如何冲破闭关自守或半闭关自守的状态，逐步进入国际市场，以加速国内经济的发展。1978 年春夏，中央先后派出三个考察组去境外考察。其中一个是由国家计委和外贸部组成的经济贸易考察组，在香港地区和澳门地区的工厂、农场、港口、建筑工地、农产品市场及一些商店实地考察，探求与内地特别是广东合作发展的可能性。考察组回到广州后，向习仲勋等广东省党政领导人介绍考察情况，建议广东把宝安、珠海两县改为两个省辖市，派出得力干部，加强领导力量，使农业从“以粮食为主”逐步转到“以经营出口副食品为主”，积极发展建筑材料工业和加工工业，开辟游览区，办好商业、服务业和文化

娱乐场所等。考察组介绍的情况和建议，与广东省领导的想法产生了共鸣。①

1978 年 12 月 23 日，广东省革委会向国务院报送《关于宝安、珠海两县外贸基地和市政建设规划设想的报告》，提出："在三五年内把宝安、珠海两县建设成为具有相当水平的工农业结合的出口商品生产基地，成为吸收港澳游客的旅游区，成为新型的边防城市。"1979 年 2 月 14 日，国务院批复广东省报告，原则上同意关于宝安、珠海两县外贸基地的规划设想。

1979 年 1 月 6 日，广东省革委会和交通部联合向李先念副总理、国务院上报《关于我驻香港招商局在广东宝安县建立工业区的报告》，提出：由驻香港招商局在广东宝安县境内邻近香港地区的地方即蛇口公社设立工业区。

1979 年 1 月 13 日，广东省革委会向国务院请示，提出将宝安县改为深圳市，珠海县改为珠海市，属省辖市建制。3 月 5 日，国务院批复广东省革委会报告，批准宝安、珠海撤县设市。

1979 年 3 月 29 日，邓小平在会见港督麦理浩，谈到内地有人偷渡到香港地区的情况时指出："现在应该采取两个途径解决：一方面采取一些措施，减少一些人进入香港，减轻香港的压力；另一方面，香港要鼓励私人资金来广东进行投资，提供更多的就业机会。从长远来看，随着我们经济的发展，这个问题能够逐步得到解决。"

1979 年 4 月 5 日—28 日，中共中央在北京召开工作会议。习仲勋提出：广东邻近港澳，华侨众多，应充分利用这个有利条件，积极开展对外经济技术交流。我们省委讨论过，这次来开会，希望中央给点权，让广东先走一步，放手干。4 月 17 日，邓小平出席各组召集人汇报会议。习仲勋又提出：广东要是一个"独立国"的话，现在会超过香港地区。现在中央权力过于集中，地方感到办事难，没有权，很难办。希望中央下放若干权力，让广东在对外经济活动中有必要的自主权，允许在毗邻港、澳的深圳市、珠海市和重要侨乡汕头市举办出口加工区。邓小平插话说：广东、福建有这个条件，搞特殊省，利用华侨资金、技术，包括设厂。只要不出大杠杠，不几年就可以上去。

① 贾巨川. 习仲勋传：下卷［M］. 北京：中央文献出版社，2013.

如果广东这样搞，每人收入搞到 1 000~2 000 元，起码不用向中央要钱嘛。广东、福建两省 8 000 万人，等于一个国家，先富起来没有什么坏处。小平还说道：中央没有钱，可以给些政策，你们自己去搞。杀出一条血路来！会议期间，谷牧向邓小平汇报说：广东省委提出要求在改革开放中“先行一步”，划出深圳、珠海、汕头等地区，实行特殊的政策措施，以取得改革开放、发展经济的经验。但是，这些地方该叫什么名称才好？原来有“贸易合作区”“出口工业区”等，都觉得不合适，定不下来。邓小平说：“就叫特区嘛！陕甘宁就是特区。”根据邓小平的提议，会议决定在深圳、珠海、汕头和厦门等划出一定地区试办出口特区。深圳、珠海两地可以先行试办。

1980 年 8 月 26 日，第五届全国人大常委会第 15 次会议决定：批准《广东省经济特区条例》，宣布在深圳、珠海、汕头、厦门四市划出一定区域，设置经济特区。

同时，政府也鼓励沿海地区各种经济成分的经济体出口换汇。经营外汇的金融机构也由一家为主变为多家经营。配合外贸体制改革，实行了外汇留成和留成额度转让办法，也就是官方控制系统内的双价格制度。各地区、各部门和企业对创汇兴趣大增，官方对小规模外汇黑市交易也基本默许，这些行为对合理使用外汇大都发挥了好作用。显然，这一时期，外汇与汇率政策规定出现了很大的宽容性：多种汇率与各种各样的出口补贴都是可以的。

严格地讲，中华人民共和国从来没有明文禁止外国游客来国内旅游。但在“文革”期间，除了参加每年一次的广交会的外国商人外，的确也没有一般意义上的国外游客来国内。“文革”结束后首先大量来国内访问的是华侨、香港地区居民以及驻华使节、外国商人、外国专家。当时，人民币对外高估，而在国内市场上则对外国人实行高价的价格歧视政策，市场商品极端匮乏与单一，使得人民币在国内消费中对外国游客而言很不值钱，来国内访问者抱怨甚多，中国旅游市场声誉不佳。

为解决问题，1980 年 4 月 1 日，中国政府指定中国银行发行外汇兑换券这样的“旅游货币”，并在各大中城市和旅游点指定专门供外国人消费的宾馆、商店，供给比较丰富的、从西方国家进口的、不需要凭票购买的商品，但要用外汇兑换券购买，实行特殊供给。离开中国时，他们可以选择将外汇券换回硬通货或留着以备下次来中国时使用。表 2.5 是 1978—1983 年来中国旅游的外国人统计数据。

**表 2.5　1978—1983 年来中国旅游外国人人数**　　单位：万人

| 1978 年 | 1979 年 | 1980 年 | 1981 年 | 1982 年 | 1983 年 |
|---|---|---|---|---|---|
| 23 | 36 | 53 | 68 | 76 | 87 |

资料来源：国家统计局. 中国统计年鉴（1984）[M]. 北京：中国统计出版社，1984：415.

对西方国家继续友好地发展经济关系、建立经济特区以吸引外资企业、鼓励外国游客来中国访问，表面上与国家货币政策没有关系，实际上正是国家货币政策在宏观布局上与过往不同的重大变化。当党中央把决策视野扩大到世界范围时，可利用的资源就不再仅仅局限于本国资源与技术，而获得了一个更广阔的资金来源天际线。国家货币政策鼓励货币发行通过银行信贷投向建立出口特区，鼓励掌握生产资本、技术和市场的外商投资企业搞加工出口，建立能够满足西方游客餐饮、下榻、出行的基础设施，都是为了出口创汇、扩大国内就业与税收的新政。

# 附录：邓小平在中国共产党各省、直辖市、自治区委员会第一书记座谈会上的讲话（1979 年 10 月 4 日，摘录）

这次座谈会，重点谈经济工作。我对当前和今后经济工作中的若干问题，讲几点意见。

一、经济工作是当前最大的政治，经济问题是压倒一切的政治问题。不只是当前，恐怕今后长期的工作重点都要放在经济工作上面。

所谓政治，就是四个现代化。我们开了大口，本世纪末实现四个现代化。后来改了个口，叫中国式的现代化，就是把标准放低一点。特别是国民生产总值，按人口平均来说不会很高。据澳大利亚的一个统计材料说，1977 年，美国的国民生产总值按人口平均为 8 700 多美元，占世界第五位。第一位是科威特，11 000 多美元。第二位是瑞士，10 000 美元。第三位是瑞典，9 400 多美元。第四位是挪威，8 800 多美元。我们到本世纪末国民生产总值能不能达到人均上千美元？前一时期我讲了一个意见，等到人均达到 1 000 美元的时候，我们的日子可能就比较好过了，就能花多一点力量来援助第三世界的穷国。现在我们力量不行。现在我们的国民生产总值人均大概不到 300 美元，要提高两三倍不容易。我们还是要艰苦奋斗。就是降低原来的设想，完成低的目标，也得很好地抓紧工作，要全力以赴，抓得很细，很具体，很有效。四个现代化这个目标，讲空话是达不到的。这是各级党委的中心工作。

各级党委除了抓经济工作，还有很多其他工作，但很多问题都涉及经济方面。比如思想路线问题要深入讨论，这个工作不能搞运动，要插到经常工作主要是经济工作里面去做。真理标准问题，结合实际来讨论，恐怕效果好一点，免得搞形式主义。一个生产队怎样提高生产力，怎样利用每一个山头，每一片水面，每一块耕地，每一处边角；一个工厂如何发展生产，增加品种，提高质量，如何改革经营管理方法，打开市场，如何解决职工的困难，如何避免走后门，这样来讨论问题，解放思想，效果会好得多。现在要提倡一种方法，就是要每一个生产队、每一个工厂、每一个学校，具体地解决自己的实际问题。我们过去搞的一些运动，比如学理论，学来学去，就是不结合实际，结果大家厌烦了。当然，不是说政治工作不做了。现在有人认为取消政治部就是不做政治工作了。党是搞什么的？工会是搞什么的？共青团是搞什么的？妇联是搞什么的？还不都是做政治工作的？政治工作是要做的，而且是要好好地做。但是，政治工作要落实到经济上面，政治问题要从经济的角度来解决。比如落实政策问题、就业问题、上山下乡知识青年回城问题，这些都是社会问题、政治问题，主要还是要从经济角度来解决。经济不发展，这些问题永远不能解决。所谓政策，也主要是经济方面的政策。现在北京、天津、上海搞集体所有制，解决就业问题，还不是经济的办法？这是用经济政策来解决政治问题。解决这类问题，要想得宽一点，政策上应该灵活一点。总之，要用经济办法解决政治问题、社会问题。要广开门路，多想办法，千方百计，解决问题。我们定下了一个雄心壮志，定下了一个奋斗目标，就要去实现，不能讲空话。还是以前的老话，经济工作要越做越细。

二、我赞成劲可鼓不可泄。但是要强调一点，我们要的是鼓实劲，不是鼓虚劲。就是说，我们的工作要扎实，效果要实实在在。所谓鼓实劲，不鼓虚劲，拿科学的语言来说，就是按客观规律办事。经济工作要按经济规律办事，不能弄虚作假，不能空喊口号，要有一套科学的办法。

按经济规律办事，就要培养一批能按经济规律办事的人。我们需要一些专家、懂行的人。现在不懂行的人太多了，“万金油”干部太多了。我们的干部有 1 800 万，缺少的是专业干部、技术人员、管理人员和其他各种专业人员。如果能增加 100 万司法干部，增加 200 万合格的教员，有 500 万科学研究人员，再有 200 万会做生意的人，那就比较好了。现在的干部结构不合理，不对路。改变这个状况，是一项相当长期的工作。现在就要着手，不然，有好机器、好设备，也发挥不了作用。我们要相信，我们是能够培养这样一批人才出来的。方毅同志告诉我，冶金部有些司局长很不错，年龄在 40~50 岁之间，都是 60 年代或 50 年代毕业的大学生，知识分子。这些人很有干劲，而且对业务非常熟悉，对外谈判也是能手。我相信各部门都会有这样的人。为什么这些人不能提起来？什么东西阻碍我们？要消除阻碍。当然，这样的事说起来容易，做起来是要有步骤的。但是不从现在开始，不从部分开始，我们的事业就会拖下去，就没有希望了。组织路线是个很大的问题。我们不是没有人才，而是被按住了。与此相关联的，在人事制度方面，可以考虑把退休制度建立起来。全国各个部门和单位设立专门机构，管理退休的、当顾问的人，负责他们的政治待遇、生活福利方面的事情。把退休人员的问题处理好，便于我们选拔人才。这需要做很多的工作，但是不做不行。

真正鼓实劲，不鼓虚劲，还要求我们的干劲是对头的。比如完成的指标是没有水分的指标，产品是合格的对路的产品。不对路的产品，生产那么多干什么？没有原材料，你搞什么？材料不合格，你怎么干？真正鼓干劲，就是要解放思想，实事求是地解决问题。1975 年整顿铁路时，遇到一个解决铁路工人主要是火车司机洗澡的问题。工人下工一身脏，要洗个澡，那么大的企业，搞些喷头有什么困难？但是没有人管。这样的例子，我相信全国可能有不少。事在人为，只要有人做，就会有效果。一摊子事，索性不解决，那也是一种态度，结果是一事无成。

三、讲一讲调整。八字方针，核心是调整。调整是为了什么？我觉得，是不是可以这样说，是为了创造条件，使得在调整过程中，特别是调整以后，能够有一个比较好的又比较快的发展速度。最近在发展速度上，发生了一个明后两年工农业总产值是增长 8%还是 6%的问题。我的意见，增长 6%也可以，但一定是不加水分的 6%，扎扎实实的 6%，不在乎这两年的速度是高一点还是低一点。“文化大革命”中公布的数字就有虚假，有重复计算的问题，有产品不对路、质量很差的问题。知道这一点对我们今天考虑问题有好处。以后要求的速度，数字是扎扎实实的，没有水分的，产品要讲质量的，真正能体现我们生产的发展。如果做到这一点，其他的作风也都会变，管理水平、技术水平也会提高，实际得到的利益多得多。还要考虑到，如果到 1982 年、1983 年，我们的速度不能够更快一点，我看交不了账。这就要提前做一些准备。因此，现在的调整还要包括一些准备工作。现在不着手，到时候就形成不了新的生产能力。一个矿井的建设要五六年，一个电站也要五年左右。有些项目真正用钱不是在开头，是在两三年以后。如果现在不着手，那个时候急也没有用。类似这样的事很多，企业的改造革新，新技术的采用，包括技术骨干的培养，现在不着手，到时来不及。我们要瞻前顾后，看远一点。我们的经济工作，只考虑到 1982 年还不行。从 1983 年开始，我们要有比较相应的速度，这不是临时能够办到的，从现在起就要考虑，包括具体的项目。这就要求我们搞计划、考虑问题，面要宽一点，要照顾到三年以后。

四、我提议充分研究一下怎样利用外资的问题。我赞成陈云同志那个分析，外资是两种，一种叫自由外汇，一种叫设备贷款。不管哪一种，我们都要利用，因为这个机会太难得了，这个条件不用太可惜了。第二次世界大战以后，一些被破坏得很厉害的国家，包括欧洲、日本，都是采用贷款的方式搞起来的，不过它们主要是引进技术、专利。我们现在如果条件利用得好，外资数目可能更大一些。问题是怎样善于使用，怎样使每个项目都能够比较快地见效，包括解决好偿付能力问题。利用外资是一个很大的政策，我认为应该坚持。至于用的办法，主要的方式是合营，某些方面采取补偿贸易的方式，包括外资设厂的方式，我们都采取。我到新加坡去，了解他们利用外资的一些情况。外国人在新加坡设厂，新加坡得到几个好处，一个是外资企业利润的 35%要用来交税，这一部分国家得了；一个是劳务收入，工人得了；还有一个是带动了它的服务行业，这都是收入。我们要下这么个决心，权衡利弊、算清账，略微吃点亏也干，总归是在中国形成了生产能力，还会带动我们一些企业。我认为，现在研究财经问题，有一个立足点要放在充分利用、善于利用外资上，不利用太可惜了。现在我们有这个条件。外国人为什么要来？他们判断，中国确实有偿付能力。我们有稀有金属，有各种矿藏，有油水。如果没有偿付能力，他不会干的。我们引进每一个项目都要做到必须具有偿付能力。可以先干两件事再说。陈云同志的意见是一个项目一个项目地研究，我赞成这个意见，应该这样来研究。人家来做生意，就是要赚钱，我们应该使得他们比到别的地方投资得利多，这样才有竞争力。我们的劳动力比较便宜，有这个优越条件。但是，特别吃亏的我们不干。我们干几件事，慢慢就懂了。还有，引进项目必须是能够带动我们自己的。就是说，引进的项目里有好多东西我们能自己干的，都用我们自己的，有些则用它的图纸，用它的规格，由我们来制造。这样，引进一个项目，可以带动一些行业的发展。引进的技术我们掌握了，就能够用到其他方面。

五、体制问题。究竟我们现在是集中多了，还是分散多了？我看，集中也不够，分散也不够。中央现在手上直接掌握的收入只有那么一点，这算集中？财政体制，总的来说，我们是比较集中的。有些需要下放的，需要给地方上一些，使地方财权多一点，活动余地大一点，总的方针应该是这样。但是也有集中不够的。什么东西该更加集中，什么东西必须下放，具体意见我提不出来，请大家敞开议一下。我肯定，扩大企业自主权，这一条无论如何要坚持，这有利于发展生产。过去我们统得太死，很不利于发展经济。有些肯定是我们的制度卡得过死，特别是外贸。好多制度不利于发展对外贸易，对增加外汇收入不利。比如，武钢的产品可以出口，但是按照现在的国际价格，每一吨要亏损 40 元。为什么国家不可以每吨补贴 40 元出口呢？它能创汇嘛。好多国家都有出口补贴。这是上层建筑里面的问题，是制度、政策上的问题。我们应该鼓励能够出口的东西出口，能搞到外汇就了不起嘛。现在对财政、银行，有很多反映。有的好项目只花几十万元，就能立即见效，但是财政制度或者是银行制度不允许，一下子就卡死了。这样的事情恐怕是大量的，不是小量的。卡得死死的，动都动不了，怎么行呢？当然也有上千万元的项目，那就必须慎重一点了，但是上千万元的项目也有很快见效的，财政、银行应该支持，这样就活起来了。这不是个简单的财政集中或分散的问题。必须把银行真正办成银行。现在每个省市都积压了许多不对路的产品，为什么？一个原因就是过去我们的制度是采取拨款的形式，而不是银行贷款的形式。这个制度必须改革。任何单位要取得物资，要从银行贷款，都要付利息。

有些情况下面可能不大了解。我想，地方同志提出的意见绝大多数是好的。但是有一条，中央如果不掌握一定数额的资金，好多应该办的、地方无力办的大事情，就办不了，一些关键性的只能由中央投资的项目会受到影响。现在全国的企业，包括一些主要企业，很多都下放了，中央掌握的企业收入很有限。这个问题值得研究。现在一提就是中央集中过多下放太少，没有考虑该集中的必须集中的问题。中央必须保证某些集中。

总之，大家对经济问题的看法不一致，这是很自然的。我们这么大一个国家，我们有了这么大一个雄心壮志，究竟怎么搞比较顺，比较能够经得起风险，比较能够克服困难，克服障碍，求得比较快的发展，这个问题只能靠大家的集体智慧来解决。所以，这次会议大家要充分地把矛盾摆出来。我主张采取辩论的方法，面对面，不要背靠背，好好辩论辩论。真理就是辩出来的。有同志已提出这个意见，希望能够把中央各部门的设想、各省市同志的设想都摆出来。这次会议不一定完全能够解决，把这些问题摆出来以后，梳几个辫子，权衡利弊，该怎么办就怎么办。切不要以为我们原来脑子里考虑的就是完全对的。地方同志对中央部门提了不少意见，也有很尖锐的，但毕竟是从一个角度，从那个省、那个市、那件事、那个问题考虑的，就那个问题的本身来说，无可厚非，可能是很对的，但是从全局来说，有可能办不到。现在我们需要统一的是全局怎么办。这次会议放开把问题摆出来，然后由中央特别是财政经济委员会再来梳辫子，得出比较好的办法。只能说比较好，要说完全正确，我看办不到。万应灵药我们不可能找到，还要看以后的实践。还是实践是检验真理的标准，还要过一两年，修修补补。但是，现在不拿出个统一的东西不行，那样更难办，结果就是画圈圈过日子，等待过日子。你等过去，我等过来，应该快办的事情办慢了，应该解决的问题得不到解决。现在我们需要把思想认识统一一下。思想认识统一了，大家就能一致行动。

六、抓紧增产节约。抓紧这一条，我们的速度可能不只是6%。文章要经常做在这上面。增产节约不只是今年的事，也不只是明年的事。这两年来，基本建设增加了生产能力，但更主要的是，要把原有的生产能力用好。要讲实在的，真正扎扎实实把品种质量抓上去，特别是抓质量。抓质量，这是调整里面最大的一个问题。如果把这一点抓住了，我们将来得到的益处大，基础就更扎实了。

# 第三章
# 中央银行的货币政策与金融监管：在经济体制巨变中探路（1984—1991）

进入 1984 年，中国人民银行被确认为国家中央银行，各种金融机构、市场和交易工具也开始新建。发展生产和稳定物价的双目标货币政策开始具有通过市场对货币数量和宏观经济发展进行调节的部分作用。人们的社会认知总是受到认知所依的环境与认知者的认知能力限制的。当时中国的货币政策与金融监管制度也是这样。那么，当时决定货币政策的环境条件是哪些？金融监管制度与运作又如何？

先看货币与信贷资金占用量最大相关的那部分——工业与城市居民。

在 20 世纪 80 年代前，中国的工业企业还不是今天这样财务独立的产、供、销一体化的独立法人。企业的生产管理由三大经济主管部门主持：国家计划委员会直接下达和修改生产任务、财政部管理企业财务资金需求与上缴利润指标、国家经济委员会对各企业与生产相关的各部门、各单位进行协调管理。企业的原材料供给与产出品的处理由两个部门负责：生产物资供应与销售由国家物资部负责，供应居民购买的工业品则归国家商业部。工厂仅仅是加工生产单位。

20 世纪 80 年代开始，国家给企业“松绑”，开始恢复 50 年代实行的厂长负责制，对内由总工程师负责执行生产流程处理、总会计师负责财务流程管理；对外，企业组建供销部门进行生产采购与产品销售，企业逐渐开始成为产、供、销一体化的独立法人。这个漫长的过程，一般被称为给企业扩权（80 年代）和建立现代企业制度（90 年代）。这样一来，企业必须盯住市场变化的产、供、销过程，再也不能通过漫长的向上级领导部门讨要计划来满足要求，只有与对市场有日常了解、分散决策的银行信贷发生平行作业联系。

这样规范化的改革对于大中型工业企业的确很好，但对于几十万个只有几十个、几百个干部职工的小型国营和集体工商企业而言显然难以实行。它们没有建立产、供、销一体化的规模能力与规模需要。从 1956 年以来，所有私人工商企业，即使小到几平方米的商店、作坊、餐馆、杂货店铺都被国营化或准国营化（集体经济）了。到 1973 年，全国各地又普遍建设“五小企业”（小化肥、小机械、小煤矿、小电站、小纺织、小纸厂等小微企业的总称），建立了十来万个各种各样的地方国营与集体企业。这些企业到 20 世纪

80年代都面临各种各样的破产威胁，地方财政的帮助也已筋疲力尽。这就是计划经济制度的现实遗产。在这样的背景下，党和政府推出针对性的改革政策：私人（个人）或集体承包。

那时候的每个人都是穷人，没有自己的资产去做抵押，而只能以自己的能力、勇气甚至于个人安危与牢狱之灾的可能作为抵押去承包经营。私人创办企业，大多也挂靠国营企业、行政机关、事业单位。这样的商业行为俗称“戴红帽子”。

同时，城市里的无业人员开始被允许、被鼓励自谋生路：做个体工商户去吧。学者们还在从马克思主义著作中为他们寻找雇用几个工人是社会主义与资本主义的边界线。再后来，到1983年8月，党的总书记胡耀邦同志认为他们做的是“光彩事业”，政治紧箍咒方才逐渐消失。1990年，全国个体工商户还“捐资”在北京海淀镇的街边上，建了一座“光彩体育馆”。

同时，八亿农民也被鼓励创办乡镇企业，就地工业化，就地就业。国营企业闲置和淘汰的机械、化工设备还被鼓励捐赠给乡镇企业，工程技术人员也开始可以合法地到乡镇企业指导生产和培训工人，不再受到惩罚。他们的事业也被党和国家视为实现社会主义工业化的道路之一。

同时，出口仍然以农产杂货产品、能源产品、矿产品、轻工与纺织产品为主。外资企业才刚刚开始进入，而且主要是香港地区的轻纺印染和成衣行。

用社会生产技术等级水平的标准来总结上述内容，我们可以肯定：当时的工业技术能力、人们的文化与技术能力，都是很低级与微弱的，所以，国民经济的数量主体自然只能是个体经济，包括发包给个人的小微国营企业和集体企业。当然，国民经济的支柱还是国营大中型企业，这些企业的技术装备，大都是20世纪70年代及以前购买的和自制的，除了70年代购买的成套化肥与化纤设备，其他技术装备的水平还是严重落后的。

同期，国家的交通与通信系统都处在西方国家二战时期那个水平上。在广袤的农村，人力、畜力仍然是主要的动力。

记住这个社会技术天际线，对于理解之前30年、1992年以后、2001年以后不同时期的货币政策对经济发展的推动力的巨大差异，是非常重要的。

这样一来，对上述三类小微和家庭企业的简单再生产、技术革新、扩大再生产的资金也只能主要用银行贷款给予初始推动。

日本明治维新初期，也经历过类似这样的过程：国家投资工业部门，让贵族与武士们的子弟去跟着西方工人和经理学习如何生产、如何管理，然后再招募普通农家子女去做工人。农业时代的权贵子弟逐渐成为独立经营管理的企业家，并用利润购买国家投资，实现私有化。当然，这个现象并没有在中国发生。

于是，中央银行系统恢复后的头等大事就是要保证各专业银行适应新的信贷计划的要求，为国民经济继续发展提供信贷保障。同时又要面对私人经济体系兴起的信贷需求。这样，我们自然会看到作为执行党和国家货币扩张政策的银行信贷在这一时期迅速增长，理解当时发展经济与比较激烈的两位数的通货膨胀的并存，以及货币政策在面子上的为难之处。

这样的货币政策路线，从中国共产党第十二届中央委员会第三次全体会议于 1984 年 10 月 20 日通过的《中共中央关于经济体制改革的决定》中可以强烈地体会到。为贯彻执行党的决定，中国人民银行总行于三中全会后立即在 10 月 23 日至 25 日召开全国信贷工作会议，对银行信贷计划改革做出部署。

## 第一节　第一代货币政策与金融监管制度

### 一、货币政策

1984 年 10 月，中国人民银行颁布并实施新的《信贷资金管理试行办法》，确定了信贷资金管理实行“统一计划、划分资金、实贷实存、相互融通”的原则：

统一计划，就是各专业银行的人民币信贷资金，必须全部纳入国家综合信贷计划，由人民银行总行综合平衡，并核定各专业银行信贷资金计划和向人民银行的借款计划。

划分资金，就是各专业银行的自有资金和其他各种信贷资金，经人民银行总行核定给专业银行总行后，作为各行的运营资金，自主经营，独立核算。

实贷实存，就是人民银行对专业银行的资金往来，改变计划指标层层下批的管理办法，实行上贷下存的实贷实存办法。

相互融通，就是允许资金横向调剂，搞活资金。一个地区的资金融通，主要依靠该地区各银行之间的相互拆借。地区概念很快也被取消了，全国资金市场开始出现。全国资金市场的出现与发展，使得中央银行对全国货币流通总量有了可以调控的市场基础。不过，人民银行还是小心翼翼地把跨行拆借限制在十天这个临时借贷期限内，但是，对交易频率没有做规定。

### 二、货币政策工具

实行财政性存款的缴存款制度，财政性存款全部归入人民银行。

实行缴存款准备金制度。企业与居民存款按照人民银行总行规定的比例缴存人民银行之后，各银行得以自行使用。1985 年暂定为 10%。人民银行总行可以随时调整缴存比例。这是人民银行调整货币供给量的第一个市场化工具。当时的说法是：在执行中，人民银行总行根据放松或收紧银根的需要，可以调高或调低专业银行缴存存款的比例。“银根”是中国金融市场的传统用语，就是现在所说的“基础货币”的概念。

实行再贷款制度。就是各专业银行直接向人民银行借款。各专业银行在头寸（即时支付准备金）不足时，均可以向人民银行申请贷款。再贷款是人民银行的另一个重要货币政策工具，但是再贷款的数量、投向、利率等并非人民银行可以完全自主决定的，中央政府各部委也有一定发言权。从贴息贷款中，我们可以看到部分信贷依然是行政安排的结果。当然，更大数量的信贷安排发生在对国营企业的贷款中，对“三资”企业贷款也大量存在行政干涉。

同时，对于利率工具也进一步有了新规范。专业银行的存款和贷款实行不同的利率。人民银行总行根据调节资金的需要，可以调整上述利率。银行之间拆借资金的利率，可参照人民银行规定的临时借款利率商定。对贴息贷款的利差，实行“谁安排谁贴补”的原则。由中央银行根据金融市场供求关系决定的基准利率也在形成中。

为了促进经济特区建设和成长，中央银行新政策对深圳和沿海 14 个开放城市也做了有等级差别的货币政策支持。根据国务院的有关规定，对经济特区现有的信贷资金和吸收的存款，在一定时期内全部留给经济特区使用。根据经济特区的经济发展的需要，由人民银行总行适当给经济特区人民银行分行增加一些资金。经济特区银行可以向区内外和国外银行拆借资金。人民币存款和贷款利率，可实行与内地不同的利率。经济特区的信贷资金管理办法和利率政策由特区人民银行分行制定，并报中央银行总行备案。此时的深圳特区银行表面上几乎就是另一个独立银行体系，但实际上还是中国人民银行的派出机构，重大问题还是要随时请示（报告）总行，只不过有其他非特区省（区、市）派出机构没有的上述特权。

当时还有要不要发行深圳特区货币的议论，但很快就销声匿迹了。

对 14 个对外开放的沿海港口城市，根据国务院批准的开发规划，由人民银行总行安排适量的开发性低息贷款，通过人民银行分行委托给当地有关的专业银行发放，并抄送专业银行总行。这种政策地理上的阶梯性货币信贷政策到20世纪末才逐渐取消了。

## 三、金融监管制度

中央银行及其各分支行分层级分区域的金融监管制度也在这个文件即《信贷资金管理试行办法》中有了明确规定：

（1）统一分级统计报告制度化。各级专业银行必须按月、按季、按年检查总结信贷资金来源和运用情况，以及现金收支和货币流通情况，报送同级人民银行。全国综合性金融统计制度及报表，由人民银行总行制定，各专业银行要按规定执行。专业银行总行可以制定若干专业统计报表，并报人民银行总行备案。各级专业银行的各项业务统计报表，在报送上级的同时，要报送同级人民银行。

（2）中央银行与专业银行对货币政策执行情况的会商制度。各级人民银行要定期召开信贷资金计划执行情况分析会议，同专业银行一起结合国民经济的变化情况，分析研究信贷和货币流通情况，掌握变化趋势，分析经济情况和问题，提出建议和措施，及时向领导和有关部门进行综合反映。

（3）中央银行与专业银行共同调查制度化。各级人民银行和各级专业银行要加强经济调查工作，建立重点联系行等制度，经常研究国民经济变化的新情况、新问题，定期或不定期地提出报告，为本地区和全国的宏观金融决策服务。

从1984年开始，中国人民银行金融监管的日常工作由金融管理司和稽核司负责，金融管理司负责对金融机构市场准入的审批，稽核司负责对金融机构运行的日常监管。1994年以后，为了加强分业管理，中国人民银行按照各类金融机构，分设了银行司、非银行金融机构管理司、外资金融机构司、保险司和稽核监督局。监管司主要负责金融机构的市场准入审批和非现场监管，稽核监督局主要负责金融机构的现场检查。新的监管体制与原体制相比，提高了对金融机构监管的专业化水平，但也存在一些缺陷，主要是不利于对法人的全过程监管，以及监管司和稽核监督局的监管职责分工不明确，造成监管重复和遗漏。中国人民银行按行政区划层层设置分支机构，造成监管力量不足和监管工作受到地方政府的干预，监管力度明显受到影响。

在中央银行建立初期，中国人民银行自身的行政地位与权力只比专业银行高半个行政级别，按国务院文件都要对国务院负责。正在从行政体系中分离的银行系统没有必要建立法律授权制度。即使在今天，各大银行的主要经营目标依然不能离开中央政府的安排。

1988 年 9 月以来，联行清算制度突然陷入前所未有的危机之中，出现了极其严重的支付危机和占用汇差现象，其爆发之突然，来势之迅猛，波及范围之广大，以及后果之严重，均堪称空前。1989 年 1 月召开的人民银行全国分行长会议也提出了《关于改革联行制度建立人民银行清算中心的方案》。银行间资金往来与清算制度，不是货币政策所议事务，而是金融业的支付系统事务，但直接关联着货币稳定。经此危机，人民银行的金融监管开始从信贷监控扩大到金融安全管理。但是，到本章叙述期结束时，支付危机仍然在部分农村地区残存，对农民出售农产品和汇款“打白条”的现象仍在克服中。

在这个时期，在大学和金融行业工作的学者们对国家货币政策和金融监管具体事务也有很多理论与知识上的贡献，但整体上仍然用马克思主义规范金融理论勉强解释当时的中国金融现象。不过，从 20 世纪 90 年代初期开始，对西方货币银行理论与市场交易技术的教学也开始进入专业视野。其中，对国际清算银行的金融监管制度的介绍与讨论会议，则开启了中华人民共和国金融监管承认和接纳全球性标准的走向。

## 第二节 新的信贷制度与货币投向

### 一、投资与价格双轨制

投资与价格双轨制是1979—1992年中国所发生的渐进式改革的一个重要特征。双轨制的特点是同时存在计划内和追逐市场两种投资与两种价格体制。随着计划投资与计划价格的逐渐缩小，追逐市场的投资与价格活动逐步扩大，计划投资与计划价格也更大程度上靠近市场。

国务院于1981年批准对超过基数生产的原油，允许按国际市场价格出口；1983年批准对石油、煤炭超产部分实行加价出售；1984年批准工业生产资料的超产部分可在加价20%以内出售；1985年取消了原不高于20%的规定，超产部分允许按市场价格出售；1988年对主要工业生产资料规定了最高限价；1989年对橡胶、炭黑等工业生产资料的双轨价格"并轨"，即把两种价格并为一种价格，有的商品并入国家定价，有的商品并入市场调节价。

在计划经济体制下，物资分配体制以行政区划和部门为界限，依行政指令运行，通过层层申请、批准、分配，并在此基础上有组织有限制地订货，价格完全由国家有关部门控制，结果是企业被管死，产品老化但无更新换代计划，物资和资金周转缓慢，各种浪费严重。从1981年开始，国家允许在完成计划的前提下企业自销部分产品，其价格由市场决定。这样就产生了国家指令性计划的产品按国家规定价格统一调拨，企业自行销售的产品的价格由市场决定的双轨制。价格双轨制具有两重性，既有积极的作用，又有消极的作用。一方面，它是实现中国价格模式转换的一种很好的过渡形式。它开辟了在紧张经济环境里进行生产资料价格改革的道路，推动了价格形成机制的转换，把市场机制逐步引入国营大中型企业的生产与交换中，促进了主要工业生产资料生产的迅速发展。另一方面，在经济过热，供求矛盾尖锐、计划价格与市场价格悬殊的时候，某些不法之徒，大搞权钱交易，钻双轨制价格的空子，时而将平价的商品转为市场出售，时而又将市场的商品变为平价商品，通过这种“平转议”或“议转平”，从中渔利，大发其财，成为暴发户。

和市场调节价并存的价格管理制度，因同时实行计划调节和市场调节两种运行机制而形成，主要涉及粮食价格及生产资料价格。粮食收购制度改为合同订购后，合同订购由国家定价；合同订购以外的粮食，由农民和粮食部门协商制定价格，属于市场调节价。价格双轨制主要是指生产资料价格双轨制，即同一城市、同种工业生产资料同时存在计划内、计划外两种价格的状态，国家计划任务内的生产资料实行国家牌价，超计划生产部分和按国家规定的比例允许企业自销部分实行市场价格。这是经济体制转换时期新旧体制并存的反映。

价格双轨制的产生，并非主观决策的失误，而是走向市场化改革过程中必须接受的现实，是无法回避的选择。这主要是因为：

第一，中国是一个资源约束型的国家，不仅总量短缺，而且结构性短缺更为严重，一次性全面放开价格是不可能的。同时，也不可能寄希望于实行某些政策，就能在短期内解决长期积累起来的总量和结构矛盾，创造出一个全面放开价格的条件。而在价格扭曲的条件下，市场配置资源不可能是最佳的，甚至可能产生垄断自肥。正是这种放、统两难的局面，决定了中国只能实行双轨制价格，寄希望于通过两种价格撞击反射，交叉推进，最后达到理顺价格关系的目标。

第二，双轨制价格的产生还同经济体制改革的战略选择有关。中国从扩大企业自主权开始，继之实行“利改税”以及财政“分灶吃饭”，从而形成了既定的利益格局，这在客观上强化了价格机制的功能，扭曲的价格信号造成错误的资源配置导向。但是，要大面积地调整生产资料价格，又受到强化利益刺激所形成的既定利益关系的牵制，因而实行双轨制是比较切合实际的选择。

价格双轨制在东欧社会主义国家也曾广泛出现，也曾引发几乎相同的经济发展变化、银行信贷改革和通货膨胀以及社会冲突。

## 二、工资调整、收入变化与新的信贷政策

人民的劳动报酬在20世纪80年代初期大致只有两种形式：城市工人、干部的工资待遇与农民的工分。1978年全国城市工人、干部的工资进行普调，以后每年都有所调整。其后，农产品收购价格的调整也使农民的工分中的货币含量有所提高，从集市贸易中获得的现金数量从微不足道增加到具有再投资意义特别是私人投资意义。

在20世纪80年代初期出现的个体工商户、承包经营者的收入此时开始具有社会与经济发展意义。同时，价格双轨制中的交易者即个人和单位的赚钱效应，也使个人收入和单位集体分配的奖金有所增加。这些变化都使人民的收入水平发生了重要变化，社会资金循环中加入了更多私人投资和储蓄。这是自1956年后重新出现的来自经营和私人投资的收入。在这个过程中，银行和私人信贷都起到了积极的推动作用。表3.1和表3.2反映了这些情况。

**表3.1　全国城镇受薪者工资总额及指数、城乡居民储蓄额**

单位：亿元

| 年份 | 总额 | 指数（环比） | 城镇储蓄额 | 乡村储蓄额 |
|---|---|---|---|---|
| 1980 | 772.4 | 119.4 | 282.5 | 117 |
| 1981 | 820 | 106.2 | 354.1 | 169.6 |
| 1982 | 882 | 107.6 | 447.3 | 228.1 |
| 1983 | 934.6 | 106 | 572.6 | 319.9 |
| 1984 | 1 133.4 | 121.3 | 776.6 | 438.1 |
| 1985 | 1 383 | 122 | 1 057.8 | 564.8 |
| 1986 | 1 659.7 | 120 | 1 471.5 | 776.1 |
| 1987 | 1 881.1 | 113.3 | 2 067.6 | 1 005.7 |
| 1988 | 2 316.2 | 123.1 | 2 659.2 | 1 142.3 |
| 1989 | 2 618.5 | 113.1 | 3 734.8 | 1 412.1 |
| 1990 | 2 951.1 | 112.7 | 5 192.6 | 1 841.6 |
| 1991 | 3 323.9 | 112.6 | 6 790.3 | 2 316.7 |
| 1992 | 3 939.2 | 118.5 | 8 678.1 | 2 867.3 |

资料来源：中国人民银行. 中国金融年鉴［M］. 北京：中国金融出版社，1993.

表 3.2　银行对城镇集体企业及个体工商户贷款

单位：亿元

| 年份 | 金额 |
| --- | --- |
| 1980 年 | 78.29 |
| 1981 | 121.25 |
| 1982 | 133.06 |
| 1983 年 | 159.28 |
| 1984 | 295.17 |
| 1985 | 321.28 |

资料来源：中国人民银行. 中国金融年鉴［M］. 北京：中国金融出版社，1986.

在 1980 年以前，全社会固定资产投资总额中，没有必要对集体所有制和城乡居民的固定资本投资额进行统计，因为这两种经济的投资被认为政治上不正确。1980 年开始统计这两类投资，当年这两类投资只占全民所有制单位投资额的 44%，到 1992 年就上升到占 49%。当时中国城乡大地上鼓励投资的口号是：（城乡）“两个轮子一起转”、（国家、集体、个人）“三匹马儿一齐跑”。

当时两大专业银行都对私人企业和个体工商户推出了信贷业务。相关政策有：

（1）1984 年 5 月 5 日《中国农业银行关于农民个人或联户购置机动车船和大中型拖拉机贷款的通知》。

（2）1984 年 9 月 1 日《中国工商银行城镇个体经济贷款办法》。

（3）1984 年 11 月 30 日《中国工商银行商业、服务业贷款试行办法》。

（4）1984 年 12 月 29 日《中国农业银行农村个体工商业贷款试行办法》。

银行和私人都乐意借贷的原因当然是党的政策好了，但也有各自的经济盘算。1983 年开设乡镇个体工商运输服务贷款利率 7.2%，比国营商业贷款利率 6%高 20%。能从银行借到钱是件不太容易的事，因为利率比私人借贷低。农民和个体工商户的投资主要靠自我剥削的积累，外源资金主要来自亲友、私人借贷和交易赊账。所以，当时对社会自发的私人信贷活动，只要不带来社会问题，各级政府还是容忍的，当然，这更在金融监管之外。

私人企业的兴起，在当时的中国大地上引起了巨大轰动。撇开社会变动效应不谈，在经济上，个体工商户和集体经济名下的农村社队企业的活跃，首先给人民日常生活带来了方便，街上的豆腐随便买，各地主管食品供给的副市长也不再为豆腐供给不足而劳累奔波。个体运输户驾驶着国产的单缸柴油车，给广袤的乡村运输带来了巨大的革命，人们不再驱牛赶马肩挑背扛。城市运输专业户更把低效率、高成本、冷面孔的国营运输公司挤垮了。个体运输业的兴起带动了各地国营简易机动车工业的发展。

但是，对乡镇企业的信贷扶持并非没有宏观调节的。在 1985 年 4 月以后，中国农业银行采取了紧急措施，压缩乡镇企业的信贷规模，收回到期贷款，清理超计划发放的贷款，制止了乡镇企业的盲目发展；对经济效益确实较好的项目，合理地支持其发展。到年末，乡镇企业贷款规模被压缩在年度计划以内，贷款结构得到了调整。此后，这样的调整几乎年年发生。

## 三、新的信贷资金依然以国营企业为重点投向

新的货币政策与信贷制度也加大了对国营工业部门与国营流通部门的信贷支持，而且是信贷资金投向的重点。

1992 年第 4 季度末，国家银行对工商业的总贷款 21 615. 53 亿元中，国营工业生产企业贷款、物资供销企业贷款、商业企业贷款、建筑企业贷款合计占比 66. 43%。这样的比例，在今天，大致也是如此的。

对国营企业的贷款，总的来说，保证了中国经济的运转，但其代价，就是出现了各种形式的坏账，成为金融安全的重大问题。

1992 年第 1 期《金融研究》载文《对当前工业产品资金占用情况的分析》就讲道：工业产成品资金占用状况及其对经济的影响中，产成品资金占用过多，是我国工业生产中长期没有解决的一个老问题。最近几年，这个问题越来越严重。1988 年全国县和县以上工业企业产成品资金占用额为 920 亿

元，1988 年猛增到 1 530 亿元，1990 年又增到 1 911 亿元，1991 年 5 月已达到 2 094 亿元。短短两年多的时间，产成品资金占用额就翻了一番，这不能不令人感到忧虑。县和县以上工业企业的产值只占全部工业企业产值的 60% 左右，照此比例推算，目前全国工业企业产成品资金占用额至少有 3 000 亿元，相当于 1990 年全部工业产值的 1/8 多。作者林兆木等人来自国家计委经济研究中心。

《国营预算内企业自有流动资金》（1993 年《中国金融年鉴》）记录，1978—1988 年，国营预算内企业自有流动资金都在 1 200 亿元上下波动。而同期，国民经济已经有了数倍的增长。增长中所需流动资金主要靠银行贷款，各级财政都尽量推脱资方责任，把财政资源更多地用于新增投资和行政开支，减少赤字。

在国营商业、物资、外贸及运输业系统以及农村供销合作社，银行信贷资金也遭到重大损失。

银行信贷资金遭到大量损失，与国营企业改革中的定额流动资金的核定有重要关系。依旧制，企业流动资金全部由财政拨给。改革中，企业的非现金部分中的问题资金，比如说历史形成的欠人与人欠、存货，未做估价就全部视为企业流动资金，应该冲销部分仍然视为存在。企业流动资金不足就靠银行贷款。在国营预算内工业企业，定额流动资金占用额从 1984 年的 1 561.4 亿元，上升到 1991 年的 4 635.5 亿元，7 年翻了 1.5 倍。

中国人民银行金融研究所赵海宽报告：全国几乎 90% 的企业被拉进了这个不合理货款拖欠的链条之中，拖欠总额在 1 000 亿元以上。为了摆脱这一状况，1989 年各地企业和银行都做了大量工作，许多企业派人四处讨债，有的地方还出现了“讨债公司”，银行也曾多次发放清欠贷款，组织召开清欠会议。这些都取得了一定的成效，但清理了旧的，又发生了新的，不合理货款拖欠的总数并没有减少。现在看来，不在全国范围内进一步采取坚决措施，不合理的货款拖欠是很难彻底清理的。[①]

---

① 赵海宽. 采取坚决措施，清理不合理的货款拖欠 [J]. 金融研究，1990 (4).

1992 年，在朱镕基常务副总理主持下，各地政府、财政和银行一致认可在国营企业投资形成的庞大债务中的三角债有 169.79 亿元，由银行贷款 158.95 亿元，使企业间往来的总债务缩小至 530.55 亿元。但是，庞大的总债务依然存在。这并非第一次和最后一次以新贷掩盖旧贷。

## 四、利率的失灵与有效

1980—1985 年人民银行同金融机构间的存款、贷款利率表显示，专业银行向人民银行借用贷款在 1985 年开始实行价格双轨制，计划内月息：3.9‰，计划外月息：4.4‰，贴现月息：3.75‰。《法定贷款利率表》（1993 年《中国金融年鉴》）显示出对计划内贷款的低价，对个体工商户的高价，等等。即使这样，国家投资与国营企业仍然认为银行贷款利率高不可攀，而私人企业认为利率再高也难借到银行的钱。

1980 年时银行想把利率提高，可是办不到。什么原因呢？因为借款的单位不答应。当时商业部是最大的借款单位，它说银行的利率只要提高 1%，它就要多付出几亿元利息，受不了。①

中国的利率对主要经济部门总的来说是失灵的。究其原因，在各个时期都存在中央银行与各部委直接与间接地（通过上级）进行总体上的讨价还价，各保其部门利益。不仅正规部门如此，私人部门对银行利率也从来没有抱怨，借得到钱就是盈利，因为资本太匮乏了。20 世纪 80 年代中期，学者们对利率的作用进行过广泛讨论，基本上确认贷款利率不是调节信贷需求的主要工具，而存款利率倒是调节储蓄存款、控制现金货币流向最灵敏的工具。所以，中国人民银行的货币政策选择了对贷款，重总量，控结构；对储蓄存款，重利率的办法。表 3.3 是 1979—1992 年一年期整存整取储蓄存款利率调整情况表（年息）。

① 丁鹄. 向慢性通货膨胀论者进一言［J］. 金融研究，1987（7）.

表 3.3　1979—1992 年一年期整存整取储蓄存款利率调整情况表（年息）

| | |
|---|---|
| 1979. 4. 1—1980. 3. 31 | 3. 96% |
| 1980. 4. 1—1982. 3. 31 | 5. 4% |
| 1982. 4. 1—1985. 3. 31 | 5. 76% |
| 1985. 4. 1—1985. 7. 31 | 6. 84% |
| 1985. 8. 1—1988. 8 | 7. 2% |
| 1988. 9 | 8. 64% |
| 1989. 2. 1 | 11. 34% |
| 1990. 4. 15 | 10. 08% |
| 1990. 8. 21 | 8. 64% |
| 1991. 4. 21—1992. 12. 31 | 7. 56% |

## 五、通货膨胀成为常态

1984 年第 4 季度起，经济发展速度过快，信贷发放过猛。中央曾试图以行政手段控制信贷扩张，但各省利用信托等工具抗争，未能奏效。1985 年，时任国务院总理赵紫阳提出了“软着陆”，即不是通过一年，而是通过数年，缓解经济过热，不再像 1981 年一样通过大砍基建项目从而在短时间内紧急调整经济。经过 1986 年、1987 年两年，经济环境从紧张逐步放松，经济既获得降温，又没有出现衰退。1987 年，国民生产总值增长 10%以上，国民收入增长 10%以上，工业总产值增长 17%以上，农业增长近 6%，商品零售价格指数上涨 7. 3%。

从原来的计划经济体制向一定程度的市场经济体制过渡，商品价格实行价格双轨制，即一部分商品价格由国家计划控制，另一部分商品价格由市场决定。由国家控制商品价格带来的问题是：一方面国家需要投入大量财政资金用于城市农副产品等的价格补贴，企业生产又没有积极性，依赖财政补贴与银行贷款。另一方面，权力机关、集体与个人都利用价格双轨制进行投机，以各种手段获得国家计划内的产品，再以高价在市场出售，牟取利益团体灰色收入，包括个人黑色收入，既不刺激企业产出增加，又造成市场价格严重分歧。这导致国家、企业和人民三方面都不满意。表 3.4 是 1979—1992 年物价总指数（环比）情况表。

表 3.4 包括国家牌价、议价和市价的各种物价总指数（环比）

单位:%

| | |
|---|---|
| 1979 年 | 102.0 |
| 1980 年 | 106.0 |
| 1981 年 | 102.4 |
| 1982 年 | 101.9 |
| 1983 年 | 101.5 |
| 1984 年 | 102.8 |
| 1985 年 | 108.8 |
| 1986 年 | 106.0 |
| 1987 年 | 107.3 |
| 1988 年 | 118.5 |
| 1989 年 | 117.8 |
| 1990 年 | 102.1 |
| 1991 年 | 102.9 |
| 1992 年 | 105.4 |

资料来源：国家统计局. 中国统计年鉴［M］. 北京：中国统计出版社，1993.

这里要注意的是："包括国家牌价、议价和市价"的含义非常不透明，而人民生活中面对的市价和议价的日用消费品价格却不断上涨。

1988 年市场上物价不断上涨，而价格扭曲问题并没有根本缓解，"官倒"等现象引起人民不满。中共中央于 1988 年 5 月提出进行"价格闯关"，准备以物价上涨一定水平为代价，有计划地全面调整价格，改变价格严重扭曲的现状。在中共中央政治局扩大会议刚刚通过价格改革方案，具体实施方案尚未制定，改革出台时间尚未确定之时，国内新闻媒体在中宣部领导下便开始大张旗鼓地宣传。一时间，社会普遍流行"物价涨一半，工资翻一番"的传言，人们对通货膨胀的预期迅速增长，而政府又没有承诺保值储蓄。在这种情况下，1988 年夏季，各地银行发生了挤兑风潮，各类商品遭到抢购。一些商店和企业趁机涨价，银行储蓄比预计减少了 400 亿元人民币，中国人民银行不得不通过大量发行货币来缓解困境。由此，已经存在的通货膨胀进一步严重。

1988 年初，CPI 增长到达拐点。在 1986 年至 1988 年的通货膨胀周期中，月度 CPI 自 1987 年 1 月超过 5%，至 1989 年 2 月达到最高值 28. 4%，前后共 26 个月。恰在此时此刻，社会经济安定问题被解决政治方向问题压抑住了。

遵照国务院的决定，中国人民银行确定从 1988 年 9 月 10 日开始，对城乡居民个人 3 年以上定期储蓄存款实行保值贴补。保值储蓄的实施，有效地缓解了因通货膨胀预期增长带来的通货膨胀。

1988 年 9 月，中央决定实行治理整顿。治理整顿实施后，国家经济局面发生了新的变化。国务院采用行政手段控制价格和基本建设，并取消了一些已经实施的放开搞活企业的改革措施，收回了中央下放到地方和企业的一些权力。最终，通货膨胀受到遏制，但是也随之出现了“经济滑坡、市场疲软、生产停滞”的局面。

## 第三节　外汇制度与外汇市场

在货币制度与货币政策中，外汇制度与外汇政策的重要性在于它们都是本币政策的延伸，也是在保持货币主权条件下，自主决定与外部经济进行相互贸易、相互投资的重要控制器。

### 一、中华人民共和国外汇制度的土生性与高估史

20世纪40年代后期，中国共产党在各解放区都实行“统制对外贸易”的基本政策。在这套政策组合中，对非我货币即敌方货币的政策一般都是：第一，以行政办法禁止非我货币流通，并将其驱逐出解放区。第二，在对外贸易中根据自己的需要来规定我币与敌币之间的汇率，并实行对外汇、敌币的市场交易管制。

为应对全国范围内迅速接管政权的需要，作为新法定货币的人民币，在数量上和流通地域上同步剧烈扩张。1949年3月至1950年3月，人民币汇率从严重高估价的600元旧人民币/美元，贬低至42 000元旧人民币/美元，即新人民币的4.2元换1美元，其间调整52次。

人民币汇率的制定与调整，在本章所述阶段结束以前，基本都遵循这样的原则：在国家严厉的外汇管制下，高估人民币的价值，以低成本价格获取侨汇和非贸易外汇。侨汇与非贸易外汇是1950年以后到20世纪80年代为止的重要外汇来源。1965年侨汇收入大约6 000万美元。对贸易外汇收入，则采用贸易汇率，贸易汇率中，人民币的估值比公开挂牌价低一半，但仍然严重高估。人民币高估价的直接后果就是外贸出口企业严重亏损和政府一次又一次地进行财政补贴。严厉的官营制度与扭曲的汇率，使进出口贸易长期衰退。1950—1971年，出口额一直在30亿美元以下（1959年达到过31亿美元）。国家外汇储备包括中国银行运营准备金，在1950—1965年，一直都在

1亿~2亿美元间。而1928年，中国的货物出口、侨汇与无形出口额大致为6亿美元。①

1958年4月，国家对外贸易部卢绪章副部长在上海外贸干部大会上的报告中讲："目前，对资本主义国家出口一般赔钱20%~70%，主要原因是：①现行人民币对资本主义国家外汇牌价不够合理，1美元只折2.617元，但实际出口4.2元的东西才能换到1美元；②国内供货层层取利，税收也较重。因此出口越多，赔钱越多，影响外贸各专业公司的出口积极性。而进口虽可赚钱，但利润主要归用货部门，实际上是国家财政上贴补了使用从资本主义国家进口货的部门，使他们不费气力就能降低成本。这也是不合理的。因此，建议：①在对资本主义国家外汇牌价不变的情况下，把内部结算由1美元折2.617元提高为4.2元；②出口工业品应当按工厂生产成本加上缴利润作价拨交外贸部门，并且适当减轻出口货的货物税。"② 后来据此进行了汇率制度改革。

其后，这样的汇率制度一直延续到1993年年底。表3.5是中国1984—1992年汇率变动情况。

**表3.5　1984—1992年国家规定的汇率**

| 年份 | 国家外汇储备规模（单位：亿美元） | 外债余额（单位：亿美元） | 美元兑人民币年均官价（100美元兑人民币） |
|---|---|---|---|
| 1984 | 82.20 | 232.70 | |
| 1985 | 26.44 | 158.3 | 293.66 |
| 1986 | 20.72 | 214.8 | 345.28 |
| 1987 | 29.23 | 302.0 | 372.21 |
| 1988 | 33.72 | 400.0 | 372.21 |
| 1989 | 55.50 | 413.0 | 376.51 |

① 张公权. 中国通货膨胀史（1937—1949年）[M]. 杨志信，译. 北京：文史资料出版社，1986：209.

② 中国社会科学院，中央档案馆. 1958—1965中华人民共和国经济档案资料选编：金融卷、财贸卷及对外贸易卷[M]. 北京：中国财政经济出版社，2011：5.

表3.5(续)

| 年份 | 国家外汇储备规模（单位：亿美元） | 外债余额（单位：亿美元） | 美元兑人民币年均官价（100 美元兑人民币） |
|---|---|---|---|
| 1990 | 110.93 | 525.5 | 478.32 |
| 1991 | 217.12 | 605.6 | 532.33 |
| 1992 | 194.43 | 693.2 | 551.46 |

## 二、外汇制度和谒化和汇率准市场化

中华人民共和国改变几十年如一日的外汇制度和汇率准市场化也经历了一个漫长过程。

1980 年 4 月国务院授权中国银行发行“外汇兑换券”，印发《外汇兑换券暂行管理办法》，规定短期来中国境内的外国人、华侨、港澳同胞、驻华外交使节、民间机构及其常驻人员可用自由兑换外汇向中国银行兑换外汇券，他们在中国境内指定商店、火车站、轮船公司、民航公司、旅馆等购买物品或支付费用，须付外汇券，未用完的外汇券在离境时可以兑换外汇带出。

实际生活中，外国护照持有人在华消费同一商品和服务的价格比中国人高。高出部分大体等于外汇券在国内黑市市场上的价格减去面值。

从 1979 年起，在外汇分配方面，实行了外汇留成制度，允许创汇的地方、部门、企业按照售给国家的外汇数额，按照国家规定的比例留成相应的外汇额度。外汇留成制度在 1960 年就出现过，当时为了鼓励各省（市、区）出口创汇，为了解决各省（市、区）自己安排的进口用汇不足，允许创汇的地方按比例留一部分自己支配使用。

1980 年 7 月国务院批转国家进出口委员会、外贸部、国家计委、国家外汇管理总局、财政部、国家物价总局《关于贸易外汇内部结算价格试行办法的报告》，规定对贸易与非贸易实行两种不同的汇价。新订贸易外汇内部结算价用于贸易外汇的结算，保留原有的对外公布汇价，用于非贸易外汇结算。自 1981 年 1 月 1 日起实行。1981 年 3 月 27 日印发实施细则和结算办法。

1980 年 10 月经国务院批准，国家外汇管理局、中国银行印发《中国银行调剂外汇办法》，有留成外汇的国营单位可将多余外汇通过中国银行卖给需要外汇的单位，买卖双方按交易外汇内部结算价上下 5%～10%幅度内议定交易价格。在实际生活中，外汇调剂额度的成交价不包含买卖双方在柜台外的对价。这一切，大家都是你知我知。根据国务院的决定，从 1985 年 10 月开始，在各级政府的领导下，金融部门全面开展了信贷大检查，处理了一批倒卖外汇的重大案件。

1984 年 10 月中国人民银行决定国家专业银行业务可以交叉经营，国家外汇管理局批准中国工商银行深圳分行开办外汇业务，外汇业务在全国专业银行范围内逐步铺开。

1985 年 1 月停止试行贸易外汇内部结算价，重新实行单一汇率，定为 1 美元折合 2.8 元人民币。

1985 年 9 月我国第一次公布国际收支情况，国家外汇管理局公布了 1982—1984 年国际收支概览表。

1985 年 11 月深圳建立首家外汇调剂中心，随后，其他经济特区和沿海城市也相继设立外汇调剂中心。

1988 年 3 月 13 日，根据国务院《关于加快和深化对外贸易体制改革若干问题的规定》，国家外汇管理局发布《关于外汇调剂的规定》，在北京设立全国外汇调剂中心；在国家外汇管理局统一领导和管理下，各省、自治区、直辖市、经济特区、计划单列市逐步设立外汇调剂中心，开办国营企业和外商投资企业的外汇调剂业务，放开调剂价格，根据外汇供求状况浮动。随着外汇调剂量的逐步增加，形成了官方汇率和调剂市场汇率并存的汇率制度。1988 年 9 月 27 日，上海首先开办外汇调剂公开市场，实行会员制，公开竞价交易，集中清算。1992 年 8 月 8 日，北京成立全国外汇调剂中心公开市场，采用竞价成交方式，提高了调剂外汇透明度，使调剂外汇价格日趋合理。但是，各地各行的柜台交易依然存在。同时，外汇黑市交易依然存在，黑市美元价格在 1993 年年初达到人民币 10 元兑 1 美元，甚至更高。

## 三、对国际收支与外汇市场的监管

1986年4月第六届全国人民代表大会第四次会议通过《中华人民共和国外资企业法》。这部法律是中华人民共和国外汇管理的重要的上位法。

同年8月国务院责成中国人民银行领导下的国家外汇管理局统一管理全国外债，全面掌握全国外汇、外债的信息和数额，建立全国外债统计监测系统，监督对外借款和在境外发行债券。

1987年6月经国务院批准后，国家外汇管理局发布实行《外债统计监测暂行规定》，规定国家对外债实行统计监测制度，国家外汇管理局对外债实行统计监测，对外发布外债数字。同年12月13日经国务院批准后，国家外汇管理局发布《金融机构代客户办理即期和远期外汇买卖管理规定》，允许境内金融机构代理境内机构办理可兑换外汇之间的即期和远期买卖。

## 四、对境外投资的监管

中华人民共和国的境外投资在计划经济时期就已经开始，主要是外贸相关的小额投资如对外贸易公司的不动产和运输工具的投资比如说与波兰合资的铁路联营公司。

进入20世纪80年代，国际贸易规模不断扩大，沿上述路径的投资更加扩大。经国务院批准，1989年3月6日，国家外汇管理局发布《境外投资外汇管理办法》，管控的重点是赴港开展外贸的国营企业和对外工程经营等对外投资。

**境外投资外汇管理办法**

（1989年2月5日国务院批准，1989年3月6日国家外汇管理局发布）

第一条　为了促进对外经济技术合作，加强境外投资外汇管理，有利于国际收支平衡，制定本办法。

第二条　本办法所称境外投资是指在中国境内登记注册的公司、企业或者其他经济组织（不包括外商投资企业）在境外设立各类企业或者购股、参股（以下统称境外投资企业），从事生产、经营的活动。

境外投资有关外汇事宜，依照本办法的规定执行。

第三条　拟在境外投资的公司、企业或者其他经济组织，在向国家主管部门办理境外投资审批事项前，应当向外汇管理部门提供境外投资所在国（地区）对国外投资的外汇管理情况和资料，提交投资外汇资金来源证明，由外汇管理部门负责投资外汇风险审查和外汇资金来源审查，并于三十天内做出书面审查结论。

第四条　经批准在境外投资的公司、企业或者其他经济组织（以下简称境内投资者），应当持下列材料向外汇管理部门办理登记和投资外汇资金汇出手续：

（一）国家主管部门的批准文件。

（二）外汇管理部门关于投资外汇风险审查和外汇资金来源审查的书面结论。

（三）投资项目的合同或者其他可证明境内投资者应当汇出外汇资金数额的文件。办理前款登记和投资外汇资金汇出手续时，外汇管理部门应当对境内投资者的投资外汇资金来源进行复核。

第五条　境内投资者在办理登记时，应当按汇出外汇资金数额的5%缴存汇回利润保证金（以下简称保证金）。保证金应当存入外汇管理部门指定银行的专用账户。汇回利润累计达到汇出外汇资金数额时，退还保证金。保证金存款的利息按照国家规定标准支付给境内投资者。

境内投资者缴存保证金确有实际困难的，可向外汇管理部门做出书面承诺，保证境外投资企业按期汇回利润或者其他外汇收益。

第六条　境内投资者来源于境外投资的利润或者其他外汇收益，必须在当地会计年度终了后六个月内调回境内，按照国家规定办理结汇或者留存现汇。未经外汇管理部门批准，不得擅自挪作他用或者存放境外。

第七条　境内投资者从境外投资企业分得的利润或者其他外汇收益，自该境外投资企业设立之日起五年内全额留成，五年后依照国家有关规定计算留成。

第八条　境外投资企业可以根据经营需要，自行筹措资金，但未经国家外汇管理局批准，其境内投资者不得以任何方式为其提供担保。

第九条　境外投资企业的年度会计报表，包括资产负债表、损益计算书，在当地会计年度终了后六个月内，由其境内投资者向外汇管理部门报送。

第十条　境外投资企业变更资本，其境内投资者应当事先报经原审批部门批准并报送外汇管理部门备案。

第十一条　境内投资者转让境外投资企业股份，应当向外汇管理部门提交股份转让报告书，并在转让结束后三十天内将所得外汇收益调回境内。

第十二条　境外投资企业依照所在国（地区）法律停业或者解散后，其境内投资者应当将其应得的外汇资产调回境内，不得擅自挪作他用或者存放境外。

第十三条　境外投资企业未按利润计划汇回利润或者其他外汇收益的，其境内投资者应当向外汇管理部门提交不能按时完成利润计划或者经营亏损的报告书。如无正当理由，外汇管理部门可从保证金中将相应比例的外汇数额结售给国家未开立保证金账户的，从其境内投资者的留成外汇中扣除相应数额上缴国家，但累计扣除数额不超过汇出外汇资金数额的20%。

第十四条　违反本办法第六条、第十一条、第十二条规定者，外汇管理部门应当责令境内投资者限期调回外汇资产，并可按应调回资金数额的10%~20%处以外汇罚款。

违反本办法第九条、第十条规定，情节严重者，外汇管理部门对境内投资者可处以人民币十万元以下的罚款。违反本办法其他条款规定者，依照《违反外汇管理处罚施行细则》的规定处理。

第十五条　本办法施行前已设立的境外投资企业，其境内投资者应当自本办法施行之日起六十天内，依照本办法的有关规定，向外汇管理部门补报有关材料，办理登记手续，并依照规定将外汇收益调回境内。

第十六条　本办法由国家外汇管理局负责解释。

第十七条　本办法自发布之日起施行。

# 第四节　各金融市场的创立

## 一、货币市场

当时，货币市场有两个主要部分开始发育：企业票据市场和银行间拆借市场。中国人民银行根据党的改革开放政策，对这两个市场耐心地进行了引导、培育和规范。

### （一）企业票据市场

在计划经济时期，企业之间是不可以发生资金借贷关系的。因为企业之间的信用往来会破坏信贷计划的有效性，会滋生更多的货币。但是，实际上一直存在企业利用预购、延期支付等方法解决自己的资金短缺困难，特别是在向银行申请临时周转贷款困难时。供应方也可能趁机完成任务，也可能因为收款困难重重而被财经纪律处分。

1979 年起，在国内贸易中，各地企业开始利用卖方托收承付票据、买方有银行或无银行承兑的汇票，向银行或其他人申请交易为本的结算融资，以加快资金周转。在出票人、议付人、担保人、货物运单、仓储单据、保单、交易程序均未严格规范化时，基于改革开放的大局和各地发展经济的要求以及银行的利益，以票据为根的结算贷款得以发展。但是，市场信用初开，法律未立，奸诈群起，诚实者和银行损失巨大。

对此风险，人民银行于 1983 年年底发文，修改《异地托收承付结算办法》，规定从次年 3 月 1 日起，只准国营企业、供销社和经批准的集体工业企业使用异地托收承付结算工具，以控制有害信用的发生。

1984 年年底，中国人民银行发布《商业汇票承兑、贴现暂行办法》，始做初步规范。其第四条规定："汇票除向银行贴现外，不准流通转让。"这就从法规上取消了银行柜台以外的交易。

但是，合规合法的贴现不一定保证发票企业按时赎回，各专业银行自己的头寸短缺现象由此加重。银行间拆借也许可以暂时缓解基层银行支付困难，但终究不是长久之计。各方要求人民银行开展再贴现的压力逐渐加大。

1986 年，针对当时经济运行中企业之间严重的货款拖欠问题，中国人民银行下发了《中国人民银行再贴现试行办法》，决定在北京、上海等十个城市对专业银行试办再贴现业务。这是自中国人民银行独立行使中央银行职能以来，首次进行的再贴现实践。从此以后，再贴现贷款成为中国人民银行调节货币流通量的重要工具之一。

（二）银行间拆借市场

1984 年，新的信贷资金管理制度出台后，各银行分支行间就出现了行内与跨行间的拆借活动。

各专业银行的“条条”优先，行政区域的“块块”次之，都从本系统、本地区的利益出发，在资金市场上拆借资金，必须先行内后行外，先区内后区外。

由于市场拆借利率一般高于同期人民银行的再贷款和再贴现利率，一些金融机构往往越过自己信贷需要，把向人民银行借来的钱拆借给他人，赚取利差。拆入方不尽是因本行运营头寸临时不足而拆入，而是大多受地方政府或企业要求拆入来发放贷款。同期，私人也借用企业之名，进入拆借市场。这样一来，同业市场出现变态，中央银行的再贴现再贷款资金被滥用，货币发行计划受到侵蚀。全国联行往来的资金经常被故意拖欠，支付堵塞、延迟押后可谓司空见惯。因此，人民银行在两个方面对同业拆借进行规范和建设：一是改进银行清算系统，堵塞利用联行往来侵占他行资金和中央银行资金，胁迫中央银行注资的漏洞。二是建立以中心城市为主的拆借市场，希望建立全国统一市场，进行更规范化的管理。

于是，中央银行在 1989 年 12 月 6 日发布了《关于改革联行清算制度的通知》。1990 年 4 月，人民银行发表整顿开户和加强结算纪律的意见，针对当前在开户和结算上存在的企业单位在银行和其他金融机构多头开户；一些银行违反结算规定，有章不循，压票、退票，截留、挪用结算资金；有些银行擅立规章，自作规定，相互设卡，阻塞汇路等问题，为建立良好的开户和结算秩序，促进社会主义有计划商品经济的健康发展，提出加强开户和结算管理的详细意见。

1990年3月，人民银行颁发《同业拆借管理试行办法》，规范各会员单位每月日均拆借限额。更规范拆入资金的用途：拆入资金只能用于弥补票据清算、联行汇差头寸的不足和解决临时性周转资金的需要，严禁用拆借资金发放固定资产贷款。拆借资金的期限和利率高限由中国人民银行总行根据资金供求情况确定和调整。

在这个文件里，人民银行开始从同业拆借引入金融市场概念，下令各地在原有资金市场的基础上、在人民银行主持下，重新组建金融市场，为包括外汇市场支付结算的更广泛的各子市场交易和发展准备统一平台。

同时，人民银行也加快电子联网建设。1990年，中国人民银行清算中心建成，专门为金融机构提供支付清算服务。这个清算中心包括NPC（National-Process Center，国家金融清算总中心）和CCPC（City Clearing Processing Center，城市处理中心）。1991年4月1日，基于卫星通信网的应用系统——全国电子联行系统（EIS）开始试运行。EIS是人民银行专门用于处理异地（包括跨行和行内）资金清算和资金划拨的系统。它连接了商业银行、中央银行、NPC和CCPC。从此，银行之间的跨行汇款直接通过电子化操作来完成，资金在途时间缩短到了一两天，系统内的人为堵截不再可能。这是中国金融发展史上的重大里程碑。

1991年10月，中国开始着手建设中国国家金融通信网（CNFN）和中国现代化支付系统即CNAPS（China National Automatic Payment System）。这一项目由世界银行提供贷款，由英国PA咨询公司承担设计咨询工作。从此，全国电子联行（EIS）系统逐步向CNAPS过渡。

在同一时期，苏联的金融系统没有多少进步，支付纪律败坏，被世人讥笑为“无支付经济”，最终为苏联的解体“贡献”了自己的力量。两相比较，中国人民银行是认真负责和优秀的。

（三）企业债

从1982年开始，少量企业开始自发地向社会或企业内部集资，这一阶段的集资行为既没有政府审批，也没有相应的法律法规制约，缺乏管理。到1986年年底，这种相当于发行债券的融资筹集了100多亿元的资金。

针对企业自发的集资行为，政府开始研究对企业债券的管理。1987年3月，《企业债券管理暂行条例》由国务院颁布实施。根据条例的规定，中国人民银行是企业债券的主管机关，发行债券必须经中国人民银行批准。同时中国人民银行会同国家计委、财政部制定全国企业债券发行的年度控制额度，下达各省、自治区、直辖市和计划单列市执行，中国人民银行对企业发行债券实行集中管理分级审批制度。国家计委也首次编制了全国企业债券发行计划，当年批准发行债券30亿元。

1990年，债券发行被纳入国民经济和社会发展计划，将债券融资作为固定资产投资来源渠道，并与人民银行联合制定了额度申报制度及管理办法。随后，债券的发行开始骤增。

1992年发行总量近700亿元，创历史最高水平，其中发行地方企业债券258.77亿元，发行短期融资券228.53亿元，发行内部债券111.51亿元，还同时发行了住宅建设债券、地方投资公司债券等。同年，国务院68号文件规定企业债券由地方政府审批。各省（市、区）随后发布文告，粗枝大叶地进行了相关行为“规范”。

过热的经济产生了债券融资的强烈要求，这期间发行债券出现了一些失控现象，部分省越权审批，一些规模小、资信差的企业也趁机进入发行行列，甚至有的濒于破产的企业也通过发债筹集工资，更有不法之徒借机对民众招摇撞骗，使刚刚步入相对规范的债券管理制度受到冲击和影响。

## 二、金融信托

1979年10月，中国（内地）第一家信托机构——中国国际信托投资公司宣告成立。此后，从中央银行到各专业银行及行业主管部门和地方政府纷纷办起各种形式的信托投资公司，到1988年达到最高峰时共有1 000多家。到1989年末，全国共有各类金融信托机构约800家，金融资产已达895亿元。

当时的信托投资公司大体可分为四类：一是全国性的，二是省（市）一级政府的，三是一些部门所有的，四是附属于各级专业银行的。全国性的投资公司为数很小且又在国家政策的直接指导下，其行为有更多的行政色彩。附属于银行的投资公司由于与银行有着天然的血缘联系，各个方面都受到银行的钳制和染指，很少独立性。

中央政府最初对于信托公司的经营活动所可能产生的风险并没有清楚的认识，而求发展之心又是那么急切。在中央和地方关系中，发挥地方行政系统的力量搞建设的欲望，在此时尤其强烈。因此，相关法规并不健全，必要的日常监管制度和监管手段也十分缺乏。此时的信托公司几乎可以利用一切手段募集资金，投资领域则包括贷款、证券、房地产和兴办工商企业，等等。历史上几次比较著名的炒作国债期货、股票和房地产的事件，都有大批信托公司参与其中。为此，国家先后在 1982 年、1985 年和 1988 年进行了清理整顿，一次又一次地把信托公司从变相的综合银行规范回金融信托范围。

## 三、资本市场

资本市场是以股市为中心的组合市场。在西方国家，资本市场的产生和发展，本与中央银行毫不相干，只是自由的商业行为，与一系列民商法律和刑法有重大关系。资本市场发展到二战之后，因其与实体经济有重大关联，也对货币流通有重要影响，才被纳入欧美中央银行货币数量调控的视野，但其日常监督管理工作则由证券监督管理机构负责。

中华人民共和国的资本市场从最原始的开端就受到行政鼓励，鼓励国营和准国营企业向略有余钱的民众个人直接筹集生产经营资金，以减轻银行贷款的压力，减少货币发行数量。中国在 20 世纪 80 年代中期有了股票的私下交易，并在 1987 年以后出现股票的柜台交易，股票市场的形成也处于自发状态，推进资本市场发展的相关政策还在犹疑之中。在上海股票交易所第一批上市的八家公司，在上市之前，每年都分红，股息率都不低于一年定期储蓄存款的利息率。1989 年，豫园商场和凤凰化工发放的股息率为 22%。但其在

1990 年上市之后高股息率不再。这样的情形，在全国各地也大致相同，而且内部人优先购买企业股票成为社会风尚。这样的起源，把股东分割成不准交易的法人股与可流通的个人股，直到 2004 年全流通改革，但国营企业和财政系统持有的股份依然基本没有交易。这是确保中国股市的社会主义性质的基石。

1990 年，深圳股份制改革试点中出现了股票热，紧接着上海也热起来，北京也不甘落后。1990 年 4 月，国家体改委在考察美国纽约证券交易所、NASDAQ 交易所后，拟筹备成立仿 NASDAQ 系统的中国 STAQ。同年 12 月 5 日，在人民大会堂举行了隆重的 STAQ 网交易市场开通典礼，作为法人股流通市场而试运行。三个股票市场的成立在社会上引起了很大的反响，一些人主张把股票试点停下来，股票市场面临被关闭的可能。

据中国人民银行副行长刘鸿儒回忆：在这种情况下，江泽民同志在参加深圳和珠海特区十周年大庆（1990 年）后，在飞回北京的飞机上找我谈话，详细了解了股票试点的情况。他最后明确表示，可以把上海和深圳两个试点保留下来，股票市场的实验也才得以继续。

1992 年 8 月 10 日，深圳爆发股票认购证第四次摇号导致骚乱的“8・10 事件”，险些酿成政治风险，使高层领导意识到了加强股票市场监管的重要性。在其后两天召开的股票市场试点工作座谈会上，朱镕基副总理宣布，将成立中国证监会。

首任证监会主席刘鸿儒这样回忆这段经历：

证监会正式成立前，我迅速做了两件事。第一件事是邀请台湾地区资本市场领域的资深人士到北京来开座谈会，请他们介绍他们的经验和教训。在中国以市场经济为目标的经济体制改革中，相关高层非常重视吸收其他国家和地区的先行经验，尤其是中国台湾的经验。

第二件事是，我请香港地区和海外的一些朋友帮助收集整理了 1929—1933 年经济大危机以来世界历次股灾的资料，包括历次大股灾为何发生、危机国家如何应对、新兴市场应该吸取的经验和教训等。在此基础上，我结合中国股份制改革以来的问题和教训，写成了近两万字的报告——《股票市场的风险与管理》，作为我执政证监会的施政纲领，意在表达这样的观点：

全世界在不同国家和地区、不同历史发展阶段，股灾和重大风险事件会不断发生，无可避免。既然风险不可避免，监管机构的任务便是使它少发生，发生后也尽量少损失，把维护广大投资者的利益、维护资本市场稳定发展作为监管的永恒使命。

第一是依法治市。在系统研究了1929年世界经济危机后的国际资本市场后我们看到，资本市场的发展史就是从盲目无序走向公平、公开、公正和规范化、法制化的历史，所以证监会成立伊始，我们就着手为资本市场统一立法。最先出台的是《股票发行与交易管理暂行条例》，对当时资本市场最为重要、最为紧迫的监管体制问题，股票的发行、交易、保管、过户、清算问题，保障国有股权利问题，证监会的调查和处罚职权问题等，做出了明确的规定。

第二是建立高度透明的股票发行和上市制度。在借鉴台湾地区、香港地区经验和其他专家建议的基础上，最终确定了无限量发行认购表的方案，这个方案的关键就是“无限量”，目的是增强透明度。

第三是建立市场化的股票交易制度。股票交易要充分市场化，要尊重市场规律，这是我从对世界历次股灾的研究以及与台湾地区专家的座谈中得出的结论，也是证监会成立伊始，就已确定的发展目标。①

## 四、保险市场

保险市场是个人与企业财务风险的交易市场，保险公司聚集的巨大资金是各金融机构的重要资金来源。这一时期中国的保险业与保险市场都在恢复之中，销售量很小，与金融界的关系并不紧密。

1983年9月，新中国第一部财产保险合同方面的法规《中华人民共和国财产保险合同条例》出台。同时，中国人民保险公司升格为国务院直属局级

① 证券时报．首任证监会主席刘鸿儒回首股市十年发展历程［N/OL］．2000-12-08．全景网络．http://finance.sina.com.cn/y/27063.html.

经济实体。1984 年，中国人民保险公司从人民银行分离出来，接受中国人民银行的领导管理、监督和稽核。

基于保费收入需要可靠投资的要求，1984 年年底，经中国人民银行批复同意，中国人民保险公司可用一部分保险准备金进行投资，并成立投资公司。

1985 年 3 月，国务院颁布实施《保险企业管理暂行条例》，是新中国成立之后第一部关于保险企业管理的法律文件，为开办新的保险公司确立了初步的法律依据。但是，保险法的起草则到 1991 年才开始进行。

1986 年 10 月，我国第一家股份制综合性银行——交通银行组建保险业务部，经营保险业务，打破了保险业务由中国人民保险公司独家垄断经营的局面。1991 年 4 月，交通银行的保险业务按分业管理的要求，单独组建为中国太平洋保险公司。

1988 年 3 月 21 日，由招商局蛇口工业区职工保险基金会和深圳工商银行合资成立平安保险公司，资本金为 4 500 万元。这是我国第一家股份制的地方性的保险企业。1992 年 9 月 29 日，更名为“中国平安保险公司”。

1992 年 9 月，中国人民银行批准美国国际集团所属美国友邦保险公司在上海设立分公司，这是我国保险市场对外开放以来，第一家经批准进入中国保险市场的外国保险公司。不久之后，友邦保险培训的第一代寿险代理人上街展业。这一代理人制度，引发了营销理念的剧烈变革，寿险代理人制度迅速为国内寿险业所采用。

总的来说，这一时期的保险业在初步恢复中，聚集的保险资金数量微小，而且在国家严格的管制下，只能存于中国人民银行和购买国债，对金融市场还没有产生重大意义。

## 第五节　两次货币流通量陡增与货币政策失准

本期发生了两次货币流通量陡增与货币政策失准。

第一次是1984年。表3.6是1984年货币月报表。

表3.6　1984年货币月报表

单位：亿元

| 年/月 | M0（现金） | M1（企业存款） |
|---|---|---|
| 1984/01 | 618.47 | 2 169.61 |
| 1984/02 | 530.96 | 2 072.29 |
| 1984/03 | 511.12 | 2 065.67 |
| 1984/04 | 502.06 | 2 073.60 |
| 1984/05 | 481.59 | 2 080.79 |
| 1984/06 | 490.84 | 2 103.01 |
| 1984/07 | 519.27 | 2 174.91 |
| 1984/08 | 541.57 | 2 247.44 |
| 1984/09 | 587.28 | 2 324.55 |
| 1984/10 | 643.59 | 2 441.33 |
| 1984/11 | 700.71 | 2 592.64 |
| 1984/12 | 792.11 | 2 845.24 |

注：M1来自其中的城镇储蓄存款+流通中货币。

资料来源：中国人民银行．中国金融年鉴［M］．北京：中国金融出版社，1988．

这一年的10月，跟往年一样，中国人民银行要准备计划下一年的信贷计划，但对外对下级行都不公开确定下一年度的信贷计划，因为中国人民银行总行自己也不能确定下一年度的信贷计划，还要与各部委协调，更要国务院批准。按习惯，这几个月限制放款的“缰绳”都要勒紧。在计划经济制度下，企业每年在 3 月份以后才能得到新的生产计划，到年底，各单位都要突击完成生产任务，银行当然也就突击放贷。所以，年底的货币发行量一般都比前几个月有较大的增加，但银行也要勒紧放贷，不准突破本年计划。1984 年，略有不同的是，中国人民银行提前宣布了下一年度的信贷计划指标以本年年末的贷款数为基数来制订。于是，各行各地在最后两个月掀起了放贷高潮。很久以后，时任行长吕培俭对于当时金融状况有自己的解释，在此不赘述。

第二次是 1992 年。表 3. 7 是 1992 年货币月报表。

**表 3. 7　1992 年货币月报表**

单位：亿元

| 年/月 | M0 | 同比增长（%） | M1 | 同比增长（%） |
|---|---|---|---|---|
| 1992/03 | 3 117. 18 | 20. 56 | 8 872. 65 | 25. 51 |
| 1992/04 | 3 121. 20 | 23. 52 | 9 194. 51 | 28. 33 |
| 1992/05 | 3 111. 18 | 25. 11 | 9 459. 65 | 29. 92 |
| 1992/06 | 3 155. 92 | 25. 37 | 9 666. 65 | 32. 77 |
| 1992/07 | 3 278. 63 | 27. 02 | 10 157. 21 | 36. 11 |
| 1992/08 | 3 387. 53 | 28. 70 | 10 520. 73 | 37. 17 |
| 1992/09 | 3 559. 38 | 30. 38 | 10 556. 36 | 32. 42 |
| 1992/10 | 3 732. 59 | 29. 63 | 11 034. 05 | 33. 85 |
| 1992/11 | 3 989. 10 | 32. 86 | 11 452. 78 | 33. 97 |
| 1992/12 | 4 336. 00 | 36. 40 | 11 731. 50 | 35. 9 |

注：M1 来自其中的城镇储蓄存款+流通中货币。

资料来源：中国人民银行. 中国金融年鉴［M］. 北京：中国金融出版社，1993.

1992 年年初，邓小平视察深圳、珠海等地，跟各地党政官员谈话，再提改革开放，结束了 1989 年后的徘徊犹豫状况。

是年春节之后，各地掀起投资浪潮，其中最热的热点就是海南经济特区的房地产投资。海南于 1988 年建省，海口市原来是广东省的一个战备前线地级市，一直没有进行较好的城市建设，跃升为省会城市之后，的确应该大力发展。于是，全国各省（市、区）、中央各部委大量资金急促地涌入海口房地产市场。这样，在“多存多贷”的货币政策下，各地贷款与存款急增，M1 在当年 7 月首次达到 10 000 亿元。“多存多贷”的货币政策在社会融资投资高度活跃的时间段，不再具有适宜性，宏观货币管理要求抑止过度需求。在这个过程中，中国人民银行实际上无力勒住脱缰的野马，直到次年春天朱镕基副总理出面强力干涉。

## 第四章

# 走向社会主义市场经济的货币政策与金融监管（1992—2002）

第一节　世界政治、经济格局大变动与中国经济发展的重大机遇

第二节　社会主义市场经济道路的确定与《关于金融体制改革的决定》

第三节　整顿金融秩序与大力发展并举

第四节　扩张性货币政策推动经济发展、市场扩容、货币发行量扩张

第五节　金融业改造完成，现代金融监管体系建立

第六节　新的稳健性货币政策的实施

附录：国务院《关于金融体制改革的决定》（国发〔1993〕91 号）

依照2002年11月党的十六大决定的完善社会主义市场经济制度的任务，按照朱镕基总理在2002年2月第二次全国金融工作会议上对下一阶段金融工作的全面部署，从本期起，中国政府对金融行业进行了大量的管理体制、企业制度、市场制度、产品研发与交易规则的改革与建设。加强金融监管与国有银行改革的设计得到实施。同时，人民银行作为中央银行集中力量从事与货币政策有关的调查研究、政策建议，并对国务院下达的政策加以执行，具体处理货币市场管理与日常调控以及日益重要纷繁的外汇管理等事务。

本期在经济发展的基础层面，中国经济有三个与前期不同的基本推动力，一是比前十年更宏大的基础设施投资和房地产开发投资。二是中国更广泛地承接西方国家的工业生产转移和本国工业的升级。三是加入世界贸易组织后获得更广阔的国际贸易领域。同时，中国对外投资日渐发展，开始成为货币政策和金融监管的比较支持和关注的对象。

本章叙述以上四个进程中的投资、银行及其信贷、货币市场、资本市场、本币与外汇管理中的货币政策和金融监管。

# 第一节　世界政治、经济格局大变动与中国经济发展的重大机遇

## 一、“冷战”结束、全球经济重整，中国经济走向广阔的欧美市场

二战后全球分裂为巨大的两个阵营：以海洋为纽带的欧美资本主义国家阵营和以欧亚大陆北部为主体的苏联社会主义阵营。两个阵营均拥有给对方造成核毁灭的能力，当然，也就是毁灭整个人类的能力。在恐惧与竞争中，和平得以延续。1990 年年初，苏联开始和平地解体，并迅速地在 1991 年年底结束，苏东阵营成为历史。苏联东欧阵营最终以经济与社会总体组合能力由盛转衰而解散，俄罗斯人退回俄罗斯，东欧国家纷纷独立。欧美对上述各国包括俄罗斯的稳定与重建给予了直接的经济与技术援助，当然也进行商业投资，并开放自己的市场，这些国家逐渐成为融入全球化经济体系的工业化国家，也进入了美元体系。

在苏东剧变中，中国共产党和中国政府在外交上采取了不干涉他国内政政策，尊重东欧国家人民的选择，对外韬光养晦，使中华人民共和国迅速走出了西方国家的经济制裁阴影，开始了新一轮的经济发展。

在国内经济政策上，中国政府迅速重整国内经济体系，严格划分中央与地方的事权与财权，再次规范中央和地方在财政、金融事务上的权力与责任，以迅速发展中央责任下的全国性基础设施和地方责任下的城市经济为中心的基础设施以及房地产投资；放开以农民工为主体的人力资源跨地区流动，以满足外商投资为主导的工业化进程，以及以本国资本为主体的城市各项建设和广泛的基础设施工程建设的劳工需求。

在国际经济事务中，中国更注重加强与西方国家特别是美、日、德的联系。同时，通过在新加坡达成的“九二共识”，开启海峡两岸关系新局面，更加强了对台湾地区资本的吸引力，以承接外部经济中饱和技术、设备和产品生产部门的移入。在沿海地区以低劳工成本、低环保标准和税收天堂吸引外

资，成功建立起了以珠江三角洲、长江三角洲为中心的电子产品为核心的出口加工区。同时，加入关贸总协定和今天的世界贸易组织的长远战略部署也在积极地继续推行。

## 二、苏式技术装备彻底退出中国经济，中国工业装备与技术全面更新

从 20 世纪 50 年代全面引进苏式技术与装备起，虽然 60 年代后也在慢慢引进欧美、日本装备，但整个国民经济骨干企业依然未变，包括用仿制设备建立的中小企业。到 90 年代，整个国民经济的骨干企业和大多数中小企业的设备与技术都已经彻底老化和落后，都到了报废期。完成这个巨大任务，以 1992 年年底的 M2 推算，需要数万亿元人民币的信贷资金。这样一来，银行制度、资本市场都必须升级，都必须更大规模地开放，以便引进更多外资与西方技术和设备。

北京电子管厂在 80 年代中期全面废弃苏联技术与设备后，下放为北京市属企业。在经历了漫长的亏损期后，终于在 1993 年进行股份制改革（京东方），以企业经营性资产出资，加上职工募集资金和银行债转股，成立了北京东方电子集团公司，从日本引进了彩色显像管所需的玻璃支杆技术，为当时产销兴旺的北京-松下彩管公司配套，为企业赢得了喘息之机。此时，包括液晶、等离子等新兴显示技术已露端倪，东方电子公司积极准备迎接下一波电子技术革命，并最终选择 TFT-LCD（薄膜晶体管液晶显示屏）作为主攻方向。以后的京东方一直沿着研究开发新一代显示产品的道路走到今天。

京东方的企业技术装备废弃与更新换代的演变，也是中华人民共和国国营工业企业技术装备演变的浓缩。

## 第二节　社会主义市场经济道路的确定与《关于金融体制改革的决定》

1992 年 2 月，邓小平视察广东等地，期间发表了一系列关于中国经济改革开放的讲话即“南方讲话”。邓小平的“南方讲话”明确了经济改革的发展方向，中国掀起了新一轮改革开放的高潮。

党的十四大报告指出，我国经济体制改革确定什么样的目标模式，是关系整个社会主义现代化建设全局的一个重大问题，其核心是正确认识和处理计划与市场的关系。

党的十四大报告明确提出，我国经济体制改革的目标是建立社会主义市场经济体制。我们要建立的社会主义市场经济体制，就是要使市场在社会主义国家宏观调控下对资源配置起基础性作用，使经济活动遵循价值规律的要求，适应供求关系的变化；要通过价格杠杆和竞争机制的功能，把资源配置到效益较好的环节中去，并给企业以压力和动力，实现优胜劣汰；要运用市场对各种经济信号反应比较灵敏的优点，促进生产和需求的及时调节。同时也要看到市场有其自身的弱点和消极方面，必须加强和改善国家对经济的宏观调控。

党的十四大报告指出，社会主义市场经济体制是同社会主义基本制度结合在一起的。在所有制结构上，以公有制包括全民所有制和集体所有制经济为主体，个体经济、私营经济、外资经济为补充，多种经济成分长期共同发展，不同经济成分还可以自愿实行多种形式的联合经营。国有企业、集体企业和其他企业都进入市场，通过平等竞争发挥国有企业的主导作用。

在前面，我们讲到了刘少奇设想的大公司制度及社会主义国营企业的成因，我们讲到了资本市场中的股票市场。从中我们体会到，建立和发展全国性的大公司制度是中国共产党人的早期愿望，把这些大公司加以股份化则是改革开放时期中国共产党人的新探索。20 世纪 80 年代探索的结果证明，在小型企业层面，股份制和招募私股所得利益比较令人满意。1992 年深圳的购买股票狂热证明，经过十多年的改革发展，人民大众已经有了可观的储蓄，可以直接转换为国家控股和控制的企业的资本。1992 年，3.24 亿城镇居民拥有储蓄 8 678.1 亿元，人均 2 678 元。很多人愿意为了寻求更多财富而承担风险。那么，建立正规化的股票市场，把更多国有企业推向股市以募集更多资金也就水到渠成了。

国务院于 1992 年 10 月设立国务院证券管理委员会和中国证监会，12 月，国务院发布《关于进一步加强证券市场宏观管理的通知》，明确了中央政府对证券市场的统一管理体制。1992 年 10 月，中国证监会成立，标志着中国证券市场开始逐步被纳入全国统一监管框架，全国性市场由此开始发展。中国证券市场在监管部门的推动下，建立了一系列的规章制度，初步形成了证券市场的法规体系。

1993 年，股票发行试点正式在全国推广。深圳市场发行 A 股新股 140 多家，B 股 19 家，共募集社会资本金 25.5 亿元人民币。上海市场个人股发行有其特殊性，难以统计，其数量也远小于深圳市场。中证交 NETS 法人股 7 家，但在资本市场上的影响比较微小。

1993 年 6 月 24 日，中共中央、国务院决定任命朱镕基副总理担任中国人民银行行长。7 月，第八届全国人民代表大会第二次会议正式确认免去李贵鲜兼任的中国人民银行行长职务，正式任命国务院副总理朱镕基兼任中国人民银行行长。

1993 年 11 月，党的十四届三中全会召开，大会通过了《中共中央关于建立社会主义市场经济体制若干问题的决定》，规定了中华人民共和国的社会主义市场经济体制是同社会主义基本制度结合在一起的。建立社会主义市场经济体制，就是要使市场在国家宏观调控下对资源配置起基础性作用。为实现这个目标，必须坚持以公有制为主体、多种经济成分共同发展的方针，进一步转换国有企业经营机制，建立适应市场经济要求，产权清晰、权责明确、政企分开、管理科学的现代企业制度；建立全国统一的开放的市场体系，实现城乡市场紧密结合，国内市场与国际市场相互衔接，促进资源的优化配置；转变政府管理经济的职能，建立以间接手段为主的完善的宏观调控体系，保证国民经济的健康运行。会议认为当前培育市场体系的重点是发展金融市场、劳动力市场、房地产市场、技术市场和信息市场等。

在这个大政方针下，国务院于 1993 年 12 月 25 日发布《关于金融体制改革的决定》，以期达成新的宏大目标：建立在国务院领导下，独立执行货币政策的中央银行宏观调控体系；建立政策性金融与商业性金融分离，以国有商业银行为主体、多种金融机构并存的金融组织体系；建立统一开放、有序竞争、严格管理、与国际接轨的现代金融市场体系。中华人民共和国的现代金融体系和宏观货币政策及现代金融监管体系，均由这个文件确定和规范。

# 第三节　整顿金融秩序与大力发展并举

## 一、整顿金融秩序

从1984年中国人民银行正式行使中央银行职能起到1992年年底，中华人民共和国的经济经历了总体上的高速发展。同时，货币数量也有数倍的增加。

1983年年底M0 530亿元，M1 2 165.04亿元，1992年年底M0 4 336亿元，M1 11 732亿元，分别增加了8.18倍和2.7倍。比较国民经济增长率各主要指标：1992年年底：人口117 171万；国民生产总值24 036亿元；国民收入19 845亿元。分别较1983年年底：人口102 495万；工农业总产值10 832亿元；国民总收入5 630亿元，增长14.32%、122%、253%。人们由此可以得出结论：货币增长严重快于人口增长与财富增长。

由于当时中国仍然处在货币化时期，也处在计划经济转向市场经济初期，货币发行增长幅度自然大为超越经济增长幅度。当然，其中也有制度缺陷、人为因素和技术落后造成的巨大损失。对于这样的损失，新一届政府开始了又一轮“治理整顿经济秩序”行动，其重点是金融领域的交易不当、信贷失控和交易混乱。同时，中央政府发布《关于金融体制改革的决定》，改革人民银行自身体系，分离政策性业务与商业性业务及其机构，统一外汇市场和汇率，整顿非银行金融企业，加快建立全国高速电子化结算系统。当时的交易混乱，很大程度上是因为技术落后被迫让各地各城自成体系，中央银行无法集中化、系统化管制。

20世纪90年代初，全国金融秩序出现严重混乱，主要表现在下列几个方面：

（1）违章拆借。中国人民银行下属少数分行将资金违章拆借给非银行金融机构，四大国有银行把资金拆借给自己的信托投资公司，主要用于长期投资。1992—1993 年，违规拆出资金总额在 1 000 亿元以上。资金的时间错配，加快了拆借的频率，使支付保证危机四伏。

（2）违规吸收存款。在各地政府的干预和推进下，各地银行和其他金融机构甚至于普通企业、党政机构所办公司，纷纷高利息揽存，进行各种各样的所谓高报酬投资。最典型的是恩平市各类金融机构，以多种名目高利（20%～25%）向市场揽存。所得资金按市政府要求，主要用于各乡镇建设五小企业，导致当地金融机构损失 100 亿元左右，中国银行恩平支行因挤兑而宣告暂时停业，农村信用社则全部关闭。

（3）金融监管失控，恶性案件不断发生，最为轰动的是衡水农行 100 亿美元备用信用证案。1993 年，美国人梅直方等人以帮助引进外资为名，哄骗对国际金融无知无识的衡水农行行长等人签下《合作引进外资投资开发协议书》，擅自开出 100 亿美元备用信用证。案发后，我司法机关立即采取紧急措施，在美国警方和金融机构的配合下，使开出的票据没有出现资金支付情况。

（4）账外经营。一些金融机构为逃避金融监管和贷款规模限制，将部分存贷款列在账外核算。至 1995 年年底，全国共查处国有专业银行上千亿元账外资金。

（5）乱设金融机构，违法违规办理金融业务。全国各地很多地方政府和有关部门设立了各种基金会、互助会、储金会、股金服务部、结算中心、投资公司等机构，非法或变相从事金融业务。公众大量吸收存款，用于投资经商，建办公楼和道路。贷款项目普遍失败，多数基金会等非法金融单位不能支付到期的储户存款。最为严重的是在农村，很多地方政府利用农村合作基金会高利率吸收农民、县乡干部甚至单位的存款，很多地区的国家粮站、供销合作社甚至邮政汇款都出现了支付延迟，给农民打“白条”现象，在乡镇引发了广泛但分散的信用风潮。

20 世纪 90 年代初全社会广泛的金融热潮引致的金融风潮，与中华人民共和国历史上的全党全民化的运动文化有着集体意识的联系，也有认知边际的限制，就是说整个社会对经济发展的循序性、金融市场建设与发展的规律均缺乏专业与技术认知，以致各级政府盲目追求高速发展，干预金融企业的业务经营，非法成立金融机构变相办理金融业务。中央政府、中央银行等有关监管部门，在制定政策与作业法规上也缺乏法的理念，金融监管往往屈从于行政意愿和人事压力。

1993 年 6 月 24 日，中共中央、国务院发布关于《当前经济情况和加强宏观调控的意见》，对加强宏观调控、整顿金融秩序提出 16 条措施，其中前 9 条都是针对金融宏观调控和整顿金融秩序的。一是严格控制货币发行，稳定金融形势，当年货币发行控制在 1 600 亿元内。二是坚决纠正违章拆借。三是灵活运用利率杠杆，增加储蓄存款，对三年期、五年期和八年期定期储蓄实行保值，即对存款人，除到期付给原定利率外，再追加保值率，使其之和达到当时物价增长率。四是坚决纠正各种乱集资。国务院制定集资管理条例，严肃查处几个重大乱集资典型案例，予以公布。五是严格控制信贷总规模。六是专业银行要保证对储蓄存款的支付。七是加强金融改革步伐，强化中央银行的宏观调控能力。未经人民银行批准，擅自设立的金融机构要限期撤销或并入经批准的金融机构，坚决取缔非法设立的金融机构。各银行要与自己所办的非金融机构和其他经济实体彻底脱钩。八是投资体制改革要与金融体制改革相结合。九是限期完成国库券发行任务。十是进一步完善有价证券发行和规范市场管理。十一是改进外汇管理办法，稳定外汇市场价格。

1993 年 6 月 24 日，中央决定由朱镕基副总理兼任人民银行行长。7 月 7 日，朱镕基在全国金融工作会议上要求银行系统的领导干部要严格执行党中央、国务院提出的 16 条措施，明确“约法三章”，在全国部署开展金融秩序全面整顿工作。

第一，立即停止和认真清理一切违章拆借，已违章拆出的资金要限期收回。各银行要在当年 8 月 15 日前，将违章拆借给非金融机构的资金全部收回。拆给非银行金融机构的资金先收回 50%，其他违章拆借、违章参股和投资的资金，要在 8 月 15 日前提出收回计划和处理意见，并上报总行。

第二，任何金融机构不得擅自或变相提高存贷款利率。不准用提高存贷款利率的办法搞“储蓄大战”，不得向贷款对象收受回扣或者通过关系户放高利贷。

第三，立即停止向银行自己兴办的各种经济实体注入信贷资金，银行要与自己兴办的各种经济实体彻底脱钩。过去违反规定将信贷资金充当资本金注入企业的，要限期收回。

拆借出去的资金，有部分搞了基本建设，也有部分用于流动资金。强行抽回会直接影响企业的正常生产经营。为解决这个问题，朱镕基同志又提出“堵邪门，开正门”。他从8月初到11月末这几个月里，主持召开了8次资金调度会。其中8月21日到10月15日，人民银行安排给专业银行再贷款970亿元，中央和地方债券转为银行贷款共计212亿元。总的说来，抽回的数量小于新发和追认的数量，但金融秩序得到了恢复。

党中央和国务院十分重视依法整顿金融“三乱”。1995年6月30日，第八届全国人大常委会第十次会议通过了《关于惩治破坏金融秩序犯罪的决定》。全国各级司法部门，依据上列决定，及时惩治各种破坏金融秩序的犯罪活动。

经过1993年到1996年的努力，新发生的严重违法违纪活动得到了遏制，严重违法违纪人员基本得到处理，全国金融秩序好转。但是，因严重违法违纪造成的金融风险依然存在，大量严重资不抵债、不能偿还到期债务的金融企业依然存在，金融整顿任务尚未完成。

从1993年4月起，国务院及其下属部委发布一系列文件整顿社会金融秩序：《关于立即制止发行内部职工股不规范做法的意见》《关于禁止印制、发售、购买和使用各种代币购物券的通知》《关于坚决制止乱集资和加强债券发行管理的通知》《禁止证券欺诈行为暂行办法》《关于清理有偿集资活动坚决制止乱集资问题的通知》，并惩办了一批恶意犯罪分子，遏制了社会上蔓延的乱集资活动。

1986年，沈太福在北京注册了集体性质的长城机电技术开发公司并任公司总裁。1990年6月，辽宁省阜新矿务局的两个工程师“发明”了“调速电机”，并与沈太福合作。1992年6月起，长城公司以签署“技术开发合同”形式，在全国17个城市开展面向个人的民间集资，集资金额的起点为3 000元，高者不限。投资者可随时提取所投资金，按季支付“补偿费”，年“补偿率”达24%。当时，银行的储蓄利率为12%左右。至1993年2月，集资额高达10多亿元人民币，投资者达10多万人，其中个人集资款占集资总额的93%。集资款逾5 000万元的城市有9个。同时，沈太福在人际关系上狠下功夫，聘请多名曾经担任过司局长的老同志担任公司的高级顾问，构筑起了一个强大的关系网。

1993年3月，中国人民银行发出的《关于北京长城机电产业集团公司及其子公司乱集资问题的通报》指出：长城公司“实际上是变相发行债券，且发行额大大超过其自有资产净值，担保形同虚设，所筹集资金用途不明，投资风险大，投资者利益难以保障”，要求“限期清退所筹集资金”。在国务院的领导下，各地组成多个清查组。历经半年时间的清查清退，长城集资案的投资者领回了70%的本金，全国清退款总比例达90%以上。北京中级人民法院于1994年3月判决被告人沈太福犯贪污罪，判处死刑；犯行贿罪，判处有期徒刑4年；两罪并罚，决定执行死刑，剥夺政治权利终身，并处没收个人全部财产。4月，沈太福被执行枪决。接受沈太福贿赂犯罪的《科技日报》记者孙树兴、国家科委副主任李效时各被判处有期徒刑7年和20年。

1994年1月1日起实行人民币官方汇率与外汇调剂价并轨，人民币官方汇率由1993年12月31日的5.80元人民币兑1美元，贬值至1994年1月1日起的8.79元人民币兑1美元，并实行单一的有管理的浮动汇率制。并轨后取消了外汇留成和上缴，实行外汇的银行结售汇制，作为一项临时性措施，对经常性项目设立台账，取消国内企业的外汇调剂业务，建立统一的银行间外汇市场，并以银行间外汇市场所形成的汇率作为中国人民银行所公布的人民币汇率的基础。

1994年，美国把我国列为汇率操纵国，我国对美出口呈现下滑，从1994年7月到1996年12月连续18个月出口增速下降。但是，国家外汇储备规模仍不断增加。表4.1为我国1993—2004年外汇储备规模统计。

表 4.1　1993—2004 年国家外汇储备规模　　　单位：亿美元

| 年份 | 金额 |
| --- | --- |
| 1993 | 211.99 |
| 1994 | 516.20 |
| 1995 | 735.97 |
| 1996 | 1 050.29 |
| 1997 | 1 398.90 |
| 1998 | 1 449.59 |
| 1999 | 1 546.75 |
| 2000 | 1 655.74 |
| 2001 | 2 121.65 |
| 2002 | 2 864.07 |
| 2003 | 4 032.51 |
| 2004 | 6 099.32 |

资料来源：国家外汇管理局官网统计资料。

从吸引外国投资和促进外贸出口全球化来评价，这次外汇制度改革和统一外汇市场的成立，是非常成功的。在过去，中华人民共和国的货币政策也很重视外汇储备，但一直基于自力更生为主，借助国际资源为辅的政策传统，直到这次汇率与外汇市场改革和丰富的劳动力资源市场化改革，终于迎来了境外资本来国内投资浪潮。外汇政策是货币政策的重要组成部分也很快成为共识：外国投资更加迅速地组合国内生产要素，特别是过剩的巨大劳动人口。

1988 年以来，国务院有关部门在几个批发市场和交易所进行了部分引进期货交易机制的试点工作。其后，一些地方和部门竞相争办期货交易所以及以发展期货交易为目标的批发市场和期货公司；军队、执法部门也有参与期货经纪活动的；有些外资、中外合资或变相合资的期货经纪公司蓄意欺骗客户；一些境内外不法分子相互勾结，利用期货经纪从事诈骗活动。

1993 年 11 月国务院发布《关于坚决制止期货市场盲目发展的通知》，告诫各省、自治区、直辖市人民政府，国务院各部委、各直属机构：期货市场是市场发育的高级形态，其风险性和投机性很大，管理要求很高，根据我国现阶段的实际情况，除选择少数商品和地方进行试点探索外，必须严加控制，不能盲目发展。一律暂停审批注册新的期货交易和经纪机构。已经成立的各种期货交易机构，要按照国务院即将发布的期货交易法规重新履行审核批准手续，由证监会从严审核后报国务院批准，统一在国家工商行政管理局重新登记注册；重新审核后未予批准的，一律停止进行期货交易。期货交易法规发布前已经成立的各种期货经纪机构，要按照国家工商行政管理局发布的《期货经纪公司登记管理暂行办法》（中华人民共和国国家工商行政管理局令第 11 号）的规定，由证监会审核后，在国家工商行政管理局重新登记注册；外资、中外合资期货经纪公司，在有关涉外期货法规发布前，原则上暂不予重新登记注册，有关方面要切实做好善后工作。经重新审核不予登记注册的各种期货经纪机构，一律停止办理期货经纪业务。

1981 年以来，广东、福建两省的人民保险公司为地方政府代办保险业务，对支持两省经济的发展起了一定的促进作用。但是，随着全国经济体制改革的进一步深化，若继续允许该两省人民保险公司为地方政府代办保险业务，既与我国现行的地方政府不准办理保险业务的政策不相符合，也易引起其他地区的攀比行为。1993 年 2 月，中国人民银行发布《关于停止保险公司为地方政府代办保险业务的通知》，要求立即停止广东、福建和其他地区政府自办保险业务的做法，其已办保险业务由经中国人民银行批准设立的保险公司直接经营。

开放保险市场，允许多家保险企业开展竞争，通过竞争以扩大保险覆盖面，增强保险服务，开拓保险市场，发展保险业务。

坚持自愿参加保险的原则。各保险企业均不得与地方政府或政府部门联合发文，强迫企业和个人参加保险。

1995 年 6 月，第八届全国人大常务委员会第十四次会议通过《中华人民共和国保险法》。人民银行随后发布了一些保险公司工作规范。

1995—1997 年，大众保险股份有限公司、中宏人寿保险有限公司、瑞士丰太保险（亚洲）有限公司上海分公司开业。1997 年 10 月，13 家中资保险公司共同签署了我国第一份《全国保险行业公约》。

1998 年 9 月，中国人民银行印发《保险业监管指标》。同年 10 月保险公司加入全国同业拆借市场。同年 11 月，中国保险监督管理委员会成立。1999 年，中国保险监督管理委员会发布一系列对保险进行监管的法令，保险业的任职资格、保险业务、投融资活动得以规范化。

## 二、建立现代银行和金融制度

治理整顿从 1993 年就已开始，但是，外围的手术不能解决银行业自身问题。1996 年 6 月底，我国 4 家国有独资商业银行本币贷款余额为 3.4 万亿元，不良贷款余额为 8 400 亿元，占全部贷款余额的 24.75%，有的银行实际上已经资不抵债。全国城市信用社亏损面 20%。在农村，信用社亏损面 44.7%，不少农村合作基金会纷纷倒闭，甚至战争年代都能保持正常汇兑的邮政汇款也出现了取款困难的现象。人寿保险也存在到期不能足额给付的隐患。于是，对银行业的治理整顿在 1997 年终于全面展开。

1997 年 11 月，中共中央、国务院召开第一次全国金融工作会议。会议集中讨论了中共中央、国务院起草的《关于深化金融改革，整顿金融秩序，防范和化解金融风险的通知》，决定：撤销人民银行省级分行，设立跨区域分行；成立中央金融工作委员会，大型国有金融机构党组织实行垂直领导；加快国有大型金融企业商业化改革步伐，改变金融企业的混业经营，实行分业经营制；整顿金融秩序，化解金融风险。具体措施有：

（1）成立四大资产管理公司，以处理从国有四大行剥离的不良资产。中央财政定向发行 2 700 亿元特别国债，补充四大国有银行资本金；将 13 939 亿元银行不良资产剥离给新成立的四家资产管理公司。

（2）取消贷款规模，对所有金融企业实行资产负债比例管理，实行以资产负债比为核心的监督管理等重要改革措施。

（3）金融监管。对金融业实行分业监管，成立了证监会、保监会，分别负责证券业和保险业的监管，人民银行专司对银行业、信托业的监管。在这个时期，金融监管的立法也不断推进。金融行业的市场准入、金融企业的运营规范、金融企业的退出三大环节都开始使用法律、法规、行政指引进行监督管理。

（4）对人民银行自身机构进行了改革，在坚持党管干部的原则的基础上，撤销了人民银行省级分行，设立跨区域的大区分行和成立中央金融工委，明确建立大型国有金融机构党委的必要性和实施原则。人民银行九个大区行，尽力排除地方政府的不当利益压力，执行货币政策的独立性得以加强。

这次对银行、证券等金融机构管理体制的改革，对金融系统党的领导体制的完善，是我国金融体制的根本性改革和制度创新。这些改革的出发点和主要目的，在于使人民银行能够更好地履行中央银行职能，国有商业银行健全统一法人制度，并加快商业化的过程。这归根到底还是遵循小平同志的讲话，就是要把银行办成真正的银行。

考虑了我国的国情，符合建立社会主义市场经济体制的要求，贯彻充分发挥中央和地方两个积极性的重要方针，中央也开了一条路子，允许地方办地方性商业银行。

20 世纪 90 年代初，随着金融改革的逐步深入，资金管理逐步市场化了，但是利率市场化问题和资金供给制的状况都没有根本改变。在商品的价格已经大部分由市场决定的情况下，利率还实行严格的计划控制，完全由国家决定，不能随资金供求状况而变化。高利润率的产业资金短缺，希望以更高的利率得到资金，但难以直接从国家银行获得贷款。国家银行还实行资金供给制，以低于市场的利率，把资金注入无效或效益低的国有企业，使大量资金呆滞。自 1992 年以来，这两种情况就以非正规方式联动，出现了资金的“灰市”。

专业银行自身也处于两难境地：资金供给制使银行承担了全部经济风险，国家规定了各银行的利润指标。因此，专业银行把资金以高于法定利率拆借出去，用资金支持银行自己办的经济实体，以获得利润。资金就这样进入“灰市”。大量资金非法流向股票市场和房地产行业。同时，农产品收购资金和重点建设工程资金等却得不到保证。

货币政策的稳健性、有效性在信贷政策的扭曲下显然受到损伤。实际上，中华人民共和国的货币政策的稳健性、有效性在更大程度上是与信贷政策相关的，而与利率关系甚弱。

当时，国有企业的大部分固定资产投资和90%以上的流动资金来自银行贷款。投资靠银行，流动资金靠银行，生产靠贷款，还贷靠举债，企业完全躺在银行身上了。1995年，全国国有企业的资产负债率高达77.1%，若扣除资产损失和资金挂账，实际的资产负债率高达85.15%。国有企业的不良债务在10 000亿元以上，其中大约有8 000亿元成为国有银行的不良债权。世界上所有国有企业，都存在公开的或隐蔽的无限欠账机制。因为企业是由国家决定创办的，依国家指令生产，国有企业负债再多也不怕破产。国有银行也不相信国有企业会破产，当然尽力按上级要求，也与各部委不断妥协，向国有企业源源不断地注入资金。国有银行与国有企业形成了共同肥瘦双胞胎，只有国家用宏观调控决策来发挥最后作用。因此，用贷款额度来防止企业过度贷款，从而防止投资膨胀，就成了中国社会主义市场经济下采用的最终办法。

过去，财政通过透支的方式挤压人民银行，人民银行被迫以财政透支方式多发货币。1994年以后，不让财政向银行透支了。但是，实际上另外两个渠道挤压专业银行和其他金融企业的传统管道更大大膨胀了。一是通过国有企业这个渠道，二是通过地方政府这个渠道。国有企业，本应由财政注入资本，现在却由银行注入资本。本应流动性很强的银行资金却变成了长期性垫支——信贷资金财政化。政府也常常压迫银行向亏损和待破产的国有企业发放"安定团结贷款"，用来发工资；地方要上项目，地方财政没有钱，也压迫银行贷款。地方首先满足自己的资金需要，把非花钱不可的事情给中央留下资金的"硬缺口"，逼着银行发票子。国有企业和地方政府迫使信贷财政化，加大了银行信贷资金的供应量，成为通货膨胀的原因之一。这个问题不解决，中央银行就不能行使保持币值稳定的职能。

更为重要的是企业对银行的过度依赖，在没有企业破产法及其一系列相关法律、法令和服务机构的时代，整个国有经济的风险几乎都集中到银行身上，而且基本不能及时地个案地解决，只有等待中央政府在最后关头统一解决问题。在20世纪90年代中期，社会上的融资利率在20%以上，国家银行的贷款利率也在10%，而产业资本的回报率却只有6%左右，产业界显然在亏本经营，这个差额最后还是表现为借新还旧和银行坏账，由银行承担。到1996年年底，全国居民金融资产近5亿元。假如金融危机爆发，居民的储蓄也会随之归零。

继20世纪80年代推行国家大托拉斯制度以取代众多国家部委机构之后，中共中央在1993年11月召开党的十四届三中全会，通过了《中共中央关于建立社会主义市场经济体制若干问题的决定》，决定推行现代企业制度。

企业制度包括企业产权、企业组织形式和经营管理等制度。现代企业制度是指适应现代社会化大生产和市场经济体制要求的一种企业制度，是具有中国特色的一种社会主义企业制度。党的十四届三中全会把现代企业制度的基本特征概括为“产权清晰、权责明确、政企分开、管理科学”16个字。

按照党中央的决策和国务院的部署，国务院发布《关于金融体制改革的决定》（国发〔1993〕91号），决定对银行和非银行机构进行分类改革。

首先是确立强有力的中央银行宏观调控体系，深化金融体制改革，把中国人民银行办成真正的中央银行。中国人民银行的主要职能是：制定和实施货币政策，保持货币的稳定；对金融机构实行严格的监管，保证金融体系安全、有效地运行。具体措施有：

（1）明确人民银行各级机构的职责，转换人民银行职能。中国人民银行是国家领导、管理金融业的职能部门。总行掌握货币发行权、基础货币管理权、信用总量调控权和基准利率调节权，保证全国统一货币政策的贯彻执行。人民银行总行一般只对全国性商业银行总行（目前主要指专业银行总行）融通资金。按照货币在全国范围流通的要求，需要对人民银行各级机构的业务实行集中统一管理。人民银行的分支机构作为总行的派出机构，应积极创造条件跨行政区设置，其基本职责是：金融监督管理、调查统计分析、横向头寸调剂、经理国库、发行基金调拨、外汇管理和联行往来清算。

（2）改革和完善货币政策体系。人民银行货币政策的最终目标是保持货币的稳定，并以此促进经济增长；货币政策的中介目标和操作目标是货币供应量、信用总量、同业拆借利率和银行备付金率。实施货币政策的工具是：法定存款准备金率、中央银行贷款、再贴现利率、公开市场操作、中央银行外汇操作、贷款限额、中央银行存贷款利率。中国人民银行根据宏观经济形势，灵活地、有选择地运用上述政策工具，调控货币供应量。人民银行要建立完善的调查统计体系和货币政策预警系统，通过加强对宏观经济的分析和预测，为制定货币政策提供科学依据。建立货币政策委员会，增强货币政策制定的科学性。

同时，中央银行继续完善其固有的信贷政策，把信贷资金划分为政策性信贷资金和商业性信贷资金，从专业银行中划分出政策性银行和商业银行。建立政策性银行的目的是，实现政策性金融和商业性金融分离，以解决国有专业银行身兼二任的问题；割断政策性贷款与基础货币的直接联系，确保人民银行调控基础货币的主动权。政策性银行自担风险、保本经营、不与商业性金融机构竞争，其业务受中国人民银行监督。

1994 年新建立的政策性银行有：

（1）国家开发银行，负责办理政策性国家重点建设（包括基本建设和技术改造）贷款及贴息业务。国家开发银行只设总行，不设分支机构，信贷业务由中国人民建设银行代理。

（2）中国农业发展银行，承担国家粮、棉、油储备和农副产品合同收购以及农业开发等业务中的政策性贷款，代理财政支农资金的拨付及监督使用。

（3）中国进出口信贷银行，负责为大型机电成套设备进出口提供买方信贷和卖方信贷，为中国银行的成套机电产品出口信贷办理贴息及出口信用担保，不办理商业银行业务。

在政策性业务被分离出去之后，各专业银行（中国工商银行、中国农业银行、中国银行和中国人民建设银行）开始转变为国有商业银行，按现代商业银行经营机制运行。

20 世纪 80 年代，在中央与地方财政分配中实行“分灶吃饭”体制。这种向下分权以发挥地方积极性的财政体制，经常导致中央财政收入捉襟见肘。

从 1981 年起，国家每年发行国库券，并向地方借款；1983 年起开征能源交通重点建设基金，并将骨干企业收归中央；1987 年，发行电力建设债券；1988 年取消少数民族定额补助递增规定。更严重的是中央财政不断向中央银行透支。

这些政策性银行的资金除了来自从各专业银行剥离时划出的外，更多的来自货币发行，即财政部发行的特种国债和人民银行的再贷款。

1993 年 11 月，党的十四届三中全会通过了《中共中央关于建立社会主义市场经济体制若干问题的决定》，明确提出了整体推进的改革战略，其中包括要在 1994 年起建立新的政府间财政税收关系，将原来的财政包干制度改造成划分中央与地方（包括省和县）职权基础上的“分税制”。1993 年 12 月，国务院颁布了《关于实行分税制财政管理体制的决定》，分税制得到实施。

分税制预算财政管理体制的主要内容是：①中央和地方明确划分了各自的政府事权和财政支出的范围；②中央和地方明确划分了各自财政收入的范围，明确划分了中央税、地方税和中央与地方共享税；③建立了中央对地方的转移支付制度即税收返还和专项补助，以帮助实现地区平衡。

分税制体制建立之后，财政对人民银行的透支余额不再增加，财政部门对稳健性货币政策的直接压力得以缓解，但通过银行信贷的间接的对人民银行货币发行的压力始终存在。表 4.2 是 1978—1989 年财政向人民银行借款情况。

**表 4.2　1978—1989 年财政向人民银行借款**　　单位：亿元

| 年份 | 金额 |
|---|---|
| 1978 | 0.0 |
| 1979 | 90.2 |
| 1980 | 170.2 |
| 1981 | 170.2 |
| 1982 | 170.2 |
| 1983 | 199.6 |

表4. 2(续)

| 年份 | 金额 |
|---|---|
| 1984 | 260. 8 |
| 1985 | 275. 1 |
| 1986 | 370. 1 |
| 1987 | 515. 0 |
| 1988 | 576. 5 |
| 1989 | 684. 4 |
| 1990 | 801. 0 |
| 1991 | 1 067. 8 |
| 1992 | 1 241. 1 |
| 1993 | 1 582. 1 |
| 1994 | 1 687. 1 |
| 1995 | 1 582. 1 |
| 1996 | 1 582. 1 |

资料来源：中国人民银行. 中国金融年鉴［M］. 北京：中国金融出版社，1997.

## 第四节　扩张性货币政策推动经济发展、市场扩容、货币发行量扩张

1993 年开始的新一轮“治理整顿”是指对经济和信贷中的混乱进行整顿，并就制度进行改革，并不意味着经济发展的停顿。相反，中国经济发展和货币与信贷扩张都在快速推进。表 4.3 是 1993—2002 年货币流通量统计。

**表 4.3　1993—2002 年货币流通量**　　单位：亿元

| 年份 | M0 | M1 | M2 |
|---|---|---|---|
| 1992 | 4 336 | 11 732 | N/L |
| 1993 | 5 865 | 16 280 | N/L |
| 1994 | 7 289 | 20 541 | N/L |
| 1995 | 7 885 | 23 987 | 60 751 |
| 1996 | 8 802 | 28 515 | 76 095 |
| 1997 | 10 178 | 34 826 | 90 995 |
| 1998 | 11 204 | 38 954 | 104 499 |
| 1999 | 13 456 | 45 837 | 119 898 |
| 2000 | 14 653 | 53 147 | 134 610 |
| 2001 | 15 689 | 59 872 | 158 302 |
| 2002 | 17 278 | 70 882 | 185 007 |

注：本书对小数点以下做了四舍五入处理。

资料来源：国家统计局. 中国统计年鉴［M］. 北京：中国统计出版社，2011.

当然，这一时期的物价上涨也是比较剧烈的。以 1978 年为基数 100，城市居民生活物品价格指数 1993 年为 294.2，1994 年为 367.8，1995 年为 429.6，1996 年为 467.4，1997 年为 481.9，1998 年为 479.0。

1993 年人民银行开始实行适度从紧的货币政策，对控制通货膨胀发挥了一定作用。但是，货币统计揭示，适度从紧的货币政策，只可解释为放慢货

币增发速度。

到了 1998 年，由于亚洲金融风暴和进口关税大幅下调，进口商品价格普遍下跌大约一成，出口亦跌一成。由于到 1997 年中国出口已占 GDP 的 20%，出口的剧烈下降，使总需求不足问题变得十分突出。同期，国内大约两亿人或失业、或下岗、或难以进城获取有薪酬工作的农村居民的存在，使民众总体消费水平下降。这些因素共同作用的结果便是物价开始稳定下来。1999 年，货币政策转为宽松，并在财政大规模举债投资基础设施的推动下，国民经济仍然保持了 7%的增长。表 4.4 对 1993—2002 年我国经济状况进行了统计。

**表 4.4　1993—2002 年主要经济指标增长数据**

| 年份 | GDP（亿元） | 环比（%） | 进出口总额（亿美元） | 环比（%） | 外资实际投资额（亿美元） | 环比（%） |
|---|---|---|---|---|---|---|
| 1992 | 23 938 | 12. 80 | 850 | 18. 20 | 188 | 62. 70 |
| 1993 | 31 380 | 13. 40 | 918 | 8. 00 | 367. 7 | 91. 50 |
| 1994 | 43 800 | 11. 80 | 1 210 | 31. 90 | 458 | 17. 60 |
| 1995 | 57 733 | 10. 20 | 2 809 | 18. 60 | 484 | 11. 00 |
| 1996 | 67 795 | 9. 70 | 2 899 | 3. 20 | 552. 7 | 14. 20 |
| 1997 | 74 772 | 14. 10 | 3 240 | 8. 80 | 640 | 15. 70 |
| 1998 | 79 533 | 7. 80 | 3 240 | −0. 40 | 589 | −7. 90 |
| 1999 | 82 054 | 7. 10 | 3 607 | 11. 30 | 404 | −11. 40 |
| 2000 | 89 404 | 8. 00 | 4 743 | 31. 50 | 407 | 1. 00 |
| 2001 | 95 933 | 7. 30 | 5 098 | 7. 50 | 468 | 14. 90 |
| 2002 | 102 398 | 8. 00 | 6 208 | 21. 80 | 527 | 12. 50 |

资料来源：中华人民共和国国家统计局. 国民经济和社会发展统计公报（1992—2002 年）.

剧烈的货币扩张政策主要基于这段时期的经济发展对投资的需求。

经济发展动力在这一时期主要来自三个方面：国内生产与消费系统的更新换代所引致的投资、国内基础设施建设所引致的投资、外商投资及其引致的投资。

亚洲金融危机爆发前，中国在对外开放中长期坚持吸引（优待）外商投资（企业）的政策，人民币兑美元从离开计划经济时期遗留下的高估价走向市场调节过程中的比价混乱，在 1994 年才达到合理与统一比价。这些改革开放政策都积极地鼓励外商投资中国的实体经济。在 1997 亚洲金融危机发生前后，中国的货币宽松政策和汇率固化使国际资本更坚定了大举长期投资的认识。

1994 全年实际使用外资 458 亿美元，比 1993 年增长 17.6%。其中外商直接投资 338 亿美元，增长 22.8%。到 1994 年末，注册的外商投资企业达 20.6 万户，比 1993 年末增加 4 万户。1995 年外商投资企业进出口占全国进出口总额的比重达 39.1%。1996 年外商投资企业进出口额继续大幅度上升，全年达 1 371 亿美元，增长 24.8%，占全国进出口总额的比重由 1995 年的 39.1%提高到 47.3%。①

在这段时期，外汇市场供应大于需求，中央银行持续买入外汇，使人民币长期单向低估。低估本币的货币政策的回报十分丰厚，外资在 1998 年和 1999 年外流后再次大规模流入。2002 年末，国家外汇储备余额达 2 864 亿美元，比 1994 年末的 516 亿美元增长 5 倍多。

与此同时，国内工业部门与居民消费系统的升级换代所引致的投资，以及现代化技术水平的基础设施建设所引致的投资，还有外商投资及其引致的配套投资都长期高速增长。1994 年推出的农民工在全国范围内合法地自由流动与大学生毕业不再由国家直接保证就业的制度，使人力资源能够通过市场更有效组合。此时，中华人民共和国经济发展在快速扩张的货币政策背景下获得了更广阔的空间，推进了社会财富的高速增长。

1997 年发生的亚洲金融危机，在货币领域对封闭的人民币体系没有形成实际意义的冲击，但对外贸进出口有短期价量齐跌的压力，外商投资也有短期减少，经过关税等税务调整后也快速恢复。同时，跨国公司的生产基地更加快了向中国东南沿海地区的转移，中国与之配套的基础设施与周边企业也急需加快建设。因此，1998 年，中央政府开始实施积极的财政政策，推动了经济结构调整，有力地促进了经济持续稳定快速发展。连续多年的积极财政政策迅速扩大了政府债务规模，2003 年末国债总规模已达 2.1 万亿元，占 GDP 的 20%左右。但中国的银行业则在此期间得到改革与重整。

---

① 中华人民共和国国家统计局. 国民经济和社会发展统计公报（1994—1996 年）.

## 第五节　金融业改造完成，现代金融监管体系建立

在本期，中国金融业基本完成了国务院从 1994 年施行的《关于金融体制改革的决定》所确定的目标，中国金融市场也基本建成，货币政策具有了更好的市场化空间，金融监管也开始使用国际化体系。

早在 1991 年，中国人民银行就开始着手准备与国际金融制度和国际金融监管体系接轨。

1992 年初，中国人民银行总行已决定把收付记账法改为借贷记账法。人民银行系统从 1993 年 1 月 1 日起实行，各专业银行和非银行金融机构从 1994 年 1 月 1 日起实行。

党的十一届三中全会以来，随着经济、金融体制改革的深化和银行业务的迅速发展，尤其是国际金融业务往来的逐渐增多，会计记账方法出现了一些新的问题。这些问题主要是：在我国金融行业中，中国银行、交通银行使用借贷记账法，其他银行和金融机构使用收付记账法。不统一的会计制度给相互之间的业务往来、账务核对、核算资料的汇集与分析、电子计算机联网等均带来了不便。

各银行相继办理外汇业务以后，外汇业务使用的都是借贷记账法，而人民币业务使用的却是资金收付记账法，这样就造成了本币与外币账务的不统一，使内部账务处理特别是会计年终决算更加繁琐。

国际金融业中通用的是借贷记账法，我国采用资金收付记账法与国际标准不相符，国际业务往来受到影响。国际货币基金组织、国际清算银行等国际金融组织和中国人民银行都有直接的业务联系。记账方法的不统一使账务处理手续更加复杂。

根据我国银行“八五”规划的要求，将要加快银行电子化的步伐，并要迅速向标准化、规范化迈进。随着对外开放和国际交往的增多，客观上要求我国银行会计的记账方法必须走国际标准化、统一化的道路。依国际会计体

系建立全国统一的会计制度，使中国金融业的经济活动有了世界通用财务语言。

中国银行于1985年起与国际清算银行（Bank for International Settlements，BIS）建立了结算往来行关系，并使用BIS提供的结算贷款。中国人民银行自1986年起与BIS建立了业务方面的关系，此后每年都以客户身份参加该行年会。这为中国广泛获取国际经济和金融状况、发展与各国中央银行之间的关系提供了一个新的场所。1988年，中国正式提出加入BIS的申请。1996年9月，中国人民银行应邀加入BIS，同年11月认缴了股本金，成为BIS的正式成员。

同期，世界银行也向中国政府提供了专项贷款，协助中国政府对多个国家的金融监管系统进行调查研究，以期建立符合国际标准的中华人民共和国的金融监管体系。为此，中国人民银行总行智力引进办公室做了大量工作。

从1994年第3季度开始，中国人民银行正式向社会公布季度货币供应量指标，1995年初宣布将货币供应量列为货币政策的控制目标之一，1996年开始公布货币供应量的年度调控目标。但是，信贷控制仍然是执行货币政策规定的货币投向结构和利率阶梯的主要手段。

1994年10月，为了加强宏观监测，更好地制定和执行货币政策，根据我国经济、金融发展实际情况和国际通用统计原则，中国人民银行制定并发表了《中国人民银行货币供应量统计和公布暂行办法》，确认：货币供应量即货币存量，是指一国在某一时点的流通手段和支付手段的总和，即企业、居民、机关团体等经济主体的金融资产。根据国际通用原则，以货币流动性差别作为划分各层次货币供应量的标准，将我国货币供应量划分为M0、M1、M2、M3。

1995年3月，第八届全国人民代表大会第三次会议通过并实施《中华人民共和国中国人民银行法》。

1995年9月，全国人大常务委员会发布并实施《中华人民共和国商业银行法》。

1996年，为了加强商业银行资产负债比例管理和风险管理，有效地防范金融风险，保证信贷资产的安全，根据《中华人民共和国中国人民银行法》

和《中华人民共和国商业银行法》的有关规定，中国人民银行发布《关于实行商业银行监管报表责任制的通知》，责令各商业银行要进一步完善内部的资产风险管理制度，建立并实行监管报表责任制度，并从 1997 年 1 月 1 日起执行。

为了使中国人民银行的金融监管工作制度化、规范化，中国人民银行制定并发布《中国人民银行金融监管工作报告制度》，对监控者自身和监控对象在金融监管事务中的工作程序、监控内容均做出严格规范。至此，中华人民共和国的金融监管开始走出非系统性和事后治理整顿的旧习惯，进入国际通用的系统性事前监控、实时管治、不断更新升级的国际通用制度。

同时，中国人民银行更参与了巴塞尔银行监管委员会 1997 年《有效银行监管的核心原则》的拟定。该文件对中国的金融发展和金融监管具有指导性和约束力。所以，中国人民银行在 1998 年 3 月全文印发 1997 年 9 月巴塞尔银行监管委员会发布的《有效银行监管的核心原则》给人民银行各省、自治区、直辖市分行，深圳经济特区分行；各国有商业银行、其他商业银行、保险公司、全国性非银行金融机构，要求：

（1）组织金融从业人员认真学习和研究，为全面实施巴塞尔核心原则奠定基础。

（2）中国人民银行各级领导和监管人员切实把握巴塞尔核心原则的基本精神，并在实际工作中加以贯彻，逐步缩小我国金融观念、标准和手段等方面与巴塞尔核心原则的差距，尽快提高我国中央银行的金融监管水平。

（3）各金融机构管理层和业务部门负责人要按审慎监管的要求，进一步强化管理，稳健经营，增强抵御金融风险和参与国际竞争的能力。

1998 年 4 月，为指导资产负债比例管理，中国人民银行印发《贷款风险分类指导原则》给中国人民银行各下级分行；各政策性银行、国有独资商业银行、其他商业银行、城市商业银行、各全国性非银行金融机构，要求各单位将试行中出现的问题及时报告中国人民银行。

1999 年 4 月，中国人民银行颁发《中国人民银行金融监管责任制》，明确其监管对象、金融机构的准入、监管手段、监管组织体系等，共 14 章

95 条。

2000 年，货币金融的立法工作加快了进度。国务院颁布实施《个人存款账户实名制规定》《人民币管理条例 》。中国人民银行颁布《不良贷款认定暂行办法》《商业银行表外业务风险管理指引》，为降低不良资产比例、防范风险提供依据。《金融资产管理公司条例》《企业集团财务公司管理办法》《金融租赁公司管理办法》《信托投资公司管理办法》《全国银行间债券市场债券交易管理办法》《财务公司进入全国银行间同业拆借市场和债券市场管理规定》《证券公司股票质押贷款管理办法》《支付结算业务代理办法》《对农村信用社现场检查操作程序》等金融法规的出台，覆盖了金融主体法、行为法和程序法等方面，加上已有的《商业银行法》和《信用社管理办法》，基本做到了每一类金融机构、每一类金融交易都有一部专门的法律来规范；修订了《金融机构高级管理人员任职资格管理办法》，使得对高级管理人员的管理法制化、规范化。通过立法与执法，金融监管摆脱了行政管理旧制，进入法律法令约束阶段。

在这一年，人民银行集中力量加强对金融机构的监管，对金融机构的贷款质量、盈亏等真实性进行现场大检查，共查出违规行为 41.7 万笔，涉及金额 1.7 万亿元，处罚违规机构 4 482 家，处罚违规人员 2 916 人。通过这次检查，基本掌握了各金融机构风险底数，也提高了监管业务水平。

整顿中小金融机构在这一年也宣告完成。对 239 家信托投资公司进行了处置，其中保留 58 家，合并 67 家，改制 18 家，撤销 96 家。基本完成了对城乡信用社的清产核资工作，及时化解了支付风险。

2000 年，为充分发挥金融监管部门的职能作用，及时解决分业监管中的政策协调问题，提高监管效率，中国人民银行、中国证券监督管理委员会、中国保险监督管理委员会三大监管机构间建立了联席会议制度。后来的情况表明，在没有确立中央银行权威的情况下，联席会议制度并没有多大作用。

2001 年 9 月，中国人民银行更新监管思路，按照“坚持改革、合理分工、管监分离、集中监管”的原则，对内设监管机构的职责进行调整。设立了银行管理局，主要负责银行类机构的市场准入和退出、业务规范、制度建设等；

调整了银行一司、银行二司的职能，主要负责银行类金融机构的现场和非现场检查。调整了非银行司和合作司的机构设置。非银行司主要负责非银行金融机构的管理和现场、非现场监管。合作司专管对农村合作金融机构的监管。中国人民银行总行内设监管机构调整后，监管司由原来的 4 个扩大为 5 个。监管组（处）由原来的 34 个调整为 42 个，其中设监管组 28 个。各分行、营业管理部、金融监管办事处，省会城市中心支行的机构和监管职责亦依总行规制进行了调整。新的监管体制对提高监管工作的专业化、规范化、系统化水平，突出监管重点起到了重要作用。

同年，中国人民银行颁发《贷款风险分类指导原则》，全面推行贷款质量五级分类管理，并对本国银行境外扩张进行规范管理与监督，颁布了《境外金融机构管理办法》《商业银行境外机构监管指引》，也对刚刚兴起的网上银行进行管理与规范，颁布了《网上银行业务管理暂行办法》。

为适应我国加入世贸组织的进程，按照世贸组织的规则和我国在金融服务方面所做的承诺，中国人民银行对所有金融规章和规范性文件进行全面清理，为构建既符合入世要求又符合中国国情的金融法律框架奠定基础。其中，遵循国际惯例和巴塞尔《有效银行监管的核心原则》修改了《外资金融机构管理条例》。2001 年，中国人民银行对东南亚的高风险国家银行在华分行以及部分合资银行类机构实施了现场检查，对其贷款质量分类、内部管理和控制等方面缺陷进行规范。同时，对外资银行启用新的非现场监管系统。

从 2002 年起，金融监管的框架更从金融机构扩大到金融市场，将股票交易、政府债券交易、同业拆借、债券回购、外汇交易都纳入了金融监管的视野。

至此，中华人民共和国的现代金融监管体系基本建成。新的金融监管体系在理论上以国际公法（巴塞尔国际监管体系）为标准，以本国法律为行动依据。

## 第六节　新的稳健性货币政策的实施

1995年3月18日颁布的《中华人民共和国中国人民银行法》第十二条规定："中国人民银行设立货币政策委员会。货币政策委员会的职责、组成和工作程序，由国务院规定，报全国人民代表大会常务委员会备案。中国人民银行货币政策委员会应当在国家宏观调控、货币政策制定和调整中，发挥重要作用。"据此，1997年4月5日，国务院发布《中国人民银行货币政策委员会条例》：

（1）货币政策委员会是中国人民银行制定货币政策的咨询议事机构，其职责是，在综合分析宏观经济形势的基础上，依据国家宏观调控目标，讨论货币政策的制定和调整、一定时期内的货币政策控制目标、货币政策工具的运用、有关货币政策的重要措施、货币政策与其他宏观经济政策的协调等涉及货币政策的重大事项，并提出建议。

（2）货币政策委员会由下列单位的人员组成：中国人民银行行长；中国人民银行副行长二人；国家计划委员会副主任一人；国家经济贸易委员会副主任一人；财政部副部长一人；国家外汇管理局局长；中国证券监督管理委员会主席；国有独资商业银行行长二人；金融专家一人（该专家除须具有高级专业技术职称，从事金融研究工作10年以上外，还必须是非国家公务员，并且不在任何营利性机构任职）。从三部委的当然成员规定中，可以确认，人民银行货币政策委员会在货币政策的讨论与向国务院的建议中，要尊重中央计划、贸易与财政三大部委的意见。这样的货币政策建议与决定跟中国的经济制度是匹配的。

（3）中国人民银行行长、国家外汇管理局局长、中国证券监督管理委员会主席为货币政策委员会的当然委员。货币政策委员会其他委员人选，由中国人民银行提名或者中国人民银行协商有关部门提名，报请国务院任命。货币政策委员会主席由中国人民银行行长担任；副主席由主席指定。

货币政策主要着眼于调控总量，通过运用利率、汇率、公开市场操作等工具，借助市场平台调节货币供应量和信贷总规模，促进社会总供求大体平衡，从而保持币值稳定。

1998 年确认了人民银行的货币政策是稳健的货币政策。稳健的货币政策是指：以币值稳定为目标，正确防范和及时处理金融风险与支持经济增长的关系，在提高贷款质量的前提下，保持货币供应量适度增长，支持国民经济持续快速健康发展，包含防止通货紧缩和防止通货膨胀两方面的要求，在确保经济尽量平稳增长的前提下，根据不同时段的需要，放缓或压缩货币总量的增长幅度，一般只调整数月，没有年度货币发行量下降的记录。币值稳定一般包括以本币计价的国内物价水平和以外币计价的本币兑换价格，都在一个与人民收入水平匹配的小幅度范围内波动。

货币政策中的借贷只发生于中央银行和商业银行等中央银行认可的金融企业之间，用于银行等金融企业临时弥补资金不足，一般只是半年内的短期信用贷款。与商业银行的信贷政策不在同一个空间层面。在欧美资本主义国家，中央银行没有指向企业或行业的信贷政策。在中国，人民银行一直有强力的信贷政策指向国民经济的结构调整和行业发展，但具体交易仍然由政策性银行、商业银行与企业之间进行，与人民银行无涉。

稳健性货币政策结束了改革开放以来货币政策的过度放松与金融秩序混乱，但并没有退回 1979 年前的消极货币政策，而是在中央银行约束下的，各类银行和金融机构依照各自法律定位和行政授权有效运作的积极性货币政策。

本期中国人民银行货币政策的主要工具有四个：再贷款、再贴现、利率、汇率与外汇管制。

（一）再贷款

自 1984 年中国人民银行专门行使中央银行职能以来，在本章所叙述时期内，再贷款一直是我国中央银行最重要的货币政策工具。再贷款就是中央银行对金融机构的贷款，又叫中央银行贷款。中央银行通过适时调整再贷款的总量，吞吐基础货币，以促进货币信贷总量调控目标实现，合理引导资金流向和信贷投向。

（二）再贴现

再贴现工具主要帮助商业银行解决流动资金短缺，维持市场交易平稳运行。中央银行通过再贴现政策的选择性条款促进或限制不同的交易，进而帮助市场体系进行日常交易的纠错。在贴现市场，这样的有选择性的交易，主要通过商业银行自己在日常交易中谨慎进行，中央银行有对商业银行挹注资金的功能，也有深入到对行业、企业亲手选择的责任。

1986年，针对当时经济运行中企业之间严重的货款拖欠问题，中国人民银行下发了《中国人民银行再贴现试行办法》，决定在北京、上海等十个城市对专业银行试办再贴现业务。这是自人民银行独立行使中央银行职能以来，首次进行的再贴现实践。

1994年下半年，为解决一些重点行业的企业货款拖欠、资金周转困难和部分农副产品调销不畅的状况，中国人民银行对“五行业、四品种”（煤炭、电力、冶金、化工、铁道和棉花、生猪、食糖、烟叶）领域专门安排100亿元再贴现限额，推动上述领域商业汇票业务的发展。再贴现作为选择性货币政策工具，开始为支持国家重点行业和农业生产发挥作用。

1995年末，人民银行规范再贴现业务操作，开始把再贴现作为货币政策工具体系的组成部分，并注重通过再贴现传递货币政策信号。人民银行初步建立了较为完整的再贴现操作体系，并根据金融宏观调控和结构调整的需要，不定期公布再贴现优先支持的行业、企业和产品目录。

（三）利率

基于货币市场交易的规范化和统一电子化交易平台，中国外汇交易中心（全国银行间同业拆借中心）从1994年起，为银行间货币市场、债券市场、外汇市场的现货及衍生产品提供交易；中央结算公司从1997年起成为国债交易、中央银行公开市场业务交易、企业债交易等货币市场交易平台。基于这两大交易系统，人民银行得以对全国日常的货币交易进行监控和利率管理。

从1998年起，为适应金融宏观调控由直接调控转向间接调控的要求，加强再贴现传导货币政策的效果、规范票据市场的发展，人民银行出台了一系列完善商业汇票和再贴现管理的政策。改革再贴现、贴现利率生成机制，使再贴现利率成为中央银行独立的基准利率，为再贴现率发挥传导货币政策信号的作用创造了条件。

在金融业与工商业间的信贷与利率决定中，除了利率的纵向级差、横向量差外，对不同所有制金融机构与工商企业的信贷与利率歧视依然存在。

（四）汇率与外汇管制

一般来说，货币政策都包括对其他货币的汇率政策。在以国际交易为经济命脉的中国香港和新加坡，其货币政策的核心是瞄准汇率稳定，本币数量反倒居于第二位置。但中华人民共和国的货币政策始终把本币数量放在第一位，因为我们在地域上是欧洲或美国那么大的国家，人口是比欧洲加美洲还要多的国家，国内生产和交易的巨大性，和跟进国际先进国家发展水平的远景，都需把本币数量作为第一位的重要议题，汇率则是第二重要的货币政策议题。作为非开放经济国家，中国的货币政策还包含外汇管制政策。

在经过 1994 年的调整汇率和外汇管理制度改革后，汇率基本固定，外汇收入实行银行统购制度，并由中央银行发行货币再购买，从而形成了巨大的国家外汇储备和统一的汇率。在电子化外汇交易平台投入使用后，中国外汇储备迅速增长有了现代金融科技的支持，经营外汇业务的各家银行（包括在华外资银行）在每个工作日的交易时间里，所有外币支付，包括与香港地区中资银行的支付往来清算都进入外汇管理局的电子化结算系统，都可以在中国外汇交易中心竞价交易，各银行无须大量储备外汇头寸，可以用更多的人民币资金从事国内交易。同时，对所有有外汇收支的企业、个人外汇交易和存款，国家外汇管理局都可以对其外汇收支行为进行有效监管。

同时，中央银行并没有放弃对外汇购买和支付的管制，但逐渐放宽了国际货物贸易、旅游项目中的外汇购买、储蓄及支付的各种各样的管制，以部分满足企业与人民自由购汇的需要，支持人民币汇率的稳定与统一。人民币汇率的稳定与统一对于人民币的价值稳定、防范国际价格变动对国内价格的影响有基础性镇定作用。

1980 年 4 月 17 日，国际货币基金组织正式恢复中华人民共和国的代表权。我国于 1996 年 12 月宣布接受国际货币组织的第八条款，实现人民币经常项目可兑换。

# 附录：国务院《关于金融体制改革的决定》（国发〔1993〕91号）

各省、自治区、直辖市人民政府，国务院各部委、各直属机构：

为了贯彻党的十四届三中全会决定，适应建立社会主义市场经济体制的需要，更好地发挥金融在国民经济中宏观调控和优化资源配置的作用，促进国民经济持续、快速、健康发展，国务院决定改革现行金融体制。金融体制改革的目标是：建立在国务院领导下，独立执行货币政策的中央银行宏观调控体系；建立政策性金融与商业性金融分离，以国有商业银行为主体、多种金融机构并存的金融组织体系；建立统一开放、有序竞争、严格管理的金融市场体系。

一、确立强有力的中央银行宏观调控体系。深化金融体制改革，首要的任务是把中国人民银行办成真正的中央银行。中国人民银行的主要职能是：制定和实施货币政策，保持货币的稳定；对金融机构实行严格的监管，保证金融体系安全、有效地运行。

（一）明确人民银行各级机构的职责，转换人民银行职能。

1. 中国人民银行是国家领导、管理金融业的职能部门。总行掌握货币发行权、基础货币管理权、信用总量调控权和基准利率调节权，保证全国统一货币政策的贯彻执行。人民银行总行一般只对全国性商业银行总行（目前主要指专业银行总行）融通资金。

2. 按照货币在全国范围流通的要求，需要对人民银行各级机构的业务实行集中统一管理。人民银行的分支机构作为总行的派出机构，应积极创造条件跨行政区设置，其基本职责是：金融监督管理、调查统计分析、横向头寸调剂、经理国库、发行基金调拨、外汇管理和联行清算。

（二）改革和完善货币政策体系。

1. 人民银行货币政策的最终目标是保持货币的稳定，并以此促进经济增长；货币政策的中介目标和操作目标是货币供应量、信用总量、同业拆借利率和银行备付金率。

2. 实施货币政策的工具是：法定存款准备金率、中央银行贷款、再贴现利率、公开市场操作、中央银行外汇操作、贷款限额、中央银行存贷款利率。中国人民银行根据宏观经济形势，灵活地、有选择地运用上述政策工具，调控货币供应量。

3. 从1994年开始对商业性银行实施资产负债比例管理和资产风险管理。

4. 人民银行要建立完善的调查统计体系和货币政策预警系统，通过加强对宏观经济的分析和预测，为制定货币政策提供科学依据。

5. 建立货币政策委员会，增强货币政策制定的科学性。

（三）健全金融法规，强化金融监督管理。

1. 抓紧拟订《中华人民共和国银行法》《中国人民银行法》《票据法》《保险法》等法律草案，提交全国人大审议。

2. 抓紧制定和完善对各类金融机构的管理条例和监管标准，并依法规范监管方式。监管的主要内容是：注册登记管理、法定代表人资格审查、业务范围界定、资本充足率、资产流动性和资产风险度等。

3. 对未经中国人民银行批准擅自设立金融机构和经营金融业务的，要依法查处。

4. 要进一步加强稽核监督。中国人民银行要对全国性金融机构进行严格稽核，必要时可对其分支机构实行稽核；人民银行分支机构要加强对辖区内金融机构的稽核。发现违规行为，要认真查处。

（四）改革人民银行财务制度。

取消人民银行各级分支机构的利润留成制度和缴税制度，人民银行总行和各级分支机构实行独立的财务预算管理制度。人民银行各级分支机构每年编制的财务收支计划，由总行批准后执行。各项收支相抵后，所实现利润全部上缴中央财政，亏损由中央财政拨补。人民银行系统的财务决算报告要经财政部审核，并接受国家审计。人民银行分支机构工作人员（除工勤人员外）实行行员等级工资制。

二、建立政策性银行

建立政策性银行的目的，是实现政策性金融和商业性金融分离，以解决国有专业银行身兼二任的问题；割断政策性贷款与基础货币的直接联系，确保人民银行调控基础货币的主动权。政策性银行要加强经营管理，坚持自担风险、保本经营、不与商业性金融机构竞争的原则，其业务受中国人民银行监督。

（一）组建国家开发银行，管辖中国人民建设银行和国家投资机构。

1. 国家开发银行办理政策性国家重点建设（包括基本建设和技术改造）贷款及贴息业务。国家开发银行只设总行，不设分支机构，信贷业务由中国人民建设银行代理。中国人民建设银行的政策性业务分离出去以后，转变为以从事中长期信贷业务为主的国有商业银行。国家开发银行投资机构，用国家核拨的资本金向国家重点建设项目进行股本投资。

2. 国家开发银行的财务统一对财政部，经财政部批准，可以调剂各法人之间的资本金与利润。其管辖机构的负责人，由国家开发银行行长提名，报国务院任命。

3. 国家开发银行根据筹资能力和项目风险情况，与国家计委和国家经贸委反复协商后，共同确定重点建设投资和贷款计划，并组织实施。

4. 国家开发银行的资金来源主要是：

（1）财政部拨付的资本金和重点建设基金；

（2）国家开发银行对社会发行的国家担保债券和对金融机构发行的金融债券，其发债额度由国家计委和人民银行确定；

（3）中国人民建设银行吸收存款的一部分。

5. 调整中国人民建设银行的组织结构，将现在的中国投资银行并入中国人民建设银行国际业务部。

6. 制定《国家开发银行条例》和《国家开发银行章程》。国家开发银行从 1994 年开始运作。

（二）组建中国农业发展银行，承担国家粮棉油储备和农副产品合同收购、农业开发等业务中的政策性贷款，代理财政支农资金的拨付及监督使用。

1. 中国农业发展银行为独立法人，其资本金从现在的中国农业银行资本金中拨出一部分解决。中国农业发展银行接管现中国农业银行和中国工商银行的农业政策性贷款（债权），并接受相应的人民银行贷款（债务）。

2. 中国农业发展银行可在若干农业比重大的省、自治区设派出机构（分行或办事处）和县级营业机构。

3. 中国农业发展银行的资金来源主要是：

（1）对金融机构发行的金融债券；

（2）财政支农资金；

（3）使用农业政策性贷款企业的存款。

4. 制定《中国农业发展银行条例》和《中国农业发展银行章程》，1994年夏收前完成组建工作。中国农业发展银行成立后，中国农业银行转变为国有商业银行。

（三）组建中国进出口信贷银行。

1. 中国进出口信贷银行为独立法人，其资本金由财政部核拨。

2. 中国进出口信贷银行的业务是为大型机电成套设备进出口提供买方信贷和卖方信贷，为中国银行的成套机电产品出口信贷办理贴息及出口信用担保，不办理商业银行业务。中国进出口信贷银行的资金来源主要是财政专项资金和对金融机构发行的金融债券等。

3. 中国进出口信贷银行只设总行，不设营业性分支机构，信贷业务由中国银行或其他商业银行代理。中国进出口信贷银行可在个别大城市设派出机构（办事处或代表处），负责调查统计、监督代理业务等事宜。

4. 制定《中国进出口信贷银行条例》和《中国进出口信贷银行章程》。中国进出口信贷银行从1994年开始运作。

（四）政策性银行要设立监事会，监事会由财政部、中国人民银行、政府有关部门代表和其他人员组成。监事会受国务院委托，对政策性银行的经营方针及国有资本的保值增值情况进行监督检查；对政策性银行行长的经营业绩进行监督、评价和记录，提出任免、奖惩的建议。

三、把国家专业银行办成真正的国有商业银行

（一）在政策性业务分离出去之后，现国家各专业银行（中国工商银行、中国农业银行、中国银行和中国人民建设银行）要尽快转变为国有商业银行，按现代商业银行经营机制运行。

第一，贯彻执行自主经营、自担风险、自负盈亏、自我约束的经营原则；

第二，国有商业银行总行要强化集中管理，提高统一调度资金的能力，全行统一核算，分行之间不允许有市场交易行为；

第三，一般只允许总行从中央银行融资，总行对本行资产的流动性及支付能力负全部责任；

第四，国有商业银行中的国有资产产权按国家国有资产管理的有关法规管理。允许国有商业银行之间有业务交叉，开展竞争。国有商业银行的一切经营活动必须严格遵守国家有关金融的法律法规，并接受中央银行的监管。国有商业银行总行设立监事会，监事会由中国人民银行、政府有关部门代表和其他人员组成。监事会受国务院委托，对国有商业银行的经营方针、重大决策及国有资产保值增值的情况进行监督检查，对国有商业银行行长的经营业绩进行考核，提出任免、奖惩的建议。国有商业银行不得对非金融企业投资。国有商业银行对保险业、信托业和证券业的投资额，不得超过其资本金的一定比例，并要在计算资本充足率时从其资本额中扣除；在人、财、物等方面要与保险业、信托业和证券业脱钩，实行分业经营。国有商业银行的分行、支行没有投资权。

（二）我国商业银行体系包括：国有商业银行、交通银行以及中信实业银行、光大银行、华夏银行、招商银行、福建兴业银行、广东发展银行、深圳发展银行、上海浦东发展银行和农村合作银行、城市合作银行等。所有商业银行都要按国家有关金融的法律法规完善和发展。

（三）积极稳妥地发展合作银行体系。合作银行体系主要包括两部分：城市合作银行和农村合作银行，其主要任务是为中小企业、农业和发展地区经济服务。

1. 在城市信用社的基础上，试办城市合作银行。城市合作银行只设市行

和基层行两级，均为独立法人。要制定《城市合作银行条例》，并按此组建和改建城市合作银行。试办城市合作银行，要分期分批进行，防止一哄而起。

2. 有步骤地组建农村合作银行。根据农村商品经济发展的需要，在农村信用合作社联社的基础上，有步骤地组建农村合作银行。要制定《农村合作银行条例》，并先将农村信用社联社从中国农业银行中独立出来，办成基层信用社的联合组织。农村合作银行目前只在县（含县）以下地区组建。国有商业银行可以按《农村合作银行条例》向农村合作银行参股，但不能改变农村合作银行的集体合作金融性质。

3. 农村合作基金会不属于金融机构，不得办理存、贷款业务，要真正办成社区内的资金互助组织。对目前已办理存、贷款业务的农村合作基金会，经整顿验收合格后，可转变为农村信用合作社。

（四）根据对等互惠的原则，经中国人民银行批准，可有计划、有步骤地引进外资金融机构。外资金融机构要按照中国人民银行批准的业务范围开展经营活动。

（五）逐步统一中资金融机构之间以及中资金融机构与外资、合资金融机构的所得税税率。金融机构的所得税为中央财政固定收入。

（六）金融机构经营不善，允许破产，但债权债务要尽可能实现平稳转移。要建立存款保险基金，保障社会公众利益。

四、建立统一开放、有序竞争、严格管理的金融市场

（一）完善货币市场。

1. 严格管理货币市场，明确界定和规范进入市场的主体的资格及其行为，防止资金从货币市场流向证券市场、房地产市场。

2. 所有金融机构均可在票据交换时相互拆借清算头寸资金。凡向人民银行借款的银行（包括所属分支机构），拆出资金的期限一般不得超过七天；商业银行、合作银行向证券公司、信托投资公司、财务公司、租赁公司拆出资金的期限一般不得超过七天。凡不向人民银行借款的银行拆出资金、非银行金融机构之间的资金拆借，不受上述限制，但要逐渐过渡到通过票据进行。

3. 中国人民银行要制定存、贷款利率的上下限，进一步理顺存款利率、

贷款利率和有价证券利率之间的关系；各类利率要反映期限、成本、风险的区别，保持合理利差；逐步形成以中央银行利率为基础的市场利率体系。

4. 人民银行要严格监管金融机构之间的融资活动，对违反有关规定者要依法查处。

（二）完善证券市场。

1. 完善国债市场，为人民银行开展公开市场业务创造条件。财政部停止向中国人民银行借款，财政预算先支后收的头寸短缺靠短期国债解决，财政赤字通过发行国债弥补。政策性银行可按照核定的数额，面向社会发行国家担保债券，用于经济结构的调整。邮政储蓄、社会保障基金节余和各金融机构的资金中，要保有一定比例的国债，全国性商业银行可以以此作为抵押向人民银行融通资金。

2. 调整金融债券发行对象，金融债券停止向个人发行。人民银行只对全国性商业银行持有的金融债券办理抵押贷款业务。

3. 完善股票市场。在企业股份制改造的基础上规范股票的发行和上市；完善对证券交易所和交易系统的管理；创造条件逐步统一法人股与个人股市场、A 股与 B 股市场。

五、改革外汇管理体制，协调外汇政策与货币政策

外汇管理是中央银行实施货币政策的重要组成部分。我国外汇管理体制改革的长期目标是实现人民币可兑换。根据我国目前的实际情况，并参照国际上的成功经验，近期实施的改革措施是：

（一）1994 年实现汇率并轨，建立以市场汇率为基础的、单一的、有管理的人民币浮动汇率制度。

（二）取消外汇留成，实行结汇和售汇制。

（三）实现经常项目下人民币有条件可兑换。

（四）严格管理和审批资本项目下的外汇流出和流入。

（五）建立全国统一的外汇交易市场，外汇指定银行为市场的交易主体。中国人民银行根据宏观经济调控的要求，适时吞吐外汇，平抑汇价。

（六）停止发行并逐步收回外汇兑换券。严格禁止外币标价、结算和

流通。

（七）中国人民银行集中管理国家外汇储备，根据外汇储备的安全性、流动性和盈利性的原则，完善外汇储备的经营机制。

外汇管理体制改革的具体实施，按国务院有关规定执行。

六、正确引导非银行金融机构稳健发展

要明确规定各类非银行金融机构的资本金数额、管理人员素质标准及业务范围，并严格审批，加强管理。要适当发展各类专业保险公司、信托投资公司、证券公司、金融租赁公司、企业集团财务公司等非银行金融机构，对保险业、证券业、信托业和银行业实行分业经营。

（一）保险体制改革要坚持社会保险与商业保险分开经营的原则，坚持政企分开。政策性保险和商业性保险要分别核算，把保险公司办成真正的保险企业，实现平等有序的竞争。保险业要逐步实行人身险和非人身险分别经营；发展一些全国性、区域性、专业性的保险公司；成立再保险公司；采取多种形式逐步发展农村保险事业。要适当扩大保险企业资金运用的范围和自主权，适当提高保险总准备金率，以增强保险企业的经济实力。要建立保险同业公会，加强行业自律管理。

（二）信托投资公司的资金来源，主要是接受长期的、大额的企业信托和委托存款，其业务是办理信托贷款和委托贷款、证券买卖、融资租赁、代理和咨询业务。

（三）企业集团财务公司主要通过发行商业票据为企业融通短期资金。

（四）证券公司不得从事证券投资之外的投资，进入一级市场和二级市场的证券公司要加以区分，证券公司的自营业务与代理业务在内部要严格分离。

七、加强金融业的基础建设，建立现代化的金融管理体系

（一）加快会计、结算制度改革。金融机构要按照国际通用的会计准则，改革记账基础、科目设置和会计核算体系，改革统计监测体系。要建设现代化支付系统，实现结算工具票据化，扩大信用卡、商业汇票、支票、银行本票等支付工具的使用对象和范围，增强票据使用的灵活性、流动性和安全性，减少现金使用。

（二）加快金融电子化建设。要加快人民银行卫星通信网络的建设，推广计算机的运用和开发，实现联行清算、信贷储蓄、信息统计、业务处理和办公的自动化。金融电子化要统一规划，统一标准，分别实施。

（三）加强金融队伍建设。要更新从业人员的知识结构，加速培养现代化金融人才；要实行适合金融系统特点的干部人事制度和劳动工资制度，建立约束机制和激励机制。

# 第五章
# 社会主义市场经济制度完善期的货币政策与金融监管（2003—2012）

## 第一节　与货币政策和金融监管有关的国家法律的修订

修订后的《中华人民共和国中国人民银行法》第一章总则第二条规定："中国人民银行在国务院领导下，制定和执行货币政策，防范和化解金融风险，维护金融稳定。"而1995年版的第二条规定是："中国人民银行在国务院领导下，制定和实施货币政策，对金融业实施监督管理。"

修订后的《中华人民共和国中国人民银行法》第五章金融监督管理依总则之第二条做出相应修订，移出其银行监管权，细化金融市场发展所需的国家法律授权。其法条如下：

第五章　金融监督管理

第三十一条　中国人民银行依法监测金融市场的运行情况，对金融市场实施宏观调控，促进其协调发展。

第三十二条　中国人民银行有权对金融机构以及其他单位和个人的下列行为进行检查监督：

（一）执行有关存款准备金管理规定的行为；

（二）与中国人民银行特种贷款有关的行为；

（三）执行有关人民币管理规定的行为；

（四）执行有关银行间同业拆借市场、银行间债券市场管理规定的行为；

（五）执行有关外汇管理规定的行为；

（六）执行有关黄金管理规定的行为；

（七）代理中国人民银行经理国库的行为；

（八）执行有关清算管理规定的行为；

（九）执行有关反洗钱规定的行为。

前款所称中国人民银行特种贷款，是指国务院决定的由中国人民银行向金融机构发放的用于特定目的的贷款。

第三十三条　中国人民银行根据执行货币政策和维护金融稳定的需要，

可以建议国务院银行业监督管理机构对银行业金融机构进行检查监督。国务院银行业监督管理机构应当自收到建议之日起三十日内予以回复。

第三十四条　当银行业金融机构出现支付困难，可能引发金融风险时，为了维护金融稳定，中国人民银行经国务院批准，有权对银行业金融机构进行检查监督。

第三十五条　中国人民银行根据履行职责的需要，有权要求银行业金融机构报送必要的资产负债表、利润表以及其他财务会计、统计报表和资料。

中国人民银行应当和国务院银行业监督管理机构、国务院其他金融监督管理机构建立监督管理信息共享机制。

而修订前的相关法条是：

第三十条　中国人民银行依法对金融机构及其业务实施监督管理，维护金融业的合法、稳健运行。

第三十一条　中国人民银行按照规定审批金融机构的设立、变更、终止及其业务范围。

第三十二条　中国人民银行有权对金融机构的存款、贷款、结算、呆账等情况随时进行稽核、检查监督。中国人民银行有权对金融机构违反规定提高或者降低存款利率、贷款利率的行为进行检查监督。

第三十三条　中国人民银行有权要求金融机构按照规定报送资产负债表、损益表以及其他财务会计报表和资料。

第三十四条　中国人民银行负责统一编制全国金融统计数据、报表，并按照国家有关规定予以公布。

第三十五条　中国人民银行对国家政策性银行的金融业务，进行指导和监督。

两相比较，修订后的人民银行法有一个重大变化和一个重大不变。

一个重大变化是把银行监管事务划归了中国银行业监督管理委员会（简称“银监会”）。未经国务院批转、银监会回函，人民银行不得对银行业机构进行检查。

一个重大不变是人民银行更专责于货币发行与金融交易系统监管的核心

职责：维护金融稳定、防范和化解金融风险。

根据《中华人民共和国中国人民银行法》第三十二条的规定，中国人民银行有权对金融机构以及其他单位和个人的金融监管主要是：①执行有关存款准备金管理规定的行为；②与中国人民银行特种贷款有关的行为；③执行有关人民币管理规定的行为；④执行有关外汇管理规定的行为；⑤执行有关银行间同业拆借市场、银行间债券市场管理规定的行为；⑥执行有关清算管理规定的行为；⑦ 执行有关反洗钱规定的行为。

## 第二节　银监会的成立及其监管体系

### 一、银监会的成立

根据第十届全国人民代表大会第一次会议通过的《关于国务院机构改革方案的决定》，国务院决定设立中国银行业监督管理委员会。2003 年 4 月 26 日，第十届全国人民代表大会常务委员会第二次会议确定：中国银监会履行原由中国人民银行履行的审批、监督管理银行、金融资产管理公司、信托投资公司及其他存款类金融机构等的职责及相关职责，以全面持久地推进对全国所有银行和非银行金融业进行标准化监督管理。同年年底，第十届全国人民代表大会常务委员会第六次会议通过《中华人民共和国银行业监督管理法》，自 2004 年 2 月 1 日起施行。2003 年 4 月 28 日，中国银监会发表公告，宣布正式履行职责。

### 二、银监会的监管体系

中国银监会成立后头一年就颁发了一系列部门法规。

（一）市场准入制度

2003 年 5 月 26 日发布《关于调整银行市场准入管理方式和程序的决定》，同时发布《金融许可证管理办法》。

（二）非现场监管制度

在金融监管中，市场准入与退出当然重要，但最要紧的是对各银行营业状态的标准化监督管理并了解整个银行业的真实状态，以观察其风险的生成与走向，并不断进行控制。

2003 年 11 月 4 日，中国银监会办公会议决定建立银行业金融机构监督信息系统，并命名为“1104 工程”。内容是：按照“职责分设、责权明晰、统一协调、运作高效”的思路，逐步实行现场检查与非现场监管（系统性报表制作、填写、汇总上报与分析研究）的分离，实现非现场监管与现场检查相互配合的监管机制。

非现场监管系统报表体系依“周密论证、统一规划、急用先行、分段实施”的指导思想，和“统一规划、统一管理、统一标准、资源共享”的系统建设原则，从 2006 年 3 月起分阶段、分地区开始启动对商业银行的试运行工作，2006 年年底之前，完成各类银行业金融机构的报送试运行工作，2007 年 1 月该系统正式投产。

非现场监管系统报表体系有两个基本出发点：

（1）以资本风险为本。体现在坚持按照风险类型进行设计，而不再按照产品和业务类型来设计报表。把反映风险的报表作为整个系统的基础，在报表的内容上与风险情况紧密地结合。把各监管对象的财务状况、风险程度和抵御能力都用报表统一表达出来，既能表达各监管对象的经营合规与风险状况，又能汇总出整个银行系统的风险程度、风险结构和抗击打能力。

（2）以法人为主。这套报表体系以对法人监管为主，同时也对分支机构进行监管。

非现场监管报表体系设计的目标是：能够描述被监管机构的财务程序控制状态、风险程序控制状态以及风险的抵御能力，识别风险所在。

非现场监管表体系主要由基础报表、特色报表、监管指标、生成指标、填报说明五个部分组成。

基础报表主要包括基本财务、信用风险、流动性风险、市场风险、资本充足率和其他指标六个部分，一共 24 个报表。

特色报表是根据不同的金融机构的特殊性质而制订的报表。特点是：适用范围有特色、业务品种有特色、适用法规有特色、数据来源有特色。总的来说，一共是 24 个报表。

被监管机构报送的报表在各级银监会再依照其规范生成各类监控报表，供监控者使用。

监管指标是非现场监管工作中经常使用的能够统领银行业金融机构财务

水平和风险程度的一系列代表性的指标。主要分为四大类：主要指标、合度指标、特色指标和核对指标。这些指标一共有 114 个。其中的核心指标一共有三个大类，又可以分为 9 小类一共 23 个指标。风险水平指标里包括了流动风险、信用风险、操作风险等；在风险指标中包括了盈利能力、准备金等几个小类。每一个核心指标都给出了指标值和参照值。这些参照值都是法规要求数值，指标值则是实际数值。看到这些核心指标，就可以一目了然地有重点地观察和分析银行个体及整体存在的主要风险。

2003 年 5 月，银监会就巴塞尔《新资本协议》公开征求业界意见，并全文转发其英、汉（译）文本。巴塞尔《新资本协议》于 2006 年年底在成员中开始实施。该协议的适用范围除银行、证券公司和其他金融企业外，还包括对银行、证券公司和其他金融企业的大额少数股权投资，以及对商业企业的大额投资。

2004 年，银监会发布了《商业银行资本充足率管理办法》，提出商业银行要同时计算未并表和并表后的资本充足率。该办法明确要求：将拥有半数以上权益性资本，以及未过半数但有实际控制权的被投资金融机构纳入资本充足率的并表计算范围。该办法注重会计事务而忽略并表监管，使监管局限在事后的并表资本计算上，对被并表的金融活动缺乏监管，导致对金融风险的监管范围收窄。在实际生活中，主要是将银行理财和银保合作产品所酝酿的风险排除在金融监管之外。但是，在本期大部时间内，由于这样的风险还在累积初期，问题还不明显。

2005 年年底，中国银监会发布《商业银行风险监管核心指标（试行）》，中央银行也把各大银行的资本充足率提升到 8%以上，基本满足巴塞尔《新资本协议》的要求。

我们可以把银行系统想象为一个巨大的高危化工厂，银监会就是这家工厂的总控制室，各项报表则是安装在工厂各生产装置中的传感器。但是，银行是人与钱组成的“财富工厂”，报表这种“传感器”会人为失真。于是现场检查不可缺失。

（三）现场检查制度

现场检查是指银监会及其派出机构派出检查人员在银行业金融机构的经营管理场所以及其他相关场所，依照法律与专业标准，采取查阅、复制文件资料、采集数据信息、查看实物、外部调查、访谈、询问、评估及测试等方式，对其公司治理、风险管理、内部控制、业务活动和风险状况等情况进行监督检查的行为。现场检查是银监会及其派出机构监管流程的重要组成部分，通过发挥查错纠弊、校验核实、评价指导、警示威慑等功能，督促银行业金融机构贯彻落实国家宏观政策及监管政策，提高经营管理水平，合法稳健经营，维护银行业金融机构和体系安全。

市场准入、非现场监管和现场检查共同构成了银行业监管的三套基本监管系统。

1979 年初改革开放以来，中国的金融监管经历了计划经济时期简单的行政与财经纪律的管理，到 20 世纪 90 年代法制与行政管理交混使用中靠向国际通用标准的努力，在国际社会的帮助下，中国的金融监管制度终于在 21 世纪初期进入与世界各国比较一致的标准化时代。然而，被监管对象主要是国营银行和非存款型金融企业，被监管对象的服务对象主要也是国营工商企业和国家的大中型投资计划工程，中国金融监管的“公对公”特征与西方国家金融监管的“公对私”特征的传统区别依然如故。

在“1104 工程”框架内，银监会都会随经济形势的变化和银行业的变化而提出新的监管指引办法。比如 2005 年起，银行理财产品开始在市场流行，银监会在 2007 年 10 月向商业银行下发《关于有效防范企业债担保风险的意见》，要求各银行即日起将担保等表外或有负债业务纳入统一授信管理，严格准入条件。

## 第三节　银行业的注资与上市

20 世纪的最后一个春天，国际清算银行和中国人民银行在北京举办了一个研讨会，主题是“强化中国金融体系：问题与经验”，集中讨论中国银行业的困境和处理方案以及金融监管。外国专家和学者主要介绍他们的制度、西方经济界对中国银行业坏账的看法、对解决中国金融业的主要困境的建议，中方银行业高管们则主要介绍中国银行业的实际情况。

1999 年 4 月，中国信达资产管理公司成立；10 月，中国华融资产管理公司、中国长城资产管理公司、中国东方资产管理公司成立。它们分别接收（按账面本利之和）从中国工商银行、中国农业银行、中国银行、中国建设银行剥离出来的不良资产共 13 939 亿元。四大银行则收到 8 200 亿元可以定期收到利息的债券以及 5 700 亿元现金。

然而，剪不断，理还乱。截至 2003 年 9 月末，四大银行五级分类不良贷款比例为 21.4%，不良贷款余额高达 1.98 万亿元。当时，四大银行平均资本金在 5%左右。坏账和资本充足率都离巴塞尔《新资本协议》资本充足率 8%的要求相去甚远。

2002 年，国务院成立了国有独资商业银行综合改革专题工作小组，研究国有商业银行改革问题。国务院副总理黄菊担任领导小组组长，中国人民银行行长周小川担任领导小组办公室主任。

2003 年 9 月，党中央、国务院决定按照“建立规范的公司治理结构，转换经营机制，成为产权清晰、资本充足、内控严密、运营安全、服务与效益良好、具有国际竞争力的现代商业银行”的目标，对国有商业银行实施股份制改革，并选择中国银行、中国建设银行进行试点。为加强对这项重大改革的组织领导和协调，国务院成立了国有独资商业银行股份制改革试点工作领导小组并下设办公室。

2003 年 12 月 16 日，中央汇金投资有限责任公司（下称“中央汇金公司"）成立，注册资本 3 724.65 亿元人民币。15 天后，中央汇金公司同时向中国银行和中国建设银行注资 225 亿美元，其中，中央汇金公司直接注入中国建设银行的股份为 200 亿美元，2004 年 6 月，中央汇金公司注资交通银行 30 亿元人民币，2005 年 4 月 21 日，中央汇金公司为中国工商银行注资 150 亿美元，同时保留财政部原在中国工商银行的资本金 1 240 亿元，从而使中国工商银行核心资本达 2 480 亿元。

2004 年 6 月 21 日，中国信达公司以账面资产 50%的名义价格获得了中国银行、中国建设银行 2 787 亿元可疑类不良资产的批发商资格。再加上中国信达公司 2004 年的收获，以及在 2005 年年初，中国建设银行向中国信达公司剥离的 569 亿元损失类不良贷款，还有正在准备上市的交通银行也向中国信达公司剥离了 650 亿元可疑类不良贷款。中国信达公司与中国东方公司签署债权转让协议，将从中国建设银行剥离的 1 300 亿元可疑类贷款批发给中国东方公司。

2004 年 8 月和 9 月，中国银行和中国建设银行相继改组为股份有限公司，2005 年 6 月 30 日，中国工商银行的财务重组完成，10 月挂牌正式成立了股份制公司。三家银行宣布按照建立现代金融企业制度的要求，建立了现代公司治理的基本框架。

2005 年，中国工商银行 4 500 亿元可疑类贷款分作 35 个资产包，按逐包报价原则出售。华融公司中标 226 亿元，信达公司中标 580 亿元，长城公司中标 2 569 亿元，东方公司中标 1 212 亿元。中国工商银行 2 460 亿元损失类贷款委托华融公司处置。

经过三次剥离不良资产，四大国有银行共减少大约 2.2 万亿元不良贷款。

2005 年 6 月 23 日，交通银行在香港联合交易所上市。2005 年 10 月，中国建设银行在香港联合交易所上市。2006 年 6 月和 7 月，中国银行分别在香港和上海上市。2006 年 10 月，中国工商银行分别在上海、香港两地同时上市。2010 年 7 月，中国农业银行在上海和香港两地同时上市。

截至 2007 年年底，中国工商银行、中国银行、中国建设银行和交通银行的不良贷款率分别为 2.74%、3.12%、2.6%和 2.05%；资本充足率分别达到了 13.09%、13.34%、12.58%和 14.44%。

银行业的上市使中国内地金融系统开始大规模走向香港等国际金融中心，并加快从西方经济体系中吸取更多资源。对于以香港地区为中心的境外中国资本银行及金融公司的活动，中国人民银行、中国银监会、国家外汇管理局和其他中央政府部门（主要是国家发改委和商务部），都依各自职权进行监管。

2007 年 1 月，中央第三次全国金融工作会议决定加深股份制改造银行的改革，强调构建多层次金融市场体系，扩大直接融资规模和比重，希望减轻银行信贷负担，把市场风险在时空上和承担者上加以分散，以免重复前期反复出现的银行贷款损失长期积累成灾的局面。扩大企业债券发行规模，同时大力发展公司债券，国有企业、地方城市投资平台公司、私人企业和各类银行和非银行金融机构成为债市主要交易者。中央银行货币政策操作目标也开始更多地转向债市。这个决定在后来产生的影响非常巨大和复杂。

# 第四节　继续实行稳健的货币政策

## 一、本期中央银行货币政策的经济环境

1992 年爆发的通货膨胀从 1996 年起开始下降，并在 1998 年进入紧缩期，到 2002 年依然处在低位。通货膨胀下降至通货紧缩，并非因为货币发行减少，而是因为大量国营企业“关停并转”，大约 2 000 万城市就业人口失业和上亿的农村劳动人口无法获得受薪劳动。同时建立城市就业社会保险制度，以期将来发放失业补助金与养老金不再使用当期财政收入和所谓“银行贷款保就业”的无奈办法。破败企业与无用工人退出，社会资源浪费减少，上亿的农村劳动人口被困于低消费境地，城乡购买力增长放缓或下降。因此，2001 年开始实行“稳健的货币政策”，稳健地快速地增加货币发行，尽量满足投资和出口的需求。分别见表 5. 1 和表 5. 2 所示。

表 5. 1　1996—2003 年中国历年通货膨胀率（环比）　　单位:%

| 年份 | 通货膨胀率 |
| --- | --- |
| 1996 | 8. 3 |
| 1997 | 2. 8 |
| 1998 | -0. 8 |
| 1999 | -1. 4 |
| 2000 | 0. 4 |
| 2001 | 0. 7 |
| 2002 | -0. 8 |
| 2003 | 1. 2 |

资料来源：国家统计局官网。

表 5.2　1995—2002 年货币发行量　　单位：万亿元

| 年份 | M0 | M1 | M2 | M2 环比增长率（%） |
|---|---|---|---|---|
| 1995 | 7 885 | 23 987 | 60 750 | |
| 1996 | 8 802 | 28 515 | 76 095 | 25. 3 |
| 1997 | 10 178 | 34 826 | 90 995 | 19. 6 |
| 1998 | 11 204 | 38 954 | 104 499 | 14. 8 |
| 1999 | 13 456 | 45 837 | 119 898 | 14. 7 |
| 2000 | 14 653 | 53 147 | 134 610 | 12. 2 |
| 2001 | 15 689 | 59 872 | 158 302 | 17. 6 |
| 2002 | 17 278 | 70 882 | 185 007 | 16. 9 |

资料来源：《中国金融年鉴》相关年份。

基础设施投资、工业投资、房地产投资这三项主要投资也在 2001 年开始加快进行。见表 5. 3 所示。

表 5.3　1998—2012 年固定资产投资　　单位：亿元

| 年份 | 固定资产总投资 | 环比增长（%） | 工业投资 | 环比增长（%） | 房地产投资 | 环比增长（%） |
|---|---|---|---|---|---|---|
| 1998 | 21 102 | −5. 2 | 7 462 | 3. 4 | 3 580 | 12. 6 |
| 1999 | 22 419 | 6. 2 | 7 398 | −0. 9 | 4 010 | 12. 0 |
| 2000 | 24 243 | 8. 1 | 7 921 | 7. 1 | 4 902 | 22. 2 |
| 2001 | 27 827 | 14. 8 | 8 633 | 9. 0 | 6 245 | 27. 4 |
| 2002 | 32 942 | 18. 4 | 10 703 | 24. 0 | 7 736 | 23. 9 |
| 2003 | 42 643 | 29. 4 | 15 007 | 40. 2 | 10 106 | 30. 6 |
| 2004 | 58 620 | 37. 5 | 22 989 | 53. 2 | 13 158 | 30. 2 |
| 2005 | 75 096 | 28. 1 | 31 599 | 37. 5 | 15 759 | 19. 8 |
| 2006 | 93 472 | 24. 5 | 39 760 | 25. 8 | 19 382 | 23. 0 |
| 2007 | 117 414 | 25. 6 | 51 020 | 28. 3 | 25 280 | 30. 4 |
| 2008 | 148 167 | 26. 2 | 65 036 | 27. 5 | 30 580 | 21. 0 |
| 2009 | 194 139 | 31. 0 | 82 277 | 26. 5 | 36 232 | 18. 5 |
| 2010 | 241 415 | 24. 4 | 101 048 | 22. 8 | 48 267 | 33. 2 |
| 2011 | 301 933 | 25. 1 | 132 264 | 30. 9 | 61 740 | 27. 9 |
| 2012 | 364 835 | 20. 8 | 158 672 | 20. 0 | 71 804 | 16. 3 |

注：数据不含农户投资。

资料来源：国家统计局官网。

促使2001年起货币投放加快的因素很多，其中直接因素是中华人民共和国加入世界贸易组织，再次扩大了中国的全球商品、技术贸易和双向投资范围。欧美工业企业向中国投资加快，从而中国的工业系统升级、工业化与城市化进程也随之加快。2003—2012年的十年，中国货物出口增长了3.8倍，GDP也快速增长了近3.5倍，M2的增长则只有3.4倍。同期，人口只增长了4.8%，但是劳动人口依然过剩。

## 二、本期中央银行货币政策及其解读

从2001年起，中国人民银行开始按季度公开发表《中国货币政策执行报告》，其基本重点是向公众说明：①本期的货币政策是什么。②使用银行存款准备金率及利率、再贷款及利率、公开市场操作及利率三大工具和行政窗口指导执行的主要事件，执行后本币数量有何变化。③公告国家外汇储备数量、汇率、外汇市场及外汇管理制度的变化。④预告下期货币政策。

依中央银行的货币政策报告逐季度地来检讨其政策的日常调整是十分枯燥无味的。作为专业历史观测，应该简化出其基本特征：货币数量与价格的演变。

### （一）货币数量

中华人民共和国的货币决策有一个巨大的组织系统。中国人民银行负责收集、整理报告银行系统的货币信贷状态的数据，也收集、整理工商企业运转情况、市场交易及价格变化动态，国家计划内外投资的资金进程、国际收支的变化。按照党中央、国务院制定的经济金融发展的长期任务和短期进程要求，提出货币政策建议。

党中央、国务院也各有一班熟悉现代货币银行理论与具体事务的金融专业技术人员，与中国人民银行及各大型银行有密切关系，也从事长、短期货币政策研究，并站在更高一级的国家管理立场上提出供党中央、国务院决策的报告。

因此，中华人民共和国的货币政策具有党的执政意愿、国家行政管理、中央银行专业执行“三位一体”的特征。这是中华人民共和国社会主义市场经济制度和党政集中决策，分层分科执行的制度体制决定的。

在2002—2007年，就货币增长率而言，大致还是温和、稳健、快速但比较有约束地增长。变化最剧烈的是2008年，年初中央银行执行从紧的货币政策，但进入9月份以后，为应对美国金融危机的冲击，国务院推出“四万亿投资计划”，中央银行随之改行适度宽松的货币政策，造成了货币发行量突然猛增。2010年，中央银行实施了从紧的货币政策并严厉管控信贷额度，同时加强了对房地产贷款的调控，房地产行业融资开始受到限制。银监会拟定了地方融资平台名单，房地产和城投平台表内贷款全面受到抑制。到2011年年底，货币发行被约束回往年的增长速度。

但是，中央银行的货币发行量只是现代货币问题的一部分，更大的部分在于整个社会的信用活跃程度。此时，在缩小间接融资、扩大直接融资的长期金融改革路线上，比中央银行货币政策更宏观更高级的金融政策开始更强烈地推动间接融资。由中国人民银行、中国银监会、中国证监会、中国保监会等共同制定的《金融业发展和改革“十一五”规划（2006—2010年）》《金融业发展和改革“十二五”规划（2011—2016年）》，分别要求把间接融资的比例提高到社会总融资的15%和20%。

2008年11月，国务院推出了进一步扩大内需、促进经济平稳较快增长的一揽子计划，按照当时的初步匡算，到2010年年底需要投资4万亿元人民币，中央出三成，七成由地方负责筹钱。①

关于解决地方资金来源的问题，在2008年11月5日，国务院总理温家宝主持召开的国务院常务会议上有个决定，就是十大措施之最后一条：加大金融对经济增长的支持力度。取消对商业银行的信贷规模限制，合理扩大信贷

---

① 2009年5月21日，国务院发展和改革委员会有关负责人解释了4万亿元新增投资的资金来源情况。在4万亿元投资中，新增中央投资共11 800亿元，占总投资规模的29.5%，主要来自中央预算内投资、中央政府性基金、中央财政其他公共投资以及中央财政灾后恢复重建基金；其他投资28 200亿元，占总投资规模的70.5%，主要来自地方财政预算、中央财政代发地方政府债券、政策性贷款、企业（公司）债券和中期票据、银行贷款以及吸引民间投资等。参见：发改委. 万亿新增中央投资有四大来源［N］. 中国证券报，2009-05-22.

规模，加大对重点工程、“三农”、中小企业和技术改造、兼并重组的信贷支持，有针对性地培育和巩固消费信贷增长点。初步匡算，实施上述工程建设，到2010年年底约需投资4万亿元。为加快建设进度，会议决定，2008年第4季度先增加安排中央投资1 000亿元，2009年灾后重建基金提前安排200亿元，带动地方和社会投资，总规模达到4 000亿元。[①]

会议还决定取消对商业银行信贷规模的限制。但没有社会信用总规模的限制，其结果只能是货币泛滥。于是整个金融系统放开了社会信用约束。其中最主要的活跃力量是全国各地的地方政府经营的城市建设投资公司。依1995年发布的《担保法》，财政不能再为城投公司担保。城投公司本身就依地方政府一纸公文和少量拨款成立，因此，这类公司在2009年之前，由于得不到银行贷款，经营得比较辛苦。2009年3月人民银行联合银监会发布《关于进一步加强信贷结构调整　促进国民经济平稳较快发展的指导意见》，鼓励地方政府通过增加地方财政贴息、完善信贷奖补机制、设立合规的政府融资平台等多种方式，支持有条件的地方政府组建融资平台，发行企业债、中期票据等融资工具，拓宽中央政府投资项目的配套资金融资渠道。各地城投类公司由此进入繁荣的春天。

2008年年底，M2为47万亿元；到2012年年底，M2达到近97万亿元。四年增加了一倍，并在后来创造了更加巨量的货币。见表5.4所示。

人民银行的货币政策在这段历史中有着浩繁漫长的演变，但都可以归结为在货币数量及利率上的反复调整。这种调整并非由人民银行独立决定的，而是由党中央、国务院根据具体情况决定的。

① 国务院常务会议部署扩大内需促进经济增长的措施［EB/OL］. http://www.gov.cn/ldhd/2008-11/09/content_1143689.htm.

表 5.4　2002—2012 年货币年增长表　　　单位：亿元

| 年份 | M0 | M1 | M2 | M2 环比增长（%） |
|---|---|---|---|---|
| 2002 | 17 278 | 70 881 | 185 000 | |
| 2003 | 19 746 | 84 118 | 221 222 | 19.58 |
| 2004 | 21 468 | 95 970 | 253 207 | 14.46 |
| 2005 | 24 031 | 107 278 | 298 755 | 17.99 |
| 2006 | 27 072 | 126 035 | 345 603 | 15.68 |
| 2007 | 30 375 | 152 560 | 403 442 | 16.74 |
| 2008 | 34 218 | 166 217 | 475 166 | 17.78 |
| 2009 | 38 245 | 220 001 | 606 225 | 27.58 |
| 2010 | 44 628 | 266 621 | 725 774 | 19.72 |
| 2011 | 50 748 | 289 847 | 851 590 | 17.34 |
| 2012 | 55 000 | 309 000 | 974 000 | 14.34 |

注：本书引用与计算时均做了四舍五入处理。

资料来源：数据取自中央银行网站货币报告。

### （二）利率

作为货币政策工具，人民银行经常调整不同类型的货币发行与回收的利率，也规划货币市场的利率，其意图一般都是限制或鼓励商业银行的信贷发放结构与数量、调整市场信用的荣枯，使之向货币政策的要求靠近。在货币供给与需求控制上，数量是第一位的，利率仍不具有重要意义。

2007 年 1 月 4 日，上海银行间同业拆放利率（Shanghai Interbank Offered Rate，Shibor）正式发布。Shibor 作为重点培植的目标基准利率，地位不断提高，中央银行希望建立全国统一的市场化利率。

同期，中国人民银行在存款准备金、再贷款上也实行差别利率，对不同银行、不同信贷活动进行区别对待，以促进货币政策目标的实施。

## 三、人民银行建立和控制债券交易市场

2003 年国务院发表《关于推进资本市场改革发展的九条意见》，确认资

本市场初具规模，市场基础设施不断改善，法律法规体系逐步健全，市场规范化程度进一步提高，已经成为社会主义市场经济体系的重要组成部分。因此，要大力发展资本市场，提高直接融资比例，完善金融市场结构，提高其效率。

（一）同业拆借市场

在资本市场中，与货币政策运作直接关联最大的是银行等金融企业之间天天发生的同业债市。因此，本期内人民银行大力发展债市，希望通过市场参与者即银行、非银行金融企业自行分配更多的货币资源，以减少经济发展对人民银行的货币投放依赖。

2003 年初，通过同业拆借中心交易系统开展拆借业务的金融机构增加到 536 家，其中有商业银行及授权分行、证券公司、财务公司、农信社联社、城市信用社，这些金融机构的金融资产总额占金融体系的 95% 以上。2007 年 7 月，人民银行颁发《同业拆借管理办法》，同业拆借市场范围扩大到保险公司、保险资产管理公司、金融资产管理公司、信托公司、汽车金融公司、金融租赁公司等非银行金融机构。记账式国债的大部分、政策性金融债券都在该市场发行并上市交易。

中国人民银行对金融机构同业拆借实行限额管理和拆借资金的期限分类限制，并对交易实施非现场监管和现场检查。

（二）银行间债市

成立于 1997 年 6 月的银行间债市是指依托于中国外汇交易中心暨全国银行间同业拆借中心（同业中心）、中央国债登记结算公司（中央结算公司）以及银行间市场清算所股份有限公司（上海清算所）的全国金融企业相互买卖和回购短期融资债券的市场。参加交易者主要是商业银行、农村信用联社、保险公司、证券公司等金融机构。银行间债市是债券市场的主体部分。

2002 年 4 月中国人民银行〔2002〕5 号公告要求对金融机构进入银行间债市实行备案制，推动金融机构的入市。早在 2000 年 10 月，中国人民银行发布《关于开办债券结算代理业务有关问题的通知》（银发〔2000〕325 号），丙类户（绝大部分为非金融机构法人）获准进入银行间债市。2002 年 10 月结算代理行增加至39家。2005年6月中国人民银行〔2005〕13号公告允许丙类户与所有具备做市商资格或债券结算代理业务资格的金融机构直接交易，丙类户数量呈爆发式增长；在快速发展阶段，产品更加丰富，成员由境内拓展至境外。公司债、中期票据、利率互换、非公开定向债务融资工具（PPN）陆续推向市场。自2010年起，人民银行、证监会、外管局陆续允许境外货币当局、主权基金、商业银行、人民币合格境外机构投资者（RQFII）、合格境外机构投资者（QFII）进入银行间市场。至此，一个包含境内外各类型成员的场外债券市场已经形成。

从二级市场交易量来看，2012年银行间债券市场的现券交易量70.84万亿元；银行间回购交易量147.6万亿元，占回购交易总量的87.1%。银行间债券市场已经逐步确立了其在我国债券市场中的主体地位。

至2012年3月，商业银行的债券资产总额从0.35万亿元上升到11.7万亿元，占债券总托管量的57%。它形成商业银行庞大的二级储备，商业银行相应逐步减少超额准备金水平，在提高资金运作收益的同时，显著增强了商业银行资产的流动性。

银行间债券市场也是中央银行公开市场操作平台。1998年人民银行开始通过银行间市场进行现券买卖和回购，对基础货币进行调控，随着2000年来我国外汇占款的快速增长，2003年开始，人民银行又开始通过银行间债券市场发行中央银行票据，截至2012年年底，中央银行票据发行余额1.9万亿元。

债市的统一、规范和壮大，扩大了财政、政策性银行的直接融资以及金融机构间的融资，人民银行更希望通过统一债市操控社会信用。

## 第五节 汇率与外汇管理

在中国人民银行网站上，货币政策二司如是说：我国实行以市场供求为基础、参考一篮子货币进行调节、有管理的浮动汇率制度。该制度包括三个方面的内容：一是以市场供求为基础的汇率浮动，发挥汇率的价格信号作用；二是根据经常项目主要是贸易平衡状况动态调节汇率浮动幅度，发挥“有管理”的优势；三是参考一篮子货币，即从一篮子货币的角度看汇率，不片面地关注人民币与某个单一货币的双边汇率。

货币政策二司成立于2009年年底，重点负责研究人民币汇率；跟踪监测全球金融市场汇率变化；研究、监测国际资本流动；研究人民币境外使用有关问题；拟定人民币跨境业务相关制度、办法并组织实施；拟定与有关经济体货币当局开展货币合作方案，并协调组织实施；协助有关方面提出人民币资本项目可兑换政策建议；跟踪研究分析主要国家货币政策状况、取向及影响；承办中国人民银行货币政策委员会日常工作。

1994年汇率改革后，人民币兑美元的汇率在低估的水平上稳定了8年，从2005年初开始长期升值。表5.5是1994—2012年人民币兑美元中间价。

表5.5 1994—2012年人民币兑美元中间价

| 年/月 | 美元兑人民币中间价（100美元） |
|---|---|
| 1994/01 | 870.00 |
| 1994/12 | 862.12 |
| 2003/01 | 827.68 |
| 2003/12 | 827.70 |
| 2004/12 | 827.68 |
| 2005/12 | 819.17 |
| 2006/12 | 797.18 |
| 2007/12 | 760.40 |
| 2008/12 | 694.51 |
| 2009/12 | 683.1 |

表5.5（续）

| | |
|---|---|
| 2010/12 | 676.95 |
| 2011/12 | 645.88 |
| 2012/12 | 623.44 |

资料来源：中国人民银行网站。

人民币升值的原因很多，大致有：①中国的基础设施和房地产投资持续稳定地增长，大量外资跟随进入；②以外资投资为主体的、以出口为主导的工业投资持续稳定地增长；③国际游资大量流入，追逐中国的投机报酬。三种流入都造成中国外汇流入持续增长。外汇流入持续剧增的过程中，中国的国家外汇储备从2003年年底的4 032.51亿美元上升到2012年末的33 115.89亿美元，增长了7.2倍。

2009—2012年，在2008年金融危机爆发后，中央银行外汇占款余额的年度增量呈现波动性。见表5.6所示。人民币汇率多次汇改，进一步扩大交易波幅，缓慢提高人民币的汇价，但仍严格控制每年升值的幅度，并继续监控和限制热钱流入。美国次级贷款危机后，美联储通过量化宽松政策释放了大量流动性，国际游资转向新兴市场，特别是在“四万亿计划”的带动下，中国基础设施、房地产投资和工商业投资的优惠报酬，使得国际资本和热钱依然大量流入。

**表5.6　2003—2012年外汇占款**

单位：亿元

| 年份 | 外汇占款 |
|---|---|
| 2003 | 34 847 |
| 2004 | 52 593 |
| 2005 | 71 211 |
| 2006 | 98 980 |
| 2007 | 128 377 |
| 2008 | 168 431 |
| 2009 | 193 112 |
| 2010 | 225 795 |

表5.6(续)

| 年份 | 外汇占款 |
|---|---|
| 2011 | 253 587 |
| 2012 | 258 533 |

注：引用时做了四舍五入处理。

资料来源：中国人民银行网站。

但是，把2012年外汇占款余额258 533亿元人民币除以官方公布的该年12月平均汇价6.234 4后为41 472亿美元，而官方公布外汇储备为33 116亿美元。两相比较，有8 356亿美元的差异，再乘以6.234 4=52 095亿元人民币，这就是人民银行在人民币汇率不断走高下统购外汇加以储备的本币缺口。当然，随着人民币的汇率走低，缺口也会缩小。表5.7为2003—2012年中国人民银行存款准备金率变化情况摘要。

**表5.7 2003—2012年存款准备金率摘要**

| 时间 | 调整前/后 |
|---|---|
| 2003年9月21日 | 6%/7% |
| 2004年4月25日 | 7%/7.5% |
| 2006年11月15日 | 8.5%/9% |
| 2007年12月15日 | 13.5%/14.5% |
| 2008年6月7日 | 16.5%/17.5% |
| 2008年12月25日，大型金融机构 | 16%/15.5% |
| 中小金融机构 | 14%/13.5 |
| 2010年12月20日，大型金融机构 | 18%/18.5% |
| 中小金融机构 | 16%/16.5% |
| 2010年12月20日，中小金融机构 | 17.5%/18% |
| 2011年12月5日，大型金融机构 | 21.5%/21% |
| 中小金融机构 | 18%/17% |
| 2012年5月18日，大型金融机构 | 20.5%/20% |
| 中小金融机构 | 17%/16.5% |

资料来源：中国人民银行网站。

中央银行外汇占款绝大部分实际上并没有进入国内经济循环，而是被人民币存款准备金抽走了。

因此，这段时期的外汇政策的核心是：顺应国家经济发展和国际金融变化，鼓励外资进入，并通过国家统购，储备为国家外汇储备金，不存在居民户之间、居民户与法域外买卖者之间直接的自由交易，他们的交易都必经过国家外汇管理局的批准，唯私人汇入除外。不过，依中国政府早先确定的建立现代金融制度的改革目标，按照1998年加入国际货币基金组织第八条款的承诺和加入世界贸易组织时的承诺，“2001年底加入世界贸易组织后，在逐步完善进出口收付汇核销制度的同时，不断简化核销手续，提高核销监管效率；完善服务贸易外汇管理，大幅度简化服务贸易购付汇手续和凭证，下放审核权限；逐步调整经常项目外汇账户管理政策，不断提高企业经常项目外汇账户限额，并最终取消开户事前审批，允许企业全额保留外汇资金；不断改进个人外汇管理，简化手续和凭证，对个人实行结售汇年度总额管理”[①]。但是经常项目下的自由外汇市场并未形成，承诺尚在努力实现中。

同时，配合20世纪90年代中期开始的“走出去”战略部署，中国更多金融机构的分支机构向境外投资。国家外汇管理局也于2007年9月奉命建立中国国家主权投资公司，即中国投资有限责任公司（简称中投公司），并由其接管2003年建立的汇金公司。其机构的宗旨是实现国家外汇资金多元化投资，在可接受风险范围内实现国家利益最大化，并服务于国家宏观经济发展和深化金融体制改革的需要。该公司下设三个子公司：中投国际有限责任公司、中投海外直接投资有限责任公司和中央汇金投资有限责任公司。

汇金公司的资本来自财政部发行的人民币特别国债，主要从事国内金融机构的股权投资，与中投公司的国家主权资本投资公司性质不符。

至此，中国的外汇政策依然奉行新中国成立以来的“以我为主，宽进严出”的基本原则。

---

① 参见：国家外汇管理局网站外汇管理概览第二章第一节中我国经常项目外汇管理历史沿革部分.

# 第六节　金融安全与金融监管

金融系统是经济体系风险汇集之地。在本期之前的1956—1960年的货币风险、1992—2003年的银行业风险，都在自身容纳到极限之时，再由国家总体宏观决策来集中释放。长期积累后集中释放模式的代价会导致经济发展的狂飙与停滞，经济系统特别是金融系统对内部管理、对外经营活动的日常约束力衰竭和重建。进入21世纪前后，中华人民共和国政府在世界银行、国际清算银行等机构的帮助下，依照国际通行的金融监管模式并结合自身情况，开始建立有中国特色的金融监管系统，力图改变金融风险长期积累后集中释放模式，把金融风险化解在发生之前、聚集之前。

中国金融监管系统的基本分工是：在党中央、国务院领导下，中国人民银行对货币、信贷、金融机构间的债市及货币与金融交易结算系统的监管；国家外汇管理局对外汇交易的监管；中国银监会对银行业的监管；中国保监会对保险业的监管；中国证监会对股市及非金融机构间的债市的监管。对于跨系统间的行为规范与风险管理，则由上述机构间的非常设的联席会议决定。这套系统到本期结束为止没有变化。

## 一、中国金融监管法律制度

金融业服务与交往对象不外三种“人”：自然人、企业法人和作为特殊法人的政府。但是，1949年以来，中国对经济生活中的“人”没有法律规范。在计划经济时期，政府是命令者，企业是政府职能的延伸，个人被圈定在某一具体的行政管理机构中，因为太穷，基本没有银行存款，所以没有必要给个人发放今天这种身份证。金融业也只有国家银行一个业态，法律自然也是多余之物。

1984年4月6日，国务院发布了《中华人民共和国居民身份证试行条例》，规定：凡居住在中华人民共和国境内的中国公民，除未满 16 周岁者和现役军人、武装警察，以及正在服刑的犯人和被劳动教养的人员外，均应申领居民身份证。居民身份证具有证明公民身份的法律效力。身份证制度的建立使成年自然人拥有了法定身份，可以凭以主张其合法利益。银行存贷款也开始使用身份证进行登记。但是，在 2000 年之前，中国一直实行的是虚名储蓄制度。其记名可以是真名、假名，特别是活期储蓄，银行只认存折，只要取款人提供存折和印鉴，银行立即付款。2000 年 4 月 1 日起由国务院颁布施行的《个人存款账户实名制规定》确立了我国的储蓄实名制。身份证和个人存款账户实名制的实施，使个人信用记录成为可能。在针对个人的金融监管政策中，比如个人外汇管理，储蓄存款实名制是最基本的基础法律。

1993 年 12 月，第八届全国人民代表大会常务委员会第五次会议通过《中华人民共和国公司法》，自 1994 年 7 月 1 日起施行。该法给银行等金融机构的主要客户建立了法人身份制度，金融机构与公司制企业之间的信用开始有法律规范。其后，根据社会经济变化，又于 1999 年、2004 年、2005 年三次修订，把公司法的管束范围扩大并细化，对公司在资本、债权债务、投资等有关事务中的行为进一步规范。然而，2005 年修订的《中华人民共和国公司法》删除了原来“公司累计对外投资额不得超过净资产的 50%”的限制，目的是为鼓励投资、激发经济活力，但也给金融监管带来了新的问题。

中国人民银行在 1994 年以前，一直是中央财政透支的主要资金来源；其行为由中共中央、国务院约束。其后，财政和政策性银行以向债市发行国债方式弥补开支，其行为也受市场规则制约，有借有还，越借越多。

在商业银行系统，由于禁止地方财政向商业银行直接透支，银行与财政的关系就演变为银行与国营企业和后起的城市投资平台公司之间的信贷关系，由公司法加以规范。在本期，由于城市化进程和交通运输基础设施的建设都处在货币强力扩张推动的繁荣期，国营企业和城市投资平台的大举投资并未给银行系统造成麻烦，反而给中国经济带来了巨大的繁荣。中国的城市与交通，从 1937 年到 1989 年，经历了漫长的衰败与缓慢而断续的低技术水平上的重建，到本期才终于得到现代化的全面建设。

1987 年 1 月起实施的《中华人民共和国民法通则》，对民事财产及行为做出了基本规范。2007 年 6 月起施行的《中华人民共和国企业破产法》规范了企业破产程序，对于清理债权债务，保护债权人和债务人的合法权益，都有了基本规范。

因此，中国的金融安全与金融监管，已经拥有稳定的国家法律系统。所以，《金融业发展和改革“十一五”规划》要求“提高金融监管能力，维护金融稳定”，并细化为以下几点：

（1）健全金融监管法律框架。按照我国国情和国际监管趋势，健全覆盖面广、操作性强、鼓励金融创新的金融监管法律框架。加快制定涉及金融信息安全、金融机构市场退出的相关法律。健全借贷法规，规范民间借贷。全面推进依法行政，完善金融主管机关的行政决策机制、行政执法责任制和监督检查机制。

（2）加强金融风险监管。加大对银行业信用、市场和操作风险的监管。严格对商业银行的资本充足率考核，为全面实行巴塞尔《新资本协议》创造条件。实施以净资本为核心的证券公司、期货公司风险监管制度。以加强保险偿付能力监管为核心，深入推进对保险企业治理结构和市场行为的监管。强化保险资金运用监管。开展有效的国际监管合作。

（3）完善金融监管体制。着力加强鼓励金融企业开拓业务和自主创新的监管制度建设。建立健全金融监管机构之间以及同中央银行、财政部等宏观调控部门的协调机制。理顺银行、证券、基金、信托、保险等各类金融业务的法律边界，强化按照金融产品及业务属性实施的功能监管。发挥金融行业自律组织作用。加大公众和媒体监督的力度。

（4）规范金融企业市场退出机制。严格按照市场化原则依法处理有问题的金融机构。积极发挥存款保险等市场化风险处置机制的作用，最大限度降低金融稳定成本。选择适合国情的金融企业市场退出模式，建立与《中华人民共和国企业破产法》相衔接的接管、重组、撤销、关闭和清算制度。建立市场退出问责制度，防范道德风险。

（5）加强维护金融稳定的基础建设。利用信息化手段，建立和完善对金融业系统性风险的监控、评估和预警体系。健全金融风险应急处理机制。对使用中央银行最终支付手段的金融机构，依法加强监督。

## 二、对银行业的监管

进入中国银监会网站（http://www.cbrc.gov.cn/index.html），我们可以浏览到银监会从2003年成立起到2018年公开发布的全部行政法规。在本期发布的大约200份文件里，银监会对各类银行和非银行金融机构都提出了监管办法和工作指引。其中有两类文件最重要。第一类是关于《巴塞尔协议第三版》中国银行业实施新监管标准的文件。该类文件反映了中国银行业以信贷为主的各类资产业务和数量的急速扩张给资本带来的压力和经营管理中的风险增加的压力，都需要实行更多资本和更高的监管标准。但是，在本书所述时期结束时，中国银行业才开始新一轮资本或准资本金的扩张，以执行《巴塞尔协议第三版》。第二类是关于银行理财产品类的文件，银行与信托、银行与保险联合销售保险产品的文件。该类文件反映了中国银行业在以信贷为主的各类资产业务和数量的急速扩张中以银行理财产品、信托产品转移表内资产压力，即中国式的信贷资产证券化的情况。

从学习西方理论开始，在本期，信贷资产证券化和个人理财的进程加快，进入实践阶段。2005年4月，中国人民银行、中国银监会发布《信贷资产证券化试点管理办法》。中国银监会于2005年11月发布了《金融机构信贷资产证券化监督管理办法》；同时，国家税务总局等机构也出台了与信贷资产证券化相关的法规。中国的信贷资产证券化试点始于2005年，此后国家开发银行、中国建设银行、中国工商银行等银行，发行了多款信贷支持类证券。随着2008年全球金融危机的爆发，中国的信贷资产证券化陷入停滞。2012年中国重启信贷资产证券化试点。

信贷资产证券化就是金融机构将自己的已经产生的信贷资产委托给受托机构，受托机构以资产支持证券的形式向投资者发行受益证券，以该资产所产生的现金收益支付资产支持证券收益的零售性融资活动。

中国的信贷资产证券化有小部分是存量资产证券化，比如从银行剥离出来的不良资产再由金融资产管理公司打包出售，或普通金融资产由银行证券化出售，大量的由银行销售给客户的理财产品并非已经发生的银行信贷资产，而是与银行信贷有密切关系的由银行用某种方式关联上的第三方债务。比如最简单模式：银行甲为本地城市建设投资公司发行理财产品（公司债）给储户，形成该公司与居民间的直接融资，债务人以项目资产等作为理财产品还本付息担保，其存款亦由该银行监督使用。在这个最简单模式基础上，还演变出许多复杂的模式，其中也不乏欺骗性的“理财产品”和销售手段。

在银行保本保息而且利息又高于普通银行储蓄存款利率的宣传鼓舞下，中国的个人理财花样繁多，流行于市。银行何以情愿多此一举？只为追逐利益而已。其具体手法已跃出本书范围，不予讲述。那么，中央银行、银监会何以要大力支持并推动企业直接融资呢？

中国经济史上从来就有计划外投资，此时中国也不例外，当然已经不叫做计划外投资，而叫自筹资金的市场化投资。有的投资由中央部委和银行批准支持，可向银行借款，可去上海、香港甚至美国资本市场发债募股；更多的投资则没有这样好的待遇，只好向包括银行在内的各种金融机构和民间筹借。此时的投资人已不再只是政府企业，私人企业更大显神通。此时的银行已经是商业银行，法人追逐利润、各级经理员工追逐业绩报酬当然也是无可非议的。面对现实需求和市场利率阶梯，在党和政府以及中央银行鼓励企业直接融资的大政方针下，银行汇集社会闲资资讯与人脉，通过理财渠道，另设产品，向股市、债市、货币市场和公私企业输送资金，当然是好事。由于资金没有进入银行的存贷款账户，所以，这个种类的业务不能进入银行的资产负债表，而是银行的中间业务。这样一来，银行信贷压力、资本充足率自然宽松了。当然，银监会也不是没有对银行理财业务进行管理。比如说，2005 年中国银监会发布《商业银行个人理财业务管理暂行办法》《商业银行个人理财业务风险管理指引》；2006 年银监会办公厅发布《关于商业银行开展代客境外理财业务有关问题的通知》《关于商业银行开展个人理财业务风险提示的通知》。

《商业银行个人理财业务管理暂行办法》第四十六条规定：保证收益理财计划、为开展个人理财业务而设计的具有保证收益性质的新的投资性产品实行审批制。

银行保证收益理财产品，实际上是变相储蓄存款和贷款合一；但是，其投资则充满银行承担的风险。这跟银行承担无限偿付存款的义务，自担风险的普通贷款没有不同，只是暂时放在了表外。即使不承担责任的非保本保息理财产品，因为是银行发行的、或代理的、或外部人员在银行大厅里销售的，银行也难逃合谋之干系，至少是道德上和声誉上的损失。在那一段时间，银行服务乱象丛生，令人唏嘘。

自 2004 年初中国光大银行在上海发行第一只人民币银行理财产品后，银行理财配合居民的理财意识萌芽以及可支配收入提高，得到初步发展，然而理财业务的诞生之初就形成了刚性兑付及资金池运作的形式，使后续业务发展暗藏风险。

2008 年 12 月，银监会发布《银行与信托公司业务合作指引》（83 号文），2009 年 12 月发布《关于进一步规范银信合作有关事项的通知》、2010 年 8 月发布《关于规范银信理财合作业务有关事项的通知》（72 号文）等文件，要求融资类业务余额比例、银信理财合作风险资本计提等，并要求银行在 2011 年年底前将银信理财合作业务表外资产转入表内。2011 年之后，银信合作开始用信托受益权、信托受益权三方转让、信托受益权卖断模式等产品，不断显示“金融”，挑战监管，套利花样百出，影子银行在“创新”中不断壮大。

表外理财业务无须接受表内业务那样严厉的监管，但是，当资产端陷入信用困境、负债端面临流动性风险时，银行理财不向表内寻求流动性支持，那么中国金融体系就会经历空前的危机。不过，在本期，银行理财的风险只是积累而已。其后，表外理财业务等脱离监管的金融活动更发展成为威胁国家金融安全的重大风险。2017 年政府工作报告将影子银行金融列入需高度警惕的“四大金融风险”之一。

此时中国的金融研究已经进入金融工程学和产学结合阶段，各研究机构和大学的国家货币实验室已运转多年，但无论银监会还是专门研究机构，都没有对面向市场的成千上万亿所谓“创新产品”做投产前的模拟试验，站在普通消费者权利和安全立场做产品认证。

## 三、对资本市场的监管

证监会管束下的资本市场主要是股票市场、债券市场，但后者在整个债市的重要性逐渐让位于人民银行主导的债市；证监会管束的期货市场与本书主题关系较远，所以，我们可以专注于股市。

在前述股票市场兴起的过程中，我们叙述了中国股市基本交易制度的设计，现在要叙述的是它的监管制度的基本特征和重大监管事件。

1993 年国务院发布《股票发行与交易管理暂行条例》，证券发行由国务院证券委员会根据经济发展和市场供求的具体情况，在宏观上制定一个当年发行总规模，经国务院批准后，下达给国家经济计划委员会（简称国家计委）。国家计委再根据各个省级行政区域和行业在国民经济发展中的地位和需要进一步将可以上市公司数量分配到各省、自治区、直辖市、计划单列市和国家有关部委，由各指标受领单位去确定准备上市企业。准备上市企业备好上市申请材料后，再依上述层级向上申报请求批准。批准后递交给上海或深圳证券交易所上市发行。1996—2000 年审批制的程序有所改革，由国家计委、证券委共同制定股票发行规模，证监会依其指标，向各省（市、区）及部委下达股票发行家数指标，由它们推荐预选企业，证监会对预选企业审查同意后安排上市。

1999 年 7 月实施的《中华人民共和国证券法》淡化了行政审批的核准制。核准制包括“通道制”和“保荐制”两个阶段。2001 年 3 月至 2004 年，是“通道制”阶段。在该制度下，监管部门根据各家证券公司的实力和业绩，直接确定其拥有的申报企业的“通道”数量。具有承销资格的证券公司拥有的通道数量最多 8 条，最少 2 条。各家证券公司根据其拥有的“通道”数量选择和推荐企业，按照“发行一家再上报一家”原则向证监会申报。“通道制”使得主承销商在一定程度上承担起发行的风险，同时也获得了遴选和推荐发行人的权利。主承销商不是行政机构，是各省（市、区）和部委管理的有行政级别的国营商业机构。2003 年年底，证监会颁布《证券发行上市保荐制度暂行办法》，并于 2004 年 2 月开始实施，增加了保荐人承担发行上市过程中连带责任的内容。这一制度一直沿用至今。

证券发行监管包括证券发行核准制度、证券发行上市保荐制度、发行审核委员会制度、新股发行及定价制度四项基本制度。

（1）在 20 世纪 90 年代，证券发行管理体制方面实行的是带有很强行政色彩的审批制度。2000 年 3 月以后，证券发行实施由公司提出发行申请，保荐机构根据市场需要向中国证监会推荐，中国证监会进行合规性初审后，提交发行审核委员会审核，最终经中国证监会核准后发行。核准制的核心就是监管部门进行合规性审核，以信息披露为中心强化中介机构的责任，加大市场参与各方的行为约束，减少新股发行中的行政干预。

（2）2003 年 12 月，中国证监会发布《证券发行上市保荐制度暂行办法》，标志着保荐制度正式建立。保荐制度是指由保荐机构及保荐代表人对发行人的证券发行上市进行推荐和辅导，履行尽职调查，核实公司发行文件资料的真实性、准确性和完整性，督促发行人建立严格的信息披露制度。2012 年，国务院颁布了《关于第六批取消和调整行政审批项目的决定》，取消了保荐代表人注册的行政审批，保荐代表人注册交由中国证券业协会进行自律管理。

（3）发行审核委员会是证券发行核准制最重要部分。其工作职责是：审核证券发行是否符合条件；审核保荐机构、会计师事务所、律师事务所、资产评估机构等出具的有关材料和意见书；审核中国证监会有关职能部门出具的初审报告；并依法对证券发行申请提出审核意见。

发行审核委员会委员由中国证监会的专业人员和中国证监会之外的有关专家组成。其中，中国证监会的专业人员 25 人和证监会之外的有关专家 30 人。以记名投票方式对发行申请进行独立表决，提出审核意见。

值得注意的是，这一制度在实施初期，审核委员会的工作人员名单是保密的，之后进行了改革，将审核人员名单对社会公布，增加其市场透明度。

（4）新股发行及定价制度。A 股市场 IPO 定价方式正逐步实现从行政定价向市场定价转变。2005 年 1 月，A 股 IPO 开始试行询价制度，初步建立了市场化取向的定价机制。2006 年，中国证监会发布了《证券发行与承销管理办法》，建立了网下询价与网上申购相结合的方式。此后又取消了行政限价手段，引入主承销自主配售机制，提高发行承销全过程的信息披露要求；完善行政处罚、监管措施、自律监督、诚信档案等多层次的监管体系，进一步加强监管，强化事后问责。

在行政审批制下，证监会无力对上市公司的资格进行审查，已经停产整顿的企业在地方政府安排下，也可以假装正常生产，虚构报表，上市融资，以期发展。在众多这样的上市公司中，红光实业公司负责人于 2000 年年底被刑事判决犯有欺诈上市罪。在这个阶段，对于其他重大股市犯罪案件，也进行了司法追究。比如琼民源董事长马玉和因犯提供虚假财务会计报告罪，被判处有期徒刑三年。这是 1997 年 10 月实施新刑法后，首次使用证券犯罪条款判处的个案。在查处案件的同时，监管部门着手琼民源重组工作。同时期，海南省证券委员会副主任辛业江收受海药公司内部职工股变现，不当得利 19 万余元，构成受贿罪，获刑五年并被追缴全部违法所得。

核准制下，企业、券商、会计师为各自利益，违背会计小心谨慎和保守主义基本原则的案例屡见不鲜，对上市资产进行过度包装，导致估值失据，定价畸高，内部人合伙高倍认购，在打新日成百上千亿资金涌向新上市公司托管账户，造成货币市场资金吃紧，利率高企，偶尔还会迫使人民银行临时为之宽松货币。在二级市场上，炒家凭借资金和信息优势合伙打压股价吸筹、疯狂推高出货，玩弄散户。同时权力寻租现象也很严重，证监会成为主要被诬对象。但事实是中国证监会一直在努力依照法律和政策对股市进行监督，在不同时期都有对股市中违法乱纪的活动进行处罚。但在泛司法管辖制度下，中国证监会既无充足受权，又有其他权力机关掣肘，自然难以开口辩诬。

曾经，从国家法律到行政法规，无不对证券发行及上市、交易过程中和上市公司日常运营中的欺诈行为基本上视而不见，发案后对其行为的处罚也宽之又宽，居然没有一个为欺诈行为出谋划策的律师、会计师承担过刑事与财产责任。对普通投资人的损失更缺乏保护，行政罚款居然优先于民众损失。中国股市中没有集体诉讼制度，同一个简单案件，竟然重复开庭几十次。中国股市中更没有从属于证监会的证券专业刑事调查警察，大量违法活动肆无忌惮。在这样的法律安排下，股市发行注册制必将招来欺诈狂潮。

2001 年 8 月，《财经》杂志发表《银广夏陷阱》一文，银广夏虚构财务报表被曝光。2002 年 5 月，中国证监会对银广夏的行政处罚决定书认定，公司 1998—2001 年期间累计虚增利润 7. 7 亿元。公司伪造了从原料购进到生产、销售、出口等环节的全部单据。其后，银广夏的会计顾问深圳中天勤被财政部宣布吊销执业资格，并会同证监会吊销其证券、期货相关业务许可证，同时，追究中天勤会计师事务所负责人的行政责任。

2002 年蓝田股份被媒体追问利润从何而来，其高管受到公安机关调查、资金链断裂以及受到中国证监会深入进行的稽查，这只绩优股的“神话”走向终结。

2008 年，证监会对中关村股票异常交易立案调查，最终发现资本大亨黄光裕操纵股价骗取他人财富。2010 年 5 月 18 日，北京市第二中级人民法院做出一审判决，以非法经营罪，内幕交易、泄露内幕信息罪和单位行贿罪判处黄光裕有期徒刑 14 年，罚金 6 亿元，没收财产 2 亿元。北京市高级人民法院在 8 月 30 日对黄光裕非法经营罪、内幕交易罪和单位行贿罪案终审宣判，维持一审判决，黄光裕获有期徒刑 14 年。公安部部长助理郑少东、公安部经济犯罪侦查局副局长兼北京直属总队总队长相怀珠、商务部外资司副司长邓湛、广东省政协主席陈绍基、浙江省纪委书记王华元等官员因卷入黄光裕案而被查被判。

2012 年 12 月，黄光裕内幕交易民事诉讼案法院判决，这是首例正式开庭的内幕交易引发的民事诉讼案，在缺乏关于内幕交易伤害细节的法律规范下，股民败诉，黄光裕无须赔偿。

中国政府建立股市的初衷是让企业通过股市吸取社会资金。因此，中国股市的资本被切割成流通股与非流通股（法人股），非流通股股东的持股成本大都很低，而流通股股东的持股成本很高（非流通股股东发行溢价及后来交易所致）。流通股大概只占总股本的30%。经国务院批准，2005年8月23日，中国证监会、国资委、财政部、中国人民银行、商务部联合发布《关于上市公司股权分置改革的指导意见》；9月4日，中国证监会发布《上市公司股权分置改革管理办法》，让每家上市企业各自决定非流通股向流通股支付一个对价，以获得自由流通权。

与同期银行对企业的贷款数相比，股市帮助了直接融资（大概2%～3%），但作用不大。表5.8是2003—2012年A股融资情况。

**表5.8 2003—2012年A股股市融资金额** 单位：亿元

| 年份 | IPO | 增发融资 | 配股融资 | 总融资 |
|---|---|---|---|---|
| 2003 | 455.46 | 98.52 | 76.52 | 1 383.98 |
| 2004 | 370.69 | 186.44 | 104.77 | 662.11 |
| 2005 | 57.63 | 266.69 | 2.62 | 324.94 |
| 2006 | 1 642.56 | 1 049.71 | 4.32 | 2 656.59 |
| 2007 | 4 598.78 | 3 345.98 | 227.68 | 8 172.44 |
| 2008 | 1 069.50 | 2 171.88 | 151.57 | 3 392.95 |
| 2009 | 2 021.97 | 1 999.93 | 105.97 | 4 127.87 |
| 2010 | 4 889.09 | 3 510.31 | 1 429.02 | 9 828.42 |
| 2011 | 2 780.06 | 3 877.24 | 421.96 | 7 079.26 |
| 2012 | 1 017.93 | 2 690.95 | 107.65 | 3 816.53 |

数据来源：数据采集于银监会网站。

## 四、对本法域外投资与金融活动的监管

本法域外投资与金融活动到了本期更加活跃。由于各大银行都在香港地区设有分支行，省（市、区）、各部委、各大型中央企业和成千上万的公私企业也在香港地区设有公司，也是内地公私企业境外上市的中心，因此，香港地区既是“走出去”的目的地，又是再出发到世界各地（包括作为外资回到内地）进行资本输出的基地。

“走出去”在管理上分两大类型，一类是与贸易紧密联系的企业法人的境

外投资，归商贸部管理，商贸部一般都有年度报告；另一类是银行等金融机构的境外扩展，包括参股或并购其他国家的金融企业，由人民银行和银监会、保监会管理，没有单独的年度报告，到2006年才由商务部主持撰写的《年度中国对外直接投资统计公报》进行了简要叙述。两类投资在外汇进进出出上都要经过国家外汇管理局的管理与监控。国家外汇管理局是中华人民共和国资本与货币进出境的“海关总局”。

从1989年起，到本期结束，国家外汇管理局一直不断出台对外投资、对外融资与境外融资、内保外贷与外保内贷的法律规范和操作指引，也有对外资产负债数据公开记录。

中国银监会、保监会都有对银行等金融机构境外分支机构的设立、业务规范、用人规范。

境外中资银行有对当地金融管理当局和母国总行的各种报告，但是对母国公众则没有公开报告。

经过近十年的高速发展，中国经济在2011年进入发展高平台。在发展高平台上经济仍有发展余地，但速度开始减慢，货币投入更大，以尽量维持经济增长幅度。因此，从2012年起，人民银行开始了降低存款准备金率和利率，增加货币发行数量的货币政策。更高一级的国家金融政策也放宽了官方与民间两个金融市场的信用限制，希望民间金融市场更多地顶替部分银行信贷。

## 第七节 微观审慎和宏观审慎相结合的监管新模式的探索

2008 年全球金融危机爆发后，为应对大型金融机构“太大而不能够倒”的道德风险问题，有关国际组织、中央银行和监管当局、学术界都开始广泛关注和探讨宏观审慎政策。2009 年初，BIS 对“宏观审慎”进行解释，指出是要用宏观审慎政策解决危机中“太大而不能够倒”、顺周期性、监管不足和监管标准低等问题。随后在 2010 年 11 月的 20 国集团领导人峰会上，各成员国对宏观审慎的定义达成共识：“宏观审慎政策”主要是指利用审慎性工具防范系统性金融风险，从而避免实体经济遭受冲击的政策。2016 年 8 月 31 日，IMF、FSB 和 BIS 联合发布了《有效宏观审慎政策要素：国际经验与教训》报告。报告对宏观审慎政策进行了定义：宏观审慎政策是通过利用审慎工具来防范系统性金融风险，降低金融危机发生的频率和影响程度。

宏观审慎监管理念得到了巴塞尔银行监管委员会的肯定和强化，巴塞尔银行监管委员会在 2010 年 12 月 16 日发布了《巴塞尔协议第三版》（Basel Ⅲ），并提出了逆周期资本缓冲管理和杠杆管理的要求。协议要求各成员经济体两年内完成相应监管法规的制定和修订工作，2013 年 1 月 1 日开始实施新监管标准，2019 年 1 月 1 日前全面达标。

《巴塞尔协议第三版》确立了微观审慎和宏观审慎相结合的金融监管新模式，大幅度提高了商业银行资本监管要求，建立全球一致的流动性监管量化标准，将对商业银行经营模式、银行体系稳健性乃至宏观经济运行产生深远的影响。

2011 年 4 月 27 日，中国银监会发布了 44 号文件，明确了中国银行业实施《巴塞尔协议第三版》的总体目标和指导原则。文件指出，总体目标是借鉴国际金融监管改革成果，根据国内银行业改革发展和监管实际，构建面向未来、符合国情、与国际标准接轨的银行业监管框架，推动银行业贯彻落实“十二五”规划纲要，进一步深化改革，转变发展方式，提高发展质量，增强银行业稳健性和竞争力，支持国民经济稳健平衡可持续增长，并提出了如下指导原则：

（1）立足国内银行业实际，借鉴国际金融监管改革成果，完善银行业审慎监管标准。基于我国银行业改革发展实际，坚持行之有效的监管实践，借鉴《巴塞尔协议第三版》，提升我国银行业稳健标准，构建一整套维护银行体系长期稳健运行的审慎监管制度安排。

（2）宏观审慎监管与微观审慎监管有机结合。统筹考虑我国经济周期及金融市场发展变化趋势，科学设计资本充足率、杠杆率、流动性、贷款损失准备等监管标准并合理确定监管要求，体现逆周期宏观审慎监管要求，充分反映银行业金融机构面临的单体风险和系统性风险。

（3）监管标准统一性和监管实践灵活性相结合。为保证银行业竞争的公平性，统一设定适用于各类银行业金融机构的监管标准，同时适当提高系统重要性银行监管标准，并根据不同机构情况设置差异化的过渡期安排，确保各类银行业金融机构向新监管标准平稳过渡。

（4）支持经济持续增长和维护银行体系稳健统筹兼顾。银行体系是我国融资体系的主渠道，过渡期内监管部门将密切监控新监管标准对银行业金融机构的微观影响和对实体经济运行的宏观效应，全面评估成本与收益，并加强与相关部门的政策协调，避免新监管标准的实施对信贷供给及经济发展可能造成的负面冲击。

新监管要求主要体现在下面几个方面：

（1）资本充足率和杠杆率要求。一是严格资本定义，提高监管资本的损失吸收能力。将监管资本从现行的两级分类（一级资本和二级资本）修改为三级分类，即核心一级资本、其他一级资本和二级资本；严格执行对核心一级资本的扣除规定，提升资本工具吸收损失能力。将原来的两个最低资本充足率要求（一级资本和总资本占风险资产的比例分别不低于4%和8%）调整为三个层次的资本充足率要求，即核心一级资本充足率、一级资本充足率和资本充足率，分别不低于5%、6%和8%。二是引入逆周期资本监管框架，包括2.5%的留存超额资本和0~2.5%的逆周期超额资本。三是增加系统重要性银行的附加资本要求，暂定为1%。正常条件下系统重要性银行和非系统重要性银行的资本充足率分别不低于11.5%和10.5%；若出现系统性的信贷过快增长，商业银行需计提逆周期超额资本。留存超额资本、逆周期超额资本和附加资本要求只能由核心一级资本充当。

（2）引入杠杆率监管标准。一级资本占调整后表内外资产余额的比例不低于4%，作为资本充足率的补充，以控制银行业金融机构以及整个银行体系的杠杆率积累。

（3）改进流动性风险监管。要求建立多维度的流动性风险监管标准和监测指标体系。建立流动性覆盖率、净稳定融资比例、流动性比例、存贷比以及核心负债依存度、流动性缺口率、客户存款集中度以及同业负债集中度等多个流动性风险监管和监测指标，其中流动性覆盖率、净稳定融资比例均不得低于100%。进一步明确银行业金融机构流动性风险管理的审慎监管要求，提高流动性风险管理的精细化程度和专业化水平，严格监督检查措施，纠正不审慎行为，促使商业银行合理匹配资产负债期限结构，增强银行体系应对流动性压力冲击的能力。

（4）强化贷款损失准备监管。建立贷款拨备率和拨备覆盖率监管标准。贷款拨备率（贷款损失准备占贷款的比例）不低于2.5%，拨备覆盖率（贷款损失准备占不良贷款的比例）不低于150%，原则上按两者孰高的方法确定银行业金融机构贷款损失准备监管要求。建立动态调整贷款损失准备制度。监管部门将根据经济发展不同阶段、银行业金融机构贷款质量差异和盈利状况的不同，对贷款损失准备监管要求进行动态化和差异化调整；在经济上行期适度提高贷款损失准备要求，在经济下行期则根据贷款核销情况适度调低；根据单家银行业金融机构的贷款质量和盈利能力，适度调整贷款损失准备要求。

对于以上新的监管标准，中国银监会要求我国银行自2012年1月1日开始实施，系统重要性银行应于2013年年底前达标；非系统重要性银行应在2016年年底前达标，比《巴塞尔协议第三版》提出的过渡期的总体要求分别提前了5年和2年。

中国银监会同时还提出了增强系统重要性银行监管有效性的要求。根据国内大型银行经营模式以及监管实践，监管部门将从市场准入、审慎监管标准、持续监管和监管合作几个方面，加强系统重要性银行监管。

根据2012年中国银监会颁布的《商业银行资本管理办法（试行）》及其过渡期的安排，到2018年末，系统性重要银行资本充足率、一级资本充足率和核心一级资本充足率分别不得低于11.5%、9.5%和8.5%，其他银行在这个基础上分别少1%，即10.5%、8.5%和7.5%。

中国银监会还对落实《巴塞尔协议第三版》第二支柱和第三支柱的工作做了总体部署。

至此，中国全面开始宏观审慎监管模式的探索和建立工作。健全宏观审慎政策框架并与货币政策相互配合，更好地将币值稳定和金融稳定结合起来，成为我国货币政策和监管政策未来几年改革实践的重要内容。

# 第六章
# 扩大对外投资初期的货币政策与金融监管（2013—2018）

从本期起，国内城市化与工业化在升级后持续地在数量与地域上扩张，产能与资本过剩加剧，资本输出从“走出去”与建立境外工业园发展到“一带一路”新阶段，货币政策与金融监管都进入了一个远比前面几个时期更加复杂的阶段，面临三个基本任务：

其一是顺经济发展趋势继续发展，并顶住经济增长幅度下行的压力，小心谨慎地施行不引发高通货膨胀但又要推动经济发展的货币政策。

其二是化解国内产能、劳动力、资本以及人民币过剩的压力，继续执行“走出去”的战略部署，在全球范围内通过贸易与投资获取更大更多的资源与市场。

其三是监控、引导和处置国内金融风险对国家金融主体的危害，守住不发生系统性金融风险的底线，把金融风险分散到体制外的空间，再加以化解和处置。

## 第一节　国内城市化与工业化升级中的货币政策

经济发展总是需要一个巨大的领先行业来带动整体经济的发展。二战后欧洲国家经济的恢复与发展，首先就是交通、能源系统与城市的恢复性重建。因此，“马歇尔计划”的投资首先选定“煤钢计划”，为交通与城市重建提供源源不断的能源和建筑材料。交通与城市重建又带动了机械工业、化工工业、车船制造业、电器工业等行业的重建与发展，最后汇集成20世纪60年代的战后经济繁荣。

中国经济发展亦不例外，但不是从1979年就规划确定实施的。1979年以后的中国经济本身缺乏发展的基本要素：充足的资本、胜任的各等级各行业的劳动者与管理者，更缺乏国内的协调一致以及与国际社会的协调一致。准备好这些发展条件，中国共产党和中国政府花费了14年的时间，才在1992年基本上粗略具备，2001年则完全具备。经过10年突飞猛进的发展，到2012年，中国经济开始进入类似于欧洲20世纪60年代的繁荣期。但是，中国比欧洲有更大的人口压力，大致同样大小的土地上，人口是当时欧洲人口的近三倍，乐观地看，这也是巨大的发展空间。因此，尽管中国经济发展速度在本期伊始就开始放慢，但仍有巨大的地理发展空间，创造更多就业，惠及更多中小城市与乡村，进入与前期不同的新常态。

2012年3月起到2016年8月，工业品出厂价格指数（PPI指数）开始连续54个月下跌。见表6.1。在漫长的下跌中，人民银行也几乎同时开启法定存款保证金率的下调，而且持续时间更长，至今仍然看不到结束的迹象。在贷款利率方面，人民银行一年期贷款的基准利率也在2012年7月就从6.56%开始下调至6%，并在本期中不断下调，直至本期结束时低至4.35%。

表 6.1 2012/01—2016/09 工业品出厂价格指数（PPI 指数）

| 年/月 | 指数 | 同比变动 |
|---|---|---|
| 2012/01 | 100.7 | 0.73% |
| 2012/02 | 100.0 | 0.03% |
| 2012/03 | 99.7 | -0.32% |
| 2012/04 | 99.3 | -0.70% |
| 2012/05 | 98.6 | -1.40% |
| 2012/06 | 97.9 | -2.08% |
| 2012/07 | 97.1 | -2.87% |
| 2012/08 | 96.5 | -3.48% |
| 2012/09 | 96.4 | -3.55% |
| 2012/10 | 97.2 | -2.76% |
| 2012/11 | 97.8 | -2.20% |
| 2012/12 | 98.1 | -1.94% |
| 2013/01 | 98.4 | -1.64% |
| 2013/02 | 98.4 | -1.63% |
| 2013/03 | 98.1 | -1.92% |
| 2013/04 | 97.4 | -2.62% |
| 2013/05 | 97.1 | -2.87% |
| 2013/06 | 97.3 | -2.70% |
| 2013/07 | 97.3 | -2.27% |
| 2013/08 | 98.4 | -1.63% |
| 2013/09 | 98.7 | -1.34% |
| 2013/10 | 98.5 | -1.51% |
| 2013/11 | 98.6 | -1.42% |
| 2013/12 | 98.6 | -1.36% |
| 2014/01 | 98.4 | -1.64% |
| 2014/02 | 98.0 | -2.02% |
| 2014/03 | 97.7 | -2.30% |
| 2014/04 | 98.0 | -2.00% |
| 2014/05 | 98.6 | -1.45% |

表6.1(续)

| 年/月 | 指数 | 同比变动 |
|---|---|---|
| 2014/06 | 98.9 | -1.11% |
| 2014/07 | 99.1 | -0.87% |
| 2014/08 | 98.8 | -1.20% |
| 2014/09 | 98.2 | -1.80% |
| 2014/10 | 97.8 | -2.24% |
| 2014/11 | 97.3 | -2.69% |
| 2014/12 | 96.7 | -3.32% |
| 2015/01 | 95.7 | -4.32% |
| 2015/02 | 95.2 | -4.80% |
| 2015/03 | 95.4 | -4.56% |
| 2015/04 | 95.4 | -4.57% |
| 2015/05 | 95.4 | -4.61% |
| 2015/06 | 95.2 | -4.81% |
| 2015/07 | 94.6 | -5.37% |
| 2015/08 | 94.1 | -5.92% |
| 2015/09 | 94.1 | -5.95% |
| 2015/10 | 94.1 | -5.90% |
| 2015/11 | 94.1 | -5.90% |
| 2015/12 | 94.1 | -5.90% |
| 2016/01 | 94.7 | -5.30% |
| 2016/02 | 95.1 | -4.90% |
| 2016/03 | 95.7 | -4.30% |
| 2016/04 | 96.6 | -3.40% |
| 2016/05 | 97.2 | -2.80% |
| 2016/06 | 97.4 | -2.60% |
| 2016/07 | 98.3 | -1.70% |
| 2016/08 | 99.2 | -0.80% |
| 2016/09 | 100.1 | 0.10% |

资料来源：国家统计局网站。

本期货币政策的走向可以用两个报表扼要说明，见表6.2和表6.3。

表6.2　2011—2018年大型金融机构准备金率变化

| 时间 | 调整前/后 |
|---|---|
| 2011年11月30日 | 21.5%/21% |
| 2012年2月24日 | 21%/20.5% |
| 2012年5月18日 | 20.5%/20% |
| 2015年2月5日 | 20%/19.5% |
| 2015年4月20日 | 19.5%/18.5% |
| 2015年9月6日 | 18.5%/18% |
| 2015年10月24日 | 18%/17.5% |
| 2016年3月1日 | 17.5%/17% |
| 2018年4月25日 | 17%/16% |
| 2018年7月5日 | 16%/15.5% |
| 2018年10月15日 | 15.5%/14.5% |

资料来源：中国人民银行网站。

从2012年开始，准备金率不断下降，开启了一轮持续七年的降准周期，说明为了宏观经济持续稳定地增长，银行体系不断释放更多货币。同期，官定利率不断下降：一年期存款利率从3%下降至1.5%，一年期贷款利率从6%下降至4.35%。但小微企业和个体户得到的贷款利率基本都在10%上下，其中包含各种非利息费用。

在本期，中国GDP增速连续悄然回落，从前期的保“8”到本期保“7”再到保“6”时代，经济增速不断下移，代表工业景气程度的PPI指数甚至连续54个月为负值。在此情况下，刺激投资和消费，继续推进中国经济发展成为首要任务。从城镇化进程继续加快，更多人民获得就业和更多财富来看，本期的宏观经济政策和货币政策是成功的。

表 6.3　货币与社会信用的扩张　　单位：亿元

| 年份 | GDP | M2 | 社会总融资 | 银行贷款 | 企业债券 | 企业 A 股融资 | 信托贷款 |
|---|---|---|---|---|---|---|---|
| 2012 | 534 123 | 974 149 | 157 631 | 82 038 | 22 551 | 2 508 | 12 845 |
| 2013 | 588 019 | 1 106 525 | 173 169 | 88 916 | 18 111 | 2 219 | 18 404 |
| 2014 | 636 139 | 1 228 375 | 158 761 | 97 452 | 24 329 | 4 350 | 5 174 |
| 2015 | 676 708 | 1 392 278 | 154 063 | 112 693 | 29 388 | 7 590 | 434 |
| 2016 | 744 127 | 1 550 067 | 178 159 | 124 372 | 30 025 | 12 416 | 8 593 |
| 2017 | 827 100 | 1 690 235 | 194 445 | 194 445 | 4 421 | 8 759 | 22 555 |
| 2018 | 867 865 | 1 867 000 | 192 600 | 156 700 | 248 000 | 3 606 | 15 664 |

8 年之间，M2 有了成倍的扩张，GDP 也有近七成的扩张，货币对经济发展的推动力开始减弱。

2012 年党的十八大召开以来，每年年末，中共中央经济工作会议都要对下一年的货币政策进行定调。此时的货币政策，显然已经受到党中央的高度重视。表 6.4 是中共中央经济工作会议对下一年的货币政策的要求（摘要）。

表 6.4　中共中央经济工作会议对下一年的货币政策的要求（摘要）

| 年份 | 货币政策内容 |
|---|---|
| 2013 | 实施稳健的货币政策，要注意把握好度，增强操作的灵活性。要适当扩大社会融资总规模，保持贷款适度增加，保持人民币汇率基本稳定。 |
| 2014 | 保持货币信贷及社会融资规模合理增长，改善和优化融资结构和信贷结构，提高直接融资比重，推进利率市场化和人民币汇率形成机制改革。 |
| 2015 | 货币政策要更加注重松紧适度。 |
| 2016 | 继续实施稳健的货币政策，要灵活适度，为结构性改革营造适宜的货币金融环境，降低融资成本，保持流动性合理充裕和社会融资总量适度增长，扩大直接融资比重，优化信贷结构，完善汇率形成机制。 |
| 2017 | 货币政策要保持稳健中性，适应货币供应方式新变化，调节好货币闸门，努力畅通货币政策传导渠道和机制，维护流动性基本稳定。要在增强汇率弹性的同时，保持人民币汇率在合理均衡水平上的基本稳定。 |
| 2018 | 货币政策要保持稳健中性，管住货币供给总闸门，保持货币信贷和社会融资规模合理增长，保持人民币汇率在合理均衡水平上的基本稳定，促进多层次资本市场健康发展。 |

2018 年年末，中国人口总数为 139 008 万人，城镇户籍人口 59 093 万人，农村户籍人口 79 915 万人（其中 24 044 万人在城镇流动）。面对现实，经济增长的最大潜力，仍然是巨大人口的雇佣化。2018 年后期，中国的货币政策再次确认要确保经济增长要维持一定速度，并且重点要放在创造就业量最大的民营企业上。11 月 7 日，中国人民银行党委书记、中国银保监会主席郭树清接受了《金融时报》记者的采访，指出，习近平总书记在民营企业座谈会上的讲话，既给民营企业家吃了“定心丸”，也给金融机构和金融管理部门吃了“定心丸”。下一步，银保监会将从“稳”“改”“拓”“腾”“降”等方面入手，解决好民营企业融资难的问题。郭树清强调，初步考虑对民营企业的贷款要实现“一二五”的目标，即在新增的公司类贷款中，大型银行对民营企业的贷款不低于 1/3、中小型银行不低于 2/3，争取三年以后，银行业对民营企业的贷款占新增公司类贷款的比例不低于 50%。同时，经国务院批准，按照法治化、市场化原则，中国人民银行引导设立民营企业债券融资支持工具，稳定和促进民营企业债券融资，决定从 2019 年 1 月起增设定向中期借贷便利工具，鼓励商业银行等金融机构将资金更多地配置到实体经济，尤其是小微企业、民营企业等重点领域。12 月 21 日，印发《关于设立定向中期借贷便利 支持小微企业和民营企业融资的通知》（银发〔2018〕337 号）。

## 第二节　对外经济扩张简况、意义与金融监管

1979 年 8 月，国务院提出“出国办企业”，第一次把开展对外投资作为国家政策。彼时中国自身处于严重的投资不足阶段，也没有多余工业能力可以输出。到 1991 年年底，境外非贸易性企业累计成立 1 000 家，累计投资 13.59 亿美元，平均每个企业投资额不到 14 万美元。①

1999 年 2 月，国务院办公厅转发了外经贸部、国家经贸委、财政部《关于鼓励企业开展境外带料加工装配业务的意见》。该文件从指导思想和基本原则、工作重点、有关鼓励政策、项目审批程序、组织实施五个方面提出了支持我国企业以境外加工贸易方式“走出去”的具体政策措施，鼓励我国纺织、家用电器、机械、电子、服装加工等具有行业比较优势的企业到境外开展带料加工装配业务，以应对当时亚洲金融危机的影响，千方百计扩大出口。

2000 年 10 月，党的十五届五中全会通过了《中共中央关于制定国民经济和社会发展第十个五年计划的建议》，首次明确提出“走出去”战略，列举了对外投资的主要类型，即境外加工贸易、资源开发和对外承包工程等。同时还指出，应进一步扩大经济技术合作的领域、途径和方式，强调应在信贷、保险方面给予对外投资相应的政策支持，并加强对外投资的监管机制，以及境外企业管理和投资业务的协调工作。党的建议被纳入了 2001 年国务院《关于国民经济和社会发展第十个五年计划纲要的报告》。

2004 年，国家发改委、中国进出口银行等政府部门颁布了《关于对国家鼓励的境外投资重点项目给予信贷支持的通知》，每年专门安排“境外投资专项贷款”，享受出口信贷优惠利率。

2005 年，为贯彻落实国务院《关于鼓励、支持和引导个体私营等非公有制经济发展的若干意见》，进一步完善个体、私营等非公有制企业出口配套政

① 陈闽. 1996 年中国企业海外直接投资的发展与现状［J］. 国际经济合作，1995（1）：30.

策，推动非公有制企业积极“走出去”开拓国际市场，商务部和中国出口信用保险公司做出了《关于实行出口信用保险专项优惠措施支持个体私营等非公有制企业开拓国际市场的通知》。同时国家外汇管理局发布《关于调整境内银行为境外投资企业提供融资性对外担保管理方式的通知》，支持了企业参与国际经济技术合作和竞争，促进了投资便利化，解决了境外投资企业融资难的问题。

2006 年，国家外汇管理局发布了《关于调整部分境外投资外汇管理政策的通知》，取消了境外投资购汇额度的限制，境内投资者从事对外投资业务的外汇需求可以得到充分满足。这里要说明的是：企业在经过一系列项目申请得到批准后的外汇需求可以得到充分满足。

2013 年 7 月国务院发文支持企业“走出去”，鼓励政策性银行、商业银行等金融机构大力支持企业“走出去”。以推进贸易投资便利化为重点，进一步推动人民币跨境使用，推进外汇管理简政放权，完善货物贸易和服务贸易外汇管理制度。逐步开展个人境外直接投资试点，进一步推动资本市场对外开放。改进外债管理方式，完善全口径外债管理制度。加强银行间外汇市场净额清算等基础设施建设。创新外汇储备运用，拓展外汇储备委托贷款平台和商业银行转贷款渠道，综合运用多种方式为用汇主体提供融资支持（人民银行牵头，外交部、发改委、财政部、商务部、海关总署、银监会、证监会、保监会、外管局等参加）。

2013 年秋，中国国家主席习近平西行访问哈萨克斯坦、南下访问印度尼西亚，先后提出建设“丝绸之路经济带”和“21 世纪海上丝绸之路”倡议。

2014 年 11 月，习近平主席在亚太经合组织领导人北京会议召开前夕，宣布中国出资 400 亿美元成立丝路基金，为“一带一路”项目建设提供投融资支持。

2015 年 12 月，由中国倡议、57 国共同参与组建的新型多边国际金融机构——亚洲基础设施投资银行正式成立。

2017 年 10 月 24 日，党的十九大通过关于《中国共产党章程（修正案）》的决议，推进“一带一路”建设被正式写入党章。

表 6. 5 和表 6. 6 概括性总结了全口径的中国资本输出的历史与现状。

**表 6. 5 中国对外直接投资流量/存量/年末境外企业资产总额**

单位：亿美元

| 年份 | 流量 | 存量 | 年末境外企业资产总额 |
|---|---|---|---|
| 2002 | 27. 0 | 299. 0 | |
| 2003 | 28. 5 | 332. 0 | |
| 2004 | 55. 0 | 448. 0 | |
| 2005 | 122. 6 | 572. 0 | |
| 2006 | 211. 6 | 906. 3 | |
| 2007 | 265. 1 | 1 179. 1 | |
| 2008 | 559. 1 | 1 839. 7 | 10 000 |
| 2009 | 565. 3 | 2 457. 5 | 10 000 |
| 2010 | 688. 1 | 3 172. 1 | 15 000 |
| 2011 | 746. 5 | 4 247. 8 | 20 000 |
| 2012 | 878. 0 | 5 319. 4 | 23 000 |
| 2013 | 1 078. 4 | 6 604. 8 | 30 000 |
| 2014 | 1 231. 2 | 8 826. 4 | 31 000 |
| 2015 | 1 456. 7 | 10 978. 6 | 43 700 |
| 2016 | 1 961. 5 | 13 573. 9 | 50 000 |
| 2017 | 1 582. 9 | 18 090. 4 | 60 000 |
| 2018 | 1 298. 3 | | 73 242 |

注：

（1）2002—2005 年数据为非金融类对外直接投资数据，2006—2013 年数据为全行业对外直接投资数据。

（2）年末境外企业资产总额为官方公报的大致数。

（3）2018 年数据根据 http://hzs.mofcom.gov.cn/article/date/201901/20190102829082.shtml，以及《2018 年中国国际收支报告》中的表 3.1 得来。

同期，中国银行、保险、证券投资等也开始了境外扩张。

**表 6.6　中国金融业对外直接投资流量/存量**　　　单位：亿美元

| 年份 | 流量 | 存量 |
| --- | --- | --- |
| 2006 | 35.3 | 156.1 |
| 2007 | 16.7 | 167.2 |
| 2008 | 140.5 | 366.9 |
| 2009 | 87.3 | 459.9 |
| 2010 | 86.3 | 552.5 |
| 2011 | 60.7 | 637.9 |
| 2012 | 100.7 | 964.5 |
| 2013 | 151.0 | 1 170.8 |
| 2014 | 159.2 | 1 376.2 |
| 2015 | （只录得非金融部分） | |
| 2016 | 149.2 | 1 773.4 |
| 2017 | 187.9 | 2 027.9 |
| 2018 | 93.3 | |

注：2018 年数据根据商务部《我国对外全行业直接投资简明统计》（http://hzs.mofcom.gov.cn/article/date/201901/20190102829082.shtml）计算。

中国资本的境外扩张，在货币政策上的主要意义在于：

（1）以广义的国家债权平衡广义的国家债务，包括获取境外利润以平衡外资在中国的盈利，使人民币的外汇汇率有更可靠的基础，不再单独受制于外资的进进出出。

（2）输出国内工业产品、成套设备，建立全球生产基地，以促进中国跨国公司形成和发展，为国内货币政策开拓更广阔空间。

中国的境外投资从一开始就有严密的国家管理制度。一般来说是依条块组织关系，中央企业直接由国务院管理，地方企业包括私人企业由各省（市、区）管理，金融企业则由“一行三会”分业管理，国家主权投资公司和基金由国家外汇管理总局管理。所有企业的外汇需求、资金进出则由国家外汇管理局依其等级分级管理。这里讲的管理包括投资调查、批准、运营监管和年检以及统计。

但是，境外企业的境外结算与信贷缺乏严密的监控，中国的银行业还没有形成自己的全球交易网络，多数企业只能在当地的非中资银行开户，结算往来、现金进出、周转贷款都依靠外国银行。目前，中国银行业正在中国之外的世界各地和“一带一路”国家加紧建立分支机构、合资银行和收购当地银行，五家大型国有商业银行在境外共设立了超 1 200 家机构，在“一带一路”沿线近 20 个国家共建立了 160 多家分支机构。

在上述制度框架外，公私利益集团的境外金融活动在本期也进入引人注目的活跃期。中国人民银行《中国金融稳定报告 2018》提及少数民营企业集团为掩盖违法违规行为，向境外快速扩张，实现资产转移。其手法有三：出售国内资产用于国外买入；利用国内上市和收购兼并，套现和转移资金；利用自身拥有银行、保险牌照的便利，进行内保外贷。在本期的后半期，引起轰动的中资大举投资欧美房地产和银行业，大部分就是这样的虚假投资。

根据中国人民银行《2018 中国国际收支报告》，2005—2018 年，中国的对外金融资产年平均投资收益率为 3. 3%，同期外国在华投资年平均投资收益率为 6%，中方亏空的主要原因是国家外汇储备资产追求高流动性，而外商私人投资则追逐高报酬性。

2018 年，全国工业产能利用率为 76. 5%。以境外投资帮助中国去掉过剩产能，可谓任重而道远。

## 第三节 扩大直接融资

2011—2015年金融业发展和改革“十二五”规划要求，到“十二五”期末，非金融企业直接融资占社会融资规模比重提高至15%以上。其后，又要求到2020年将直接融资提高到社会总融资的25%。周小川发表《深化金融体制改革》文章，提出：“十三五”时期，应着力加强多层次资本市场投资功能，优化企业债务和股本融资结构，使直接融资特别是股权融资比重显著提高。2014—2020年，非金融企业直接融资占社会融资规模的比重将从17.2%提高到25%左右，债券市场余额占GDP的比例将提高到100%左右。

图6.1和表6.7对我国近年来的直接融资情况和社会融资规模进行了描述。

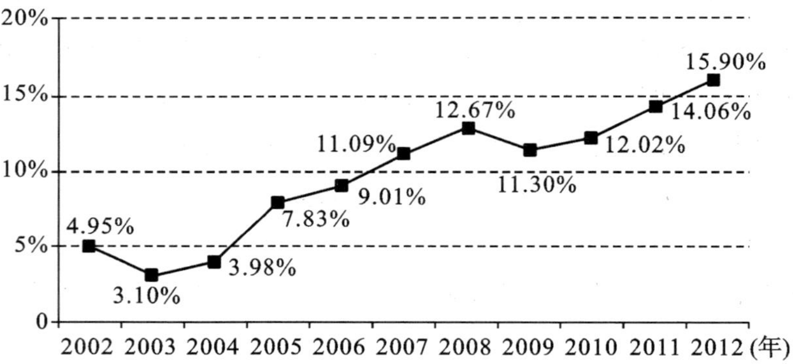


**图6.1　2002—2012年直接融资发展曲线**

资料来源：祁斌，查向阳，等. 直接融资和间接融资的国际比较［EB/OL］. http://www.csrc.gov.cn/pub/newsite/yjzx/sjdjt/zbsczdjcyj/201505/t20150514_27693.

表 6.7　2015—2018 年社会融资规模存量　　单位：万亿元

| 项目 | 2015 年 | 2016 年 | 2017 年 | 2018 年 |
|---|---|---|---|---|
| 社会融资规模存量 | 138.14 | 156.00 | 174.71 | 200.75 |
| 人民币贷款 | 92.75 | 105.19 | 119.03 | 134.69 |
| 外币贷款折合人民币 | 3.02 | 2.63 | 2.48 | 2.21 |
| 企业债券 | 14.63 | 17.92 | 18.44 | 20.13 |
| 企业境内股市筹资 | 4.53 | 5.77 | 6.65 | 7.01 |
| 直接融资比（%） | 12.42 | 15.19 | 14.36 | 13.52 |

资料来源：根据中国人民银行调查统计司相关年份的《社会融资规模统计表》《股票市场统计表》第 4 季度数计算。参见：http://www.pbc.gov.cn/diaochatongjisi/116219/index.html.

直接融资就是不通过银行的资金借贷，是信用的最早形态，也是目前世界上绝大多数国家的主要信用形态。银行信用则是后起的借贷方式。在财务成本上，向银行借贷应该比直接融资贵而且手续更繁琐，因为银行有更大的经营管理费用，要保证储户存款的安全和自由取款。在社会主义国家，国家制度决定了银行信用占绝对优势，即使经过改革开放、人民群众比较富裕、私人企业广泛生长的今日中国依然如故。购买企业债和参加企业境内股市筹资中隐含的银行资金、企业向本法域外的中资银行的筹款，基于数据获取与汇集困难，本书只好姑且全部认定为非银行企业和个人提供的自有资金。

直接融资比例=（企业债券+企业境内股市筹资）/社会融资规模。中央希望扩大直接融资占比，心意甚好。但要摸索出一个既减轻银行体系压力，又让私人企业和人民大众能够自担风险，从直接融资中分享市场经济发展成果的方法，尚需广泛努力，甚至需要金融文化的普及，远非金融部门一厢情愿可以达成的。

## 第四节　网络融资与金融监管

支持互联网金融业务繁荣有五个社会技术条件：廉价智能手机的普及和愿意接受新技术的海量人群、高速互联网、网络购物、相关软件的进步。在2012年，中国已经具备这些条件。

中国的互联网金融业可以分为四类：

第一类是第三方支付。2010年中国人民银行在《非金融机构支付服务管理办法》中给出的非金融机构支付服务的定义，是指非金融机构作为收、付款人的支付中介所提供的网络支付、预付卡、银行卡收单以及中国人民银行确定的其他支付服务。第三方支付在网络购物兴起后，得到快速发展，并引致货币基金的依附。余额宝（天鸿基金）就这样快速壮大。长期的银行存款低利率，使民众自然乐意在网络购物的同时，把银行储蓄搬走，投入利率更高且存取自由快捷的变相储蓄所在，但实质上仍然是基金投资，风险自担。

第二类是众筹。众筹的本意是利用互联网，让创业者、艺术家或个人对公众展示他们的创意及项目，以期卖出股权或商事合作的分红权，进而获得所需要的资金援助。众筹网络平台的运作模式大同小异——需要资金的个人或团队将项目发布在众筹平台上，用来向公众介绍项目情况，进行兜售。众筹被引进中国后，主要成为向社会公众募集资金出售股权的网络平台。众筹网络平台出售的股权，无论真假，都是向陌生人发行超越证券法而私自发行的股权。看来20世纪90年代初，成都红庙子街上摆摊设点向社会公众推销非法发行的股票事件教训还不够深刻。

第三类则是P2P，即点对点信贷。P2P网贷是指通过第三方互联网平台进行借贷，需要借钱的人可以通过网站平台寻找到有出借能力并且愿意基于一定条件出借的人。网贷平台本应只是借贷中介商，借贷双方各自协商。但在中国，多数P2P的平台控制人并非中介商，而是吸金自肥者甚至是骗取者。2018年6月以后，公安部门已对380余个网贷平台立案侦查，查扣冻结涉案资产约 100 亿元。①

第四类就是通过建立自己的网络平台放贷的钱商即现金贷，包括向大学低年级学生特别是刚入学的新生发放高利贷的所谓“校园贷”。现金贷很多是网上的恶性高利贷，其放贷基本不考虑借款人的正常商业或劳动收入水平，主要以借款人的最终支付能力包括其父母的最终支付能力为准，主要以常人难以忍受的心理折磨方式暴力催款。

2018 年 5 月以来，乐山市公安局先后接到两起在校学生“套路贷”报案。民警侦查发现，案件线索共同指向“52 购物”“100 分购物”“365 钱包”“任你花”等网络平台。平台还涉及河南、浙江、江西、湖北、广东、江苏和四川的多起网络诈骗案，涉案金额巨大。这些案件中，犯罪嫌疑人均以虚假购物平台为幌子，诱骗在校学生借贷，并以不利于受害人的合同虚增债务。当受害人无力支付时，犯罪嫌疑人便介绍其他贷款公司给受害人“以贷养贷”，同时还收取“违约金”“保证金”“中介费”等费用，再采用转账平单等手段，恶意垒高借款金额。②

但是网络金融出现的时候，中国并非没有法律可以对其进行约束和管控。

首先是刑法。

如 1997 年发布的《中华人民共和国刑法》：

第一百七十四条　未经国家有关主管部门批准，擅自设立商业银行、证券交易所、期货交易所、证券公司、期货经纪公司、保险公司或者其他金融机构的，处三年以下有期徒刑或者拘役，并处或者单处二万元以上二十万元以下罚金；情节严重的，处三年以上十年以下有期徒刑，并处五万元以上五十万元以下罚金。

第一百七十六条　非法吸收公众存款或者变相吸收公众存款，扰乱金融秩序的，处三年以下有期徒刑或者拘役，并处或者单处二万元以上二十万元以下罚金；数额巨大或者有其他严重情节的，处三年以上十年以下有期徒刑，

① http://www.mps.gov.cn/n2253534/n2253535/c6404531/content.html.

② http://www.mps.gov.cn/n2255079/n4242954/n4841045/n4841074/c6196913/content.html.

并处五万元以上五十万元以下罚金。

如1998年发布的《中华人民共和国证券法》：

第十条　公开发行证券，必须符合法律、行政法规规定的条件，并依法报经国务院证券监督管理机构或者国务院授权的部门核准；未经依法核准，任何单位和个人不得公开发行证券。有下列情形之一的，为公开发行：

（一）向不特定对象发行证券；

（二）向累计超过二百人的特定对象发行证券；

（三）法律、行政法规规定的其他发行行为。非公开发行证券，不得采用广告、公开劝诱和变相公开方式。

如1995年发布的《中华人民共和国商业银行法》：

第十一条　未经国务院银行业监督管理机构批准，任何单位和个人不得从事吸收公众存款等商业银行业务。

网络金融，在2012—2017年，除了第三方支付因中央银行及时规范管制未出现较大的问题之外，上述三种类型均发生了对民众的重大伤害。因此，不能不说是金融监管不及时之错。

在中国，互联网金融的发展主要是监管套利造成的。一方面，互联网金融公司没有资本的要求，也不需要接受金融监管当局的监管，这是本质原因；另一方面，政府从20世纪90年代起，一再重申支持小型、微型企业和个体户发展，并一再督促国家银行和中小银行发放小额贷款，但效果并不理想。进入21世纪后，中国人民的就业（包括自我雇用）主要依靠小微企业和个体户。从互联网金融的简单化、易应用、个人化、省时性特征来看，相比于传统金融机构的傲慢与偏见、办事的复杂与人情多铜臭味而言，看上去更符合底层人民的需求。但是没有任何官方或非官方文件、调查报告证实这种似是而非的说法。然而不幸的是，更多的网络金融商并不是小心翼翼地踩在法律边际上赚钱，而是铁心要在刑法的利刀下，在金融监管空白期，对民众财富进行掠夺。

2015年7月，人民银行、工业和信息化部、公安部、财政部、工商总局、国务院法制办、银监会、证监会、保监会、国家互联网信息办公室联合印发

《关于促进互联网金融健康发展的指导意见》。按照“鼓励创新、防范风险、趋利避害、健康发展”的总体要求，提出了一系列鼓励创新、支持互联网金融稳步发展的政策措施，积极鼓励互联网金融平台、产品和服务创新，鼓励从业机构相互合作，拓宽从业机构融资渠道，坚持简政放权和落实、完善财税政策，推动信用基础设施建设和配套服务体系建设。

2016 年 8 月 24 日，银监会、工业和信息化部、公安部、国家互联网信息办公室联合发布《网络借贷信息中介机构业务活动管理暂行办法》，其中的第十条细列十二项禁止。其原文如下：

第十条　网络借贷信息中介机构不得从事或者接受委托从事下列活动：

（一）为自身或变相为自身融资；

（二）直接或间接接受、归集出借人的资金；

（三）直接或变相向出借人提供担保或者承诺保本保息；

（四）自行或委托、授权第三方在互联网、固定电话、移动电话等电子渠道以外的物理场所进行宣传或推介融资项目；

（五）发放贷款，但法律法规另有规定的除外；

（六）将融资项目的期限进行拆分；

（七）自行发售理财等金融产品募集资金，代销银行理财、券商资管、基金、保险或信托产品等金融产品；

（八）开展类资产证券化业务或实现以打包资产、证券化资产、信托资产、基金份额等形式的债权转让行为；

（九）除法律法规和网络借贷有关监管规定允许外，与其他机构投资、代理销售、经纪等业务进行任何形式的混合、捆绑、代理；

（十）虚构、夸大融资项目的真实性、收益前景，隐瞒融资项目的瑕疵及风险，以歧义性语言或其他欺骗性手段等进行虚假片面宣传或促销等，捏造、散布虚假信息或不完整信息损害他人商业信誉，误导出借人或借款人；

（十一）向借款用途为投资股票、场外配资、期货合约、结构化产品及其他衍生品等高风险的融资提供信息中介服务；

（十二）从事股权众筹等业务。

其后，互联网金融商大多开始良性退出（宣告清退）、少数隐匿逃遁。警方打击终于在 2018 年开始。当然，还是有为数不多的网络金融企业升级为金融科技企业，继续开展业务。但是，网贷风潮后患仍未化解。2018 年 8 月 24 日，国务院副总理、国务院金融稳定发展委员会主任刘鹤主持召开防范和化解金融风险专题会议。会议听取了网络借贷行业风险专项整治工作进展情况。

## 第五节　失落的股市

A 股上证综指在 2005 年 6 月跌破 1 000 点，低至 998 点。2006 年 1 月从 1 200 点启动，2007 年 5 月 29 日，最终摸到了高点 4 335.96，一年多时间大盘累计涨幅超过了 230%。次日，借财政部昨夜发布的消息（将提高股票交易印花税，从 0.1%上升至 0.3%），获利盘集体暴走，大盘暴跌，开启了长达 7 年的熊市。

2012 年 2 月 18 日，中国人民银行宣布，将于 2 月 24 日起，下调存款类金融机构人民币存款准备金率 0.5 个百分点。据 1 月底人民币存款余额 80.13 万亿元估算，将释放资金 4 000 亿元左右。此后，存款准备金率连续七年下调。同年 4 月 4 日，中国证监会等相关监管机构决定增加 500 亿美元的 QFII（合格境外机构投资者）和 500 亿元人民币的 RQFII（合格人民币境外机构投资者）的额度（合计 3 650 亿元人民币）。但股市并未闻风而动。2013 年股市全年停发新股，股市依然不温不火。

2013 年 6 月 24 日，中国“黑色星期一”出现，当时流动性短缺的金融机构纷纷抛售资产，沪指跌幅超过 5%。次日，两市继续惯性下挫，沪指“一夜回到解放前”，一度跌至 1 845 点。当日午后，中国人民银行千呼万唤始出来，向符合宏观审慎要求的金融机构提供了流动性支持。

2014 年 5 月 9 日，国务院印发《关于进一步促进资本市场健康发展的若干意见》，希望拓展资本市场广度和深度，提高直接融资比重，积极发展混合所有制经济，促进资本形成和股权流转；发展多层次股票市场；规范发展债券市场；培育私募市场；推进期货市场建设；提高证券期货服务业竞争力；扩大资本市场开放；防范和化解金融风险；营造资本市场良好发展环境。文件表示，进一步促进资本市场健康发展，健全多层次资本市场体系，对于加快完善现代市场体系、拓宽企业和居民投融资渠道、优化资源配置、促进经济转型升级具有重要意义。这是时隔 10 年后，国务院第二次以红头文件形式出台的资本市场纲领性文件。同年，中央银行再次实施全面非对称性降息，总额度为5 500亿元人民币的"沪港通"启用。熊在年尾摇尾走了。2014年12月5日，沪市成交6 391.9亿元，深市成交4 348.5亿元，两市合计成交10 740.4亿元，不仅再度创出历史天量，而且在历史上首次冲上单日成交1万亿元大关。

受熊市煎熬多年，从2014年7月开始，股市"天天向上"，股民终于感受到了快乐而后渐入疯狂。进入2015年3月，"杠杆牛市"气势浩大，沪深两市单日成交额一再被刷新，不断攀上惊人的万亿元大关，各项指数也不断攀升，尤其是创业板、中小板指数，新高是"只有想不到没有做不到"。10月上证指数创出6 124点高位后，场外配资清理、场内融资和基金去杠杆形成连锁反应，终酿成一场股灾，三个月内沪指累计跌幅高达45%，创业板指数跌幅更甚；两市超两成个股跌幅超过五成，不少投资者因为高杠杆操作致血本无归；两市总市值蒸发逾20万亿元。随后开始了维持3个月以上的国家资本入场救市（如国家外汇管理局在2014年11月5日新注册的梧桐树投资公司等政府公司），并派遣公安部组队到上海稽查股市中的交易犯罪。一年后上证指数探至1 679低点。熊一直慢悠悠地走到2018年年底也不肯离去。其间股指两次指向将会引起广泛斩仓的2 500点，金融当局要求各省（市、区）政府用政府资金强力介入。当时，股票质押总体规模达5.36万亿元，占A股总市值的9.77%。如果发生广泛斩仓，将引起股市多米诺骨牌推倒般的坍塌，并很可能引发公开和私下、直接与间接投入股市的银行资金遭到重创。2018年8月24日，国务院副总理、国务院金融稳定发展委员会主任刘鹤主持召开防范和化解金融风险专题会议。会议听取了防范和化解上市公司股票质押风险情况的汇报，认为其风险可控。

2015年12月9日，国务院常务会议审议通过了拟提请全国人大常委会审议的《关于授权国务院在实施股票发行注册制改革中调整适用有关规定的决定（草案）》，明确在决定施行之日起两年内，授权对拟在上交所、深交所上市交易的股票公开发行实行注册制度。注册制实行后，其对市场的主要影响是：注册制使得企业上市时间大大缩短，壳资源稀缺性不再，借壳上市和炒作垃圾股行为或会收敛；注册制实施后，小盘股的高溢价格局有望打破，市场估值逐步回归理性；注册制下供给大幅增加，没有基本面支撑的个股将难以获得投资者青睐，注册制的实行有助于市场回归价值投资。但是，到本期结束，注册制尚未实施。

回顾本期股市，本不应该急急忙忙地发动本轮行情，但发动了。监管当局也有四大败着：无限制的场外配资、无庄家的做空机制、无管束的高杠杆率、无控制的大众媒体肆无忌惮地鼓吹与社会人群对股市的狂热。

2018 年 12 月 20 日，国务院金融稳定发展委员会办公室召开资本市场改革与发展座谈会。会议明确提出，要建立市场化、法制化的资本市场，金融部门要加紧行动。当前资本市场风险得到了较为充分的释放，已经具备长期投资价值，改革面临比较好的有利时机。新一轮政策导向明确了。

# 第六节　外汇市场规制的实施

## 一、汇率

从表 6.8，我们可以看到：2013—2014 年，由于外债急剧增加一倍，外汇储备也达到历史最高峰。2015 年起，外汇储备继续下降，兑美元汇率也年年走低，外债在 2015 年短暂探低后也年年走高。外债的急剧增加表明中国经济发展更大程度上与国外资源发生联系。汇率走低意味着人民币对外贬值，大概有 6%的贬值，与同期国内物价上涨幅度大致相当。外汇储备走低的背后有国际资金撤出中国数量增大的因素，也有中国境外投资加快的因素。

表 6.8　2013—2018 年外债、外汇、储备汇率年度变动表

单位：亿美元

| 年份 | 外债 | 外汇储备 | 汇率 |
|---|---|---|---|
| 2013 | 8 632 | 38 213 | 6. 193 2 |
| 2014 | 17 799 | 38 430 | 6. 142 8 |
| 2015 | 13 830 | 33 304 | 6. 228 4 |
| 2016 | 14 158 | 30 105 | 6. 642 3 |
| 2017 | 17 106 | 31 399 | 6. 751 8 |
| 2018 | 19 132 | 30 727 | 6. 617 4 |

注：

（1）外债：2013 年数据来自《年末中国对外债务简表》。自 2014 年起，数据来自《中国全口径外债情况表》，其中 2018 年为 9 月末数据。数据来源：中国人民银行网站。

（2）外汇储备数据来自《黄金和外汇储备》中的年末数。数据来源：中国人民银行网站。

（3）汇率指人民币对美元年平均汇率。数据来源：中国货币网。

从国际货币间的汇率波动看，也可以不与国内物价联系。在历史上的多数时期，人民币汇率都是多年不动，1994 年突然大贬，然后稳定多年之后才

缓慢上升。“2018 年人民币对美元最强的时候达到了 6.28，最弱的时候达到了 6.97，这样一个波动的范围，从高点到低点大概是 11%。如果算波动率的话，去年人民币对美元的波动率是 4.2%。这个波动率相对于欧元兑美元的波动率、英镑兑美元的波动率，我们的波动率还偏小。欧元的波动率大概是 7%，英镑的波动率是 8%左右，我们只有 4%。这反映什么呢？反映了我们的汇率还是相对稳定的。但同时，这个汇率稳定不代表说汇率盯死了不动。汇率必须要有个弹性，有个灵活的汇率形成机制，才能起到我说的自动稳定器的作用。”①

汇率的基本稳定和年度区间上下大幅波动，在中国汇率史上还是新出现的现象。从外汇市场发育过程看，可能是从单向的外资、外汇进入为主的经济体系，转型为资本、货币双向流动的经济体系的正常现象。到目前，这种现象出现的时间还很短，有待未来发展才能确认。

## 二、外汇管理从严

许多年前，中国一些居民就兴起了在西方国家大量购买不动产热，所投资金中，中国政府批准的合法移民携带的资金很少，主要是贪污贿赂等犯罪向境外转移犯罪所得。2015 年股灾与资金出逃风潮，使外汇管理在既有的制度上又再次认真执行起来。

第一是严厉打击地下汇兑。

2015 年 5 月 14 日，最高法院、最高检察院、公安部、中国人民银行及国家外汇管理局联合下发《关于参加打击利用离岸公司和地下钱庄转移赃款专项行动的通知》，决定自 2015 年 4 月至 12 月，在全国开展打击利用离岸公司和地下钱庄向境外转移赃款行动。此次专项行动的重点是打击协助他人非法办理跨境汇兑、买卖外汇、资金支付结算等地下钱庄违法犯罪活动；利用离

① 中国人民银行就金融改革与发展等问题答记者问［EB/OL］. 2019-03-10. http://money.163.com/19/0310/12/E9TJDU5N00258105.html.

岸公司账户、非居民账户等协助贪污受贿等上游犯罪向境外转移犯罪所得及其收益的犯罪活动；以其他方法掩饰、隐瞒贪污贿赂等上游犯罪所得及其收益的来源和性质的犯罪活动。

2015 年，浙江警方共破获 115 起地下钱庄，涉案总金额近万亿元。①

2016 年，全国破获的地下钱庄，涉案金额近万亿元。②

2017 年上半年，破获地下钱庄案 30 多起，涉案金额 3 000 多亿元。③

第二是改进个人购汇电子记录系统，强化个人购汇和汇款的合法合规性，严禁借用他人名义和年度指标购汇。

2017 年，珠海破获 1.4 亿元地下钱庄案，218 名在校大学生涉案。涉案大学生为了贪图小利，把自己每年 5 万美金外汇换汇额度出售给他人。④

第三是限制个人境外使用人民币银联卡刷卡消费。

在国家外汇管理局 2015 年涉外银行卡统计数据中，位居刷卡支出第二位的交易类型就是提现，为 231 亿美元，占境外刷卡支出总额（1 358 亿美元）的 17%。国家外汇管理局于 2015 年 9 月发文规范境外提取现钞额度管理。自 10 月份开始，境外刷卡提现逐步下降。

2015 年规定的内容：一日内累计不得超过等值 1 000 美元，一个月内累计不得超过等值 5 000 美元，六个月内累计不得超过等值 10 000 美元。同年 10 月起，每张国内银行卡境外取现的额度已被限制为等值 10 万元人民币。

2017 年 1 月 1 日起，个人购汇申报需要细化到用途和时间。

2017 年 7 月 1 日起，对跨境超过 20 万元人民币的交易，银行需要上报中央银行；

2017 年 9 月 1 日起，境内发卡金融机构需向国家外汇管理局报送境内银行卡在境外发生的全部提现和单笔等值 1 000 元人民币以上的消费交易信息。

2018 年 1 月 1 日起，《国家外汇管理局关于规范银行卡境外大额提取现金

---

① http://politics.people.com.cn/n1/2016/0324/c1001-28222720.html.

② http://tv.cctv.com/2017/02/27/VIDEng2K9hp1rL90AYePhzaq170227.shtml.

③ http://www.chinanews.com/cj/2017/06-08/8245851.shtml.

④ http://dy.163.com/v2/article/detail/E26O9BEF05129QAF.html.

交易的通知》完善了银行卡跨境使用的反洗钱、反恐怖融资、反逃税监管，规定个人持境内银行卡在境外提取现金，本人名下银行卡（含附属卡）合计每个自然年度不得超过等值10万元人民币。超过年度额度的，本年及次年将被暂停持境内银行卡在境外提取现金。个人不得通过借用他人银行卡或出借本人银行卡等方式规避或协助规避境外提取现金管理。

1998年，最高人民法院发表过《最高人民法院关于审理骗购外汇、非法买卖外汇刑事案件具体应用法律若干问题的解释》（法释〔1998〕20号）。2018年12月最高人民检察院发表《关于办理非法从事资金支付结算业务、非法买卖外汇刑事案件适用法律若干问题的解释》，对刑法第二百二十五条之非法经营罪重新做出解释，细化外汇管理，以打击地下外汇收付和地下外汇交易。

同期，一些民营企业特别是几家金融控股集团，比如安邦集团，在境外的猛烈扩张也在2016年开始受到控制和整理，数百亿美元的境外不动产、企业并购投资计划被终止。2018年2月，中国保监会对安邦保险集团股份有限公司依法实施接管。

## 第七节　加强金融风险控制和重整控制系统

进入 2017 年后，中央加强了金融风险控制，并重整控制系统。

2017 年 4 月 7 日《中国银监会关于银行业风险防控工作的指导意见》（银监发〔2017〕6 号）发布。除信用风险管控、房地产领域风险、地方政府债务违约风险等传统领域风险外，文件同时要求重点防控债券波动风险、交叉金融产品风险、互联网金融风险、外部冲击风险等非传统领域风险，处置一批重点风险点，消除一批风险隐患，严守不发生系统性风险底线。

针对银行理财和代销业务，文件要求银行业金融机构应当确保每只理财产品与所投资资产相对应，做到单独管理、单独建账、单独核算；不得开展滚动发售、混合运作、期限错配、分离定价的资金池理财业务；确保自营业务与代客业务分离；不得在理财产品之间、理财产品客户之间或理财产品客户与其他主体之间进行利益输送。针对互联网借贷平台领域，“校园贷”和“现金贷”成为整改重点。要求网络借贷信息中介机构不得将不具备还款能力的借款人纳入营销范围，禁止向未满 18 周岁的在校大学生提供网贷服务，不得进行虚假欺诈宣传和销售，不得变相发放高利贷。做好现金贷业务活动的清理整顿，确保出借人资金来源合法，不得违法高利放贷及暴力催收。

2017 年 4 月 9 日，中央纪委监察部网站发布消息：中国保险监督管理委员会党委书记、主席项俊波涉嫌严重违纪，接受组织审查。6 月 9 日，安邦集团高管吴小晖被有关部门带走。10 日，保监会相关人士赴安邦集团开会，小范围宣布了吴小晖被带走的消息。6 月 13 日，安邦保险集团声明：安邦保险集团董事长兼总经理吴小晖先生，因个人原因不能履职，已授权集团相关高管代为履行职务，集团经营状况一切正常。2018 年 2 月 23 日，吴小晖因涉嫌经济犯罪，被依法提起公诉。同日，中国保监会发布了对安邦保险集团股份有限公司实施接管的公告，期限为一年。

2017 年 7 月 14 日至 15 日，全国金融工作会议召开。中共中央总书记、国家主席、中央军委主席习近平出席会议并发表重要讲话：要加强金融监管协调、补齐监管短板。设立国务院金融稳定发展委员会，强化人民银行宏观审慎管理和系统性风险防范职责，落实金融监管部门监管职责，并强化监管问责。坚持问题导向，针对突出问题加强协调，强化综合监管，突出功能监管和行为监管。地方政府要在坚持金融管理主要是中央事权的前提下，按照中央统一规则，强化属地风险处置责任。金融管理部门要努力培育恪尽职守、敢于监管、精于监管、严格问责的监管精神，形成有风险没有及时发现就是失职、发现风险没有及时提示和处置就是渎职的严肃监管氛围。健全风险监测预警和早期干预机制，加强金融基础设施的统筹监管和互联互通，推进金融业综合统计和监管信息共享。对深化金融改革的一些重大问题，要加强系统研究，完善实施方案。

2017 年 10 月 16 日，中央银行发布消息，在日前召开的国际货币基金组织/世界银行年会上，中央银行行长周小川在谈到金融稳定时表示，金融稳定发展委员会未来将重点关注四方面问题：影子银行、互联网金融、资产管理行业和金融控股公司。谈到金融控股公司问题时，周小川指出：“一些大型私人企业通过并购获得各种金融服务牌照，但并非真正意义上的金融控股公司，其间可能存在关联交易等违法行为，而我们对这些跨部门交易尚没有相应的监管政策。”

2017 年 11 月，国务院金融稳定发展委员会主任马凯副总理主持召开了第一次全体会议，讨论通过了国务院金融稳定发展委员会近期工作要点，强调要继续坚持稳中求进的工作总基调，坚持稳健的货币政策，强化金融监管协调，提高统筹防范风险能力，更好地促进金融服务实体经济，更好地保障国家金融安全，更好地维护金融消费者合法权益。

2018 年 3 月 13 日，根据国务院机构改革方案，组建中国银行保险监督管理委员会，不再保留中国银行业监督管理委员会、中国保险监督管理委员会，将拟定银行业、保险业重要法律法规草案和审慎监管基本制度的职责划入中国人民银行。

2018 年 7 月 2 日，新一届国务院金融稳定发展委员会主任由刘鹤副总理担任，副主任和办公室主任由中国人民银行行长易纲担任，国务院常务副秘书长丁学东任副主任。办公室设在中国人民银行。

2018 年 8 月 24 日，国务院副总理、国务院金融稳定发展委员会主任刘鹤主持召开防范和化解金融风险专题会议。会议听取了网络借贷行业风险专项整治工作进展情况以及防范和化解上市公司股票质押风险情况的汇报，研究了深化资本市场改革的有关举措。

会议指出，前一阶段，有关部门和地方认真贯彻落实党中央、国务院决策部署，明确责任，密切配合，积极稳妥应对，网贷领域和上市公司股票质押风险整体可控。下一步，要继续坚持稳中求进，把握好政策的节奏和力度，处理好短期应对和中长期制度建设的关系，扎扎实实做好工作。做好网贷风险应对工作，要进一步明确中央和地方、各部门间的分工和责任，共同配合做好工作。要深入摸清网贷平台和风险分布状况，区分不同情况，分类施策，务求实效。要抓紧研究制定必要的标准，加快互联网金融长效监管机制建设。防范和化解上市公司股票质押风险要充分发挥市场机制的作用，地方政府和监管部门要创造好的市场环境，鼓励和帮助市场主体主动化解风险。要通过扎实推进改革开放，创造良好市场预期，维护金融市场稳定。

会议强调，进一步深化资本市场改革，要坚持问题导向，聚焦突出矛盾，更好地服务实体经济发展。要抓紧研究制定健全资本市场法治体系、改革股票发行制度、大力提升上市公司质量、完善多层次资本市场体系、建立统一管理和协调发展的债券市场、稳步推进资本市场对外开放、拓展长期稳定资金来源等方面的务实举措。

2018 年 9 月 7 日，国务院金融稳定发展委员会召开第三次全体会议，分析当前经济金融形势，研究做好下一步重点工作。会议由国务院副总理、国务院金融稳定发展委员会主任刘鹤主持。

会议认为，当前宏观经济形势总体稳定，经济金融保持稳定发展态势，供给侧结构性改革持续深化，就业保持稳定，微观主体韧性进一步增强。金融系统认真贯彻党中央、国务院各项决策部署，积极贯彻执行稳健中性的货币政策，并根据形势的变化有针对性地适时适度预调微调，保持市场流动性合理充裕，信贷市场、债券市场、股票市场平稳运行，人民币汇率保持合理稳定，各类金融风险得到稳妥有序的防范与化解，金融市场风险意识和市场约束逐步增强。

会议强调，做好当前金融工作，必须保持战略定力，按照党中央、国务院总体要求，坚持稳中求进总基调，遵循既定方针，抓住关键问题推进工作。一是在宏观大局的变化中把握好稳健中性的货币政策，充分考虑经济金融形势和外部环境的新变化，做好预调微调，但也要把握好度。二是加大政策支持和部门协调，特别要加强金融部门与财政、发展改革部门的协调配合，加大政策精准支持力度，更好地促进实体经济发展。三是继续有效化解各类金融风险，既要防范和化解存量风险，也要防范各种“黑天鹅”事件，保持股市、债市、汇市平稳健康发展。四是务实推进金融领域改革开放，确保已出台措施的具体落地，及早研究改革开放新举措。资本市场改革要持续推进，成熟一项推出一项。五是更加注重加强产权和知识产权保护，创造公平竞争的市场环境，激发各类市场主体特别是民营经济和企业家的活力。六是更加注重激励机制的有效性，强化正向激励机制，营造鼓励担当、宽容失败、积极进取的氛围，充分调动各方面积极性，共同做好各项工作。

10 月 20 日，国务院金融稳定发展委员会召开防范和化解金融风险专题会议，重点分析第 3 季度经济金融形势，研究做好进一步改善企业金融环境以及防范和化解金融风险有关工作。会议由国务院副总理、国务院金融稳定发展委员会主任刘鹤主持，人民银行、银保监会、证监会、外管局、发改委、财政部等单位负责同志参加会议。

会议认为，当前宏观经济延续稳中有进的基本态势。从金融领域看，积极实施稳健中性的货币政策，市场流动性总体上合理充裕，人民币汇率弹性增强并保持基本稳定，结构性去杠杆稳步推进，部分机构前期盲目扩张行为明显收敛。但也必须看到，我国经济仍处于新旧动能转换的关键阶段，在内外因素的共同作用下，历史上积累的一些风险和矛盾正在水落石出，对形势要客观认识、理性看待，对存在的问题要开准药方，及时解决。

会议强调，做好当前金融工作，要按照党中央、国务院总体要求和部署，进一步增强“四个意识”，保持战略定力，坚持稳中求进工作总基调，讲忠诚、讲干净、讲担当，沉着应对，统筹谋划，综合施策。要处理好稳增长和防风险的平衡，聚焦进一步深化供给侧结构性改革，在实施稳健中性货币政策、增强微观主体活力和发挥好资本市场功能三者之间，形成三角形支撑框架，促进国民经济整体良性循环。

一是实施稳健中性货币政策。要进一步增强前瞻性、灵活性和针对性，做到松紧适度，重在疏通传导机制，处理好稳增长与去杠杆、强监管的关系。

二是增强微观主体活力。特别要聚焦解决中小微企业和民营企业融资难题，实施好民企债券融资支持计划，研究支持民企股权融资，鼓励符合条件的私募基金管理人发起设立民企发展支持基金；完善商业银行考核体系，提高民营企业授信业务的考核权重；健全尽职免责和容错纠错机制，对已尽职但出现风险的项目，可免除责任；对暂时遇到经营困难，但产品有市场、项目有发展前景、技术有市场竞争力的企业，不盲目停贷、压贷、抽贷、断贷；有效治理附加不合理贷款条件、人为拉长融资链条等问题。要认真总结国有企业混改试点经验，加大下一步改革力度。

三是发挥好资本市场枢纽功能。资本市场关联度高，对市场预期影响大，资本市场对稳经济、稳金融、稳预期发挥着关键作用。要坚持市场化取向，加快完善资本市场基本制度。前期已经研究确定的政策要尽快推出，要深入研究有利于资本市场长期健康发展的重大改革举措，成熟一项，推出一项。

会议强调，当前社会各界最关注的是已经承诺的各项政策措施落实情况，10 月 19 日对外宣布的稳定市场、完善市场基本制度、鼓励长期资金入市、促进国企改革和民企发展、扩大开放五方面政策，要快速扎实地落实到位。人民银行、银保监会、证监会、外管局、发改委、财政部等有关部门要加快工作节奏，政策成熟后立即推出，推出后狠抓落实。国务院金融稳定发展委员会办公室近期要会同有关部门进行实地督查，确保落实到位。

2018 年 12 月 20 日，国务院金融稳定发展委员会办公室召开资本市场改革与发展座谈会。中央明确提出，要建立市场化、法制化的资本市场，金融部门要加紧行动。当前资本市场风险得到了较为充分的释放，已经具备长期投资价值，改革面临比较好的有利时机。与会代表认为，资本市场改革已经形成高度共识，即将进入一砖一瓦的实施阶段，将加快推进。下一阶段，资本市场改革要更加注重提升上市公司质量，强化上市公司治理，严格退市制度。要强化信息披露制度，切实做好投资者保护。要坚决落实市场化原则，减少对交易的行政干预。要借鉴国际上通行的做法，积极培育中长期投资者，畅通各类资管产品规范进入资本市场的渠道。监管部门要加强与市场沟通，积极倾听市场的声音。

## 第八节　货币政策和宏观审慎政策双支柱调控框架初步形成

货币政策属于传统宏观政策，过去主流中央银行的政策框架都以货币政策为核心。监管中主要是采取微观审慎措施。而 2008 年全球金融危机发生后，各国监管当局普遍认识到仅靠货币政策对于维持金融系统稳定还不够，很多区域性、系统性金融风险是由于宏观审慎监管的缺失导致的。

健全宏观审慎政策框架并与货币政策相互配合，能够更好地将币值稳定和金融稳定结合起来。货币政策与宏观审慎政策都有逆周期调节的功能，具有宏观管理的属性。但货币政策主要是调节总需求的政策，针对的是整体经济总量，侧重于经济增长、就业以及物价水平的稳定；而宏观审慎政策则主要作用于金融体系本身，侧重于维护金融稳定和防范系统性金融风险，具有较强的针对性。两者相结合，可以更好地发挥其在平衡稳增长和防风险的关系上的作用。

总体来看，我国宏观审慎政策的探索与创新走在了国际的前列，为全球提供了有价值的中国经验。

我国在“十二五”规划和“十三五”规划中都对构建逆周期宏观审慎政策框架提出了明确要求。习近平总书记在党的十九大报告中提到深化金融改革时强调，健全货币政策和宏观审慎政策双支柱调控框架，深化利率和汇率市场化改革，是我国深化金融体制改革的重要目标。

我国货币政策和宏观审慎政策双支柱政策框架，其首次提出是在《中国货币政策执行报告（2016 年第 4 季度）》中。2017 年 7 月的第五次全国金融工作会议，特别强调了双支柱调控框架，指出其为金融调控政策框架的重要组成部分。

到目前为止，我国宏观审慎监管框架已经初步成形。主要标志性进展有下面几个方面：

（1）2015 年年底人民银行决定从 2016 年起将原有的差别准备金动态调整与合意贷款管理机制升级为宏观审慎评估体系（MPA），指标体系包括资本和杠杆情况、资产负债情况、流动性、定价行为、资产质量、跨境融资风险、信贷政策执行 7 个方面。宏观审慎监管体系的建立，弥补了以往货币政策框架和微观审慎监管的空白，引入了逆周期调控因子，可以更好地防范和化解系统性金融风险。

（2）资本金要求、杠杆率、流动性风险管理、贷款损失准备、完善系统重要性金融机构监管等基础性法规制定方面已经基本完成，大部分银行的主要监管指标达到了最初提出的过渡期结束时的目标。

（3）明确了对系统重要性金融机构的认定和认定标准，不限于银行，包括保险和证券机构。进一步完善了加强监管的途径，建立和完善了系统重要性金融机构特别处置机制等。

2018 年 11 月 27 日人民银行、银保监会、证监会联合发布的《关于完善系统重要性金融机构监管的指导意见》的定义："系统重要性金融机构是指因规模较大、结构和业务复杂度较高、与其他金融机构关联性较强，在金融体系中提供难以替代的关键服务，一旦发生重大风险事件而无法持续经营，将对金融体系和实体经济产生重大不利影响、可能引发系统性风险的金融机构。"

系统重要性金融机构包括系统重要性银行业机构、系统重要性证券业机构、系统重要性保险业机构，以及国务院金融稳定发展委员会认定的其他具有系统重要性、从事金融业务的机构。

一般而言，有效的宏观审慎政策框架必须具备逆周期调节杠杆的能力和手段。《巴塞尔协议第三版》在最低监管资本要求之上增加了逆周期资本缓冲、系统重要性金融机构附加资本要求等措施，并对金融机构流动性提出了更高要求。针对金融市场，采用逆周期和跨市场的杠杆管理，例如房地产市场的贷款价值比，股市和债市的杠杆率/折扣率规则等。控制资产持有主体的加杠杆行为，对非银行金融机构的债务风险进行控制；通过适度抑制加杠杆的资金来源，对银行的信用创造能力进行控制。

近年，我国从两个方面着手来完善系统重要性金融机构监管：一是对系统重要性金融机构确定特别监管要求，以增强其持续经营能力，降低发生重大风险的可能性。相应的审慎监管措施，能够保证系统重要性金融机构合理承担风险，避免盲目扩张。同时，建立系统重要性金融机构特别处置机制，推动恢复和处置计划的制订，开展可处置性评估，确保系统重要性金融机构发生重大风险时，能够得到安全、快速、有效处置，保障其关键业务和服务不中断，防范“大而不能倒”风险。

目前，我国的货币政策和宏观审慎政策双支柱调控框架和基础性制度建设已初步形成，下一步还需要进一步通过深化金融改革、制定和完善基础性法律法规，完善相关运行机制。

几年的实践证明，“双支柱体调控框架”是我国在金融宏观调控政策框架实践方面取得的重要成果，在维护金融稳定方面发挥了较好的作用。其体现：

（1）更加全面地对社会融资活动进行逆周期调节，促进银行体系稳健运行，并及时将互联网金融创新纳入宏观审慎监管；

（2）有助于抑制资产价格的过度波动，一定程度上防止了资产价格泡沫化趋势；

（3）增强了金融宏观调控的前瞻性、有效性，维护了金融稳定。

稳健的货币政策为供给侧结构性改革创造了良好的货币金融环境，宏观审慎政策为稳健货币政策实施和传导、保持流动性的“合理充裕”提供了有力的支持。

尤其是在深化金融供给侧结构性改革，改善金融服务和平衡好稳增长和防风险的关系方面，双支柱的调控框架将发挥更好地保驾护航的作用。

为应对日益复杂的国际国内经济金融运行状况，改善金融服务实体经济的能力，推动中国金融进一步对外开放，中国人民银行明确表示，将按照党中央深化金融供给侧结构性改革的要求和国务院的部署，继续健全货币政策和宏观审慎政策“双支柱”调控体系：继续完善货币政策框架，强化价格型调控和传导，继续深化利率和汇率市场化改革，探索和建立中国的利率走廊，发挥金融价格杠杆在优化资源配置中的决定性作用；继续完善宏观审慎政策框架，将更多金融活动、金融市场、金融机构和金融基础设施纳入宏观审慎政策的覆盖范围；完善货币政策和宏观审慎政策治理架构，推进金融治理体系和治理能力的现代化。

# 参考文献


［1］B. T. 琼图洛夫，等. 苏联经济史［M］. 郑彪，等译. 长春：吉林大学出版社，1988.

［2］契尔年科，等. 苏联共产党和苏联政府经济问题决议汇编：第一卷（1917—1928 年）［M］. 梅明，等译. 北京：中国人民大学出版社，1984.

［3］苏联科学院经济所. 苏联社会主义经济史：第三卷 苏联社会主义经济基础的建立（1926—1932 年）［M］. 盛曾安，等译. 北京：生活·读书·新知三联书店，1982.

［4］列利丘克. 苏联的工业化［M］. 闻一，译. 北京：商务印书馆，2004.

［5］田中寿雄. 苏联东欧的金融和银行［M］. 高连福，译. 北京：中国财政经济出版社，1981.

［6］中共中央文献研究室. 邓小平文选：第 1-3 卷［M］. 北京：人民出版社，1993.

［7］刘鸿儒. 关于中国人民银行专门行使中央银行职能的几个问题［J］. 中国金融，1983（6）.

［8］赵海宽. 采取坚决措施，清理不合理的货款拖欠［J］. 金融研究，1990（4）.

［9］张光华. 我国外汇调剂市场的回顾与展望［J］. 金融研究，

1990 (9).

[10] 中国人民银行智力引进办公室. 中央银行货币政策与银行监管研究——联合国计划开发署援助项目报告选 [R]. 北京: 中国金融出版社, 2002.

[11] 朱镕基. 朱镕基讲话实录: 一至四卷 [M]. 北京: 人民出版社, 2011.

[12] 中共中央文献研究室. 建国以来重要文献选编: 第十四册——党的历史文献集和当代文献集 [M]. 北京: 中央文献出版社, 1997.

[13] 张辉. 新中国金融"波澜"60 年 [J]. 瞭望, 2009 (8).

[14] 楚永生. 基于行政生态学视角的我国政府职能定位 (1949—1978 年) 研究 [J]. 行政论坛, 2011 (10).

[15] 郭大钧. 中国共产党对建设社会主义道路的探索 [J]. 北京师范大学学报, 1991 (6).

[16] 钟坚. 中国经济特区创办与发展 30 年的历史考察与思考 [C] // 2010 中国经济特区论坛: 纪念中国经济特区建立 30 周年学术研讨会论文集. 2010.

[17] 袁友军. 邓小平的金融思想初探 [J]. 社会主义研究, 2004 (8).

[18] 郭代模, 杨远根. 邓小平财政思想初探 [J]. 财政研究, 1997 (6).

[19] 杨帆. 人民币汇率制度历史回顾 [J]. 中国经济史研究, 2005 (12).

[20] 穆宽一. 关于我国外汇管理相关问题的研究 [J]. 经营管理者, 2011 (3).

[21] 张文峰, 杨雪君. 国有大型商业银行的国际化之路——以中国工商银行为例 [J]. 国有经济评论, 2013 (9).

[22] 崔璨. 论习仲勋在经济特区创建中的历史贡献 [J]. 学术论文联合比对库, 2014 (12).

[23] 王定毅. 习仲勋与深圳经济特区的创建——从中央和地方关系维度考察 [J]. 历史教学问题, 2016 (4).

[24] 吴念鲁, 杨海平. 中国外汇储备制度演进、数量变化的经济学逻辑及其启示 [J]. 西南金融, 2014 (8).

［25］张艳花. 中国金融改革坚定前行——访中国证监会首任主席刘鸿儒［J］. 中国金融，2018（10）.

［26］李捷. 习近平新时代中国特色社会主义思想对毛泽东思想的坚持、发展和创新［J］. 湘潭大学学报（哲学社会科学版），2019（1）.

［27］周小川. 深化金融体制改革［J］. 中国金融，2015（11）.

［28］陆威. 中国互联网金融的美好时代［J］. 首席财务官，2014（3）.

［29］韩汉君，王玉. 社会主义金融必须回归本源——学习习近平金融服务实体经济思想的相关论述［J］. 毛泽东邓小平理论研究，2018（7）.

［30］严存生. “全球化”时代与“一带一路”的法治建设［J］. 上海政法学院学报（法治论丛），2019（3）.

［31］陈文通. 对我国经济风险的理论思考［J］. 中国延安干部学院学报，2019（3）.

［32］王璐瑶. 资管新规下商业银行理财业务发展问题探析［J］. 长春金融高等专科学校学报，2019（3）.

［33］郭瑞云. 互联网金融的主要模式及其发展现状［J］. 长春金融高等专科学校学报，2015（5）.

［34］易纲. 货币政策回顾与展望［J］. 中国金融，2018（3）.

［35］贾瑛瑛，孙芙蓉. 推进金融改革发展［J］. 中国金融，2019（3）.

# 结束语

严格来说，本书不能算是史学著作，因为本书所叙述的最近几年的事件尚在发展演变之中，仍然还是现实生活。本书也不能算是金融学著作，因为本书在叙述之前已假定读者具备金融学的专业知识，所以并未讲述各种事件本身及其之间的专业理由。本书只是从货币政策与金融监管着眼，用笔者浅薄的知识、有限的资料和低科技的处理手段，坐在不是国家货币金融事务管理者的椅子上，讲述中华人民共和国70年来的货币政策与金融监管的产生和发展及其演变这样一个宏大的故事。但我们的用心相当良苦，希望通过本书略述我们40年来学习的、研究的和经历过的事件，帮助读者纵向地观察和理解现在，但不包括未来。

货币政策与金融监管，在现代经济生活中的确非常重要，但也不是灵丹妙药。更重要的还是货币政策的传导体系和作用对象：银行和各种各样的农工商企业。对于银行与企业，我们只是略有提及。

在叙述过程中，我们已经尽量注意把法律夹带进来。现代生活从出门上班起就离不开遵守法律，金融交易与监管更是如此。法律是人类社会发明创造的最恒久的资源。没有法律的大地只能是遍地杂草，生长不出美丽的花。

在叙述过程中，我们多次讲到社会生产技术水平的变动和社会与经济制度的变动都对中华人民共和国的货币与金融制度具有重要的基础性作用。我们深信这样的变动不会停歇。

历史都是人讲述的，人的认知都是有限的，因此我们所讲述的历史难免挂一漏万，欢迎大家“拍砖”。

解川波

2019年8月